索引（CSSCI）来源集刊

语言学研究

Linguistic Research

第二十七辑

北京大学外国语学院外国语言学及应用语言学研究所 编

高等教育出版社·北京

图书在版编目（CIP）数据

语言学研究．第二十七辑 / 北京大学外国语学院外国语言学及应用语言学研究所编．-- 北京 ：高等教育出版社，2019.12
ISBN 978-7-04-053711-6

Ⅰ．①语… Ⅱ．①北… Ⅲ．①语言学－文集 Ⅳ．①H0-53

中国版本图书馆CIP数据核字（2020）第028611号

策划编辑 常少华　责任编辑 常少华　封面设计 赵　阳　版式设计 孙　伟
责任校对 秦彬彬　责任印制 赵义民

出版发行 高等教育出版社
社　　址 北京市西城区德外大街4号
邮政编码 100120
印　　刷 北京中科印刷有限公司
开　　本 787mm×1092mm 1/16
印　　张 15.75
字　　数 330千字
购书热线 010-58581118
咨询电话 400-810-0598
网　　址 http://www.hep.edu.cn
　　　　 http://www.hep.com.cn
网上订购 http://www.hepmall.com.cn
　　　　 http://www.hepmall.com
　　　　 http://www.hepmall.cn
版　　次 2019年12月第1版
印　　次 2019年12月第1次印刷
定　　价 42.00元

物 料 号 53711-00

主　　办：　北京大学外国语学院外国语言学及应用语言学研究所
编辑部地址：　北京大学外国语学院新楼450
邮　　编：　100871
电　　话：　010-62752364
Email：　ling_research@126.com

目　录

社会行为的会话分析

（特约栏目主持：于国栋）

语言学理论研究

具体语言研究

语言对比研究

语言应用研究

经典译文

书评

语言学沙龙

Contents

Applied Studies

Translations of Classics

Book Reviews

Linguistic Circle

社会行为的会话分析

"社会行为的会话分析"栏目主持人语

山西大学 于国栋*

会话分析（conversation analysis, conversational analysis or CA）是一种研究人类社会交往的归纳性的、微观的定性研究方法，在语言科学研究进入互动转向（interactive turn）的今天，它更值得我们给予足够关注（De Jaegher et al., 2010; Fusaroli et al., 2014; Levinson, 2016; Pickering & Garrod, 2004），因为社会交往实际上是人类社会生活最基本的行为。

由Harvey Sacks、Emanuel Schegloff和Gail Jefferson在20世纪六七十年代提出的会话分析最初是社会学的一种研究方法，而今天它已经成为神经科学、认知科学、心理学等学科一种新的研究方法。作为Goffman（1967）的学生，Harvey Sacks和Emanuel Schegloff沿袭了其老师对于社会交际重要性的认识和关注，他们把人类的社会交际作为独立的研究对象，而且是作为本体来进行研究。同样，会话分析的创始人也受到了Garfinkel（1967）的深刻影响，他们认为社会秩序（order）是交际者在具体的交际中通过有条理的步骤（methodical procedures）建构的，这些方法属于社会常识，被社会成员共享。会话分析研究总的指导性原则是"秩序无处不在"（order at all points）（Sacks, 1992(I): 484），秩序展现了交际者对于社会规范（social norms）的遵守与建构。

在具体的会话分析研究过程中，有三个内容至关重要，这三个内容是会话分析区别于其他话语分析研究方法的关键所在。它们是序列组织（sequence organization）、话轮设计（turn design）和社会行为（social action）。会话分析研究的基本内容除了人们熟知的会话机制（conversational machinery）外（比如话轮转换、话语修正、优先组织等），另外一个重要的内容就是社会行为（Drew, 2013），即交际者通过语言、非语言资源、副语言多种模态做的事情或执行的行为。其实，对于行为的关注一直以来都是会话分析研究的重要内容，既经典又前沿。一项标准的会话分析研究一定得把研究对象放到它所在的序列组织内，因为序列组织是行为被执行和被理解的客观环境，序列组织保证了研究者研究发现的客观性。话轮设计是交际者执行具

* 作者简介：于国栋，中国海洋大学外国语学院教授、博士、博士生导师。研究方向：会话分析、语用学。Email：guodong_yu@hotmail.com。通信地址：266100中国海洋大学外国语学院。

体行为或开展具体活动所选择的多模态交际资源和使用多模态交际资源的过程。话轮设计与交际者的意识程度无关，一种资源的选择意味着对其他资源的放弃，能够执行同样行为或活动的资源之间的比较具有相当的学术意义。总的来说，一项会话分析研究必须同时关注研究对象的位置（position）和组成（composition），这二者缺一不可。实际上，组成谈的就是话轮的设计和执行，位置则是对序列的紧密关注。

会话分析研究对于语料收集以及转写可谓要求苛刻。会话分析研究只接受自然发生的交际作为研究对象。研究者在获得交际的录音/像资料后，必须严格按照Gail Jefferson的转写体系进行转写，包括交流的内容和交流方式。语料转写本身就是一种分析过程，一个合格的会话分析学者必须具备语料转写的能力和实践。今天，随着录像设备的普及，越来越多的研究者倾向于使用录像手段收集语料，这样一来，语料的转写就更加具有挑战性了。

会话分析在国际上已经发展成为一种成熟的研究方法，其学术意义和社会价值也得到了各界的认可。遗憾的是会话分析在我国还处在起步阶段，研究人员和研究成果都偏少，有着巨大的发展空间。本专栏包括三篇与社会行为研究相关的文章。其中“日常会话中‘要不’话轮构建成分执行的提议行为”和“汉语日常会话中序列结束语‘好吧’的会话分析研究”是对汉语言语交际中的两种独特会话常规的探讨和分析。这样的研究揭示了汉语言语交际的规律和模式，具有原创性。“从言语行为到招募：英语请求研究发展趋势”关注的是学界研究最多的行为之一，文章梳理了请求研究的脉络，提出了请求研究的发展趋势（Drew & Kendrick, 2018; Kendrick & Drew, 2016），具有前瞻性和指导意义。我们希望能通过本专栏的三篇文章展现会话分析研究的独特魅力和美好前景。

参考文献

- De Jaegher, H., Di Paolo, E.A., & Gallagher, S. 2010. Can social interaction constitute social cognition?. *Trends in Cognitive Sciences* 14: 441–447.
- Drew, P. 2013.Conversation analysis and social action.《外国语》(3)：2–19。
- Drew, P. & Kendrick, K. 2018. Searching for trouble: Recruiting assistance through embodied action. *Social Interaction. Video-based: Studies of Human Sociality* 1(1)
- Fusaroli, R., Raçzaszek-Leonardi, J. & Tylén, K. 2014. Dialog as interpersonal synergy. *New Ideas in Psychology* 32: 147–157.
- Garfinkel, J. 1967. *Studies in Ethnomethodology.* Englewood Cliffs, NJ: Prentice-Hall.
- Goffman, E. 1967. *Interaction Ritual: Essays on Face-to-Face Behavior.* Chicago: Aldine Publishing Company.
- Kendrick, K. & Drew, P. 2016. Recruitment: Offers, requests, and the organization of

assistance in interaction. *Research on Language and Social Interaction* 49: 1–19.
❑ Levinson, S.C. 2016. Turn-taking in human communication: Origins and implications for language processing. *Trends in Cognitive Sciences* 20: 6–14.
❑ Pickering, M.J. & Garrod, S. 2004. Toward a mechanistic psychology of dialogue. *Behavioral and Brain Sciences* 27: 169–190.
❑ Sacks, H. 1992. *Lectures on Conversation.Vols I & II.*Edited by G. Jefferson. Oxford: Blackwell.

附录：会话分析的转写体系

会话分析的转写体系是Gail Jefferson发明的，她利用传统打字机和电脑键盘上的符号，创造了一套完整的转写体系，以此来捕捉人类言语交际的方式。下面是一些常用转写符号：

同步话语（Simultaneous Utterances），同时开始的话轮或话轮构建成分，通常用“[”表示；

紧随话语（Contiguous Utterances）：指前后两个话轮或话轮构建成分之间没有空隙，用“=”表示；

话轮/话轮构建成分内部以及话轮/话轮构建成分之间的空当（Intervals within and between TCUs/Turns）：话轮/话轮构建成分内部以及话轮/话轮构建成分之间的空当的表达单位是1/10秒，而且要放置在单括号内；

言语表述的特点（Characteristics of Speech Delivery）：语言表述的特点是通过传统的标点符号来表示的。在会话分析的转写体系中，标点符号被赋予了新的意义：

./。	表示降调，不一定出现在句子的末尾
,	表示继续的语调，不一定出现在小句中间
?	表示升调，不一定表示问句
!	表示一种活泼的语调，不一定是感叹句
-	表示话语突然停止
↑	表示语调突然上升
↓	表示语调突然下降
good	下画线表示强调
° °	表示这段话语比周围话语的音量低
hhh	呼气
.hhh	吸气
(( ))	双括号所包括的部分是研究者对于某个现象的描述
:	表示前面的字被拖腔
¥	货币符号，表示符号之间的话是笑着说的

（责任编辑：高一虹）

汉语日常会话中“要不”话轮构建成分执行的提议行为

山西大学　于国栋　郝全喜*

［摘　要］　本文采用会话分析研究方法，选取日常电话谈话为研究对象，对“要不”起始的话轮构建成分（简称“要不TCU”）及其所在序列开展了细致深入的研究。研究表明，位于序列起始位置且执行提议行为的“要不TCU”，主要出现在下列两种序列结构中：交际一方提议与另一方共同执行某事；交际一方为解决涉及双方的困难或障碍而提出提议。“要不TCU”是交际者试探性地执行提议行为的一种会话常规，这一会话常规使提议执行者在执行提议的同时，降低对交际对方造成的强加。

［关键词］　要不TCU；提议行为；试探性；会话分析

❶ 引言

现有词典（吕叔湘，1999：102；张斌，2001：583；赵新、刘若云，2013：378）对汉语“要不”一词用法的研究大致可归纳为两种，“要不”使用者在对前述文字做出假设性否定后，用“要不”引出否定后可能出现的结果或结论，或者用“要不”引出否定后的另一种选择或可能性。此外，陈若君（2000）与史金生（2005）通过对大量小说、剧本、相声、汉语教材等非真实言语交际语料的梳理，也对“要不”一词的用法做出了归纳与总结。其中陈若君探讨了“要不”的四种篇章连接功能：逆因性结果、非此即彼选择、理解性推论和建议性转题。史金生则将“要不”的用法划归为：连词表示“否则”的“要不1”、连词表示“或者”的“要不2”、副词表示建议意的“要不3”，以及副词表示“难怪”的“要不4”。这两种分类方法侧重点不同，但在用法上却一一对应。

从词法、句法等方面对“要不”进行的研究所取得的成果不容忽视，但这些研

*　作者简介：于国栋，山西大学外国语学院教授、博士生导师。研究方向：会话分析、语用学。Email：guodong_yu@hotmail.com。通信地址：266100中国海洋大学外国语学院。
郝全喜，山西大学外国语学院在读博士生。研究方向：会话分析。Email：940419099@qq.com。通信地址：030006山西省太原市坞城路92号山西大学外国语学院。

究均未考虑真实言语交际中“要不”所在话轮构建成分及其所在序列的作用和影响。因此，本研究拟从语言执行的行为入手，运用会话分析研究方法，对副词表示建议意的“要不3”（建议性转题）进行更加细致的研究，并且在行为分类的基础上，对执行提议行为的“要不TCU”及其序列展开深入分析，以期对“要不”一词在真实言语交际中所表现的特点及规律进行发掘与解释。

❷ 研究方法与语料收集

本文所采用的会话分析研究方法由Harvey Sacks、Emanuel Schegloff与Gail Jefferson在20世纪60、70年代创立，是“一种以社会交际为研究对象的、定性的、经验性的、归纳式的研究方法。会话分析研究的主要目的是识别、描写、解释交际者用来完成社会行为的有序且重复出现的方式方法或会话常规”（Margutti, Tainio, Drew & Traverso, 2018：53）（转引自：于国栋、吴亚欣，2018：7）。会话分析与其他研究方法的区别在于它对真实言语交际语料的重视。会话分析研究认为，交际者执行某一行为所选择的话轮构建成分（turn-constructional unit, TCUs）及其序列结构（sequence organization）是有规律的，而研究者可以运用常识推理（common-sense reasoning）与实用推理（practical reasoning）来阐释这一规律背后的有序性（于国栋，2008：3）。

本研究的语料筛选自总时长约为27小时的469个完整日常电话谈话，电话谈话的交谈双方为亲人、朋友、同学等。所有语料均采用Gail Jefferson（1984）转写体系进行转写，并由山西大学外国语学院会话分析研究团队（DIG/Discourse & Interaction Group）进行集体讨论，以保证语料转写的准确性与研究发现的客观性。

❸ “要不TCU”执行的提议行为

3.1 提议行为的分类

Searle（1976）的间接言语行为理论对不同的以言行事行为进行了区分，将提议行为划归为指令类行为（directives），即说话人不同程度地指使或命令听话人去做某事。此后，多位学者从不同的角度对提议行为展开了研究，例如，Maynard（1984）将提议行为的研究聚焦于提出解决困难的办法。Houtkoop（1987）以及Asmuß 和Oshima（2012）的研究则将邀请行为、请求行为、建议行为等都纳入到了提议行为的范围。 Goodwin（1980, 1990）提出提议行为相较于其他指令性行为的不同在于：提议行为展现了一种更加平等的社会关系。随后Couper-Kuhlen（2014）按照未来行为的执行者与未来行为的受益者不同，对提议行为、给予行为、请求行为、建议行为进行了明确的界定。而Yu 和 Wu（2018）认为邀请行为相较于提议行为而言，邀请者的付出通常要多于被邀请者。

本文采用Couper-Kuhlen（2014：634）与Yu 和Wu（2018：131）研究中对上述

不同行为的区分标准，对469个电话谈话进行梳理，其中位于序列起始位置、表示建议意的“要不3”（建议性转题）所在话轮构建成分，可以执行的行为包括提议行为（23个）、邀请行为（5个）、给予行为（18个）、请求行为（12个）以及建议行为（24个）。具体的行为分类见表1。

表1：“要不TCU”执行的行为

“要不TCU”	未来行为的执行者	未来行为的受益者
提议行为（23个）	自己与他人	自己与他人
邀请行为（5个）	自己与他人（通常自己的付出多于他人）	他人/自己与他人
给予行为（18个）	自己	他人
请求行为（12个）	他人	自己
建议行为（24个）	他人	他人

3.2 执行提议行为的会话常规

国外学者对执行提议行为的会话常规（conversational practice）研究众多。例如，Drew（2013）对执行提议行为的否定结构（negatively formed *why don't I/we* construction）的研究发现：这一否定结构出现在特定的序列结构中，即根序列中的提议行为或寻求提议的行为遭到拒绝或并未被对方完全接受时。相较于执行提议行为的其他会话常规（例如：would you like to，你想不想），提议者用这一否定结构可以对对方施加压力，迫使对方接受这一提议；Stivers（2016）在对“Let's”（让我们……）与“How about”（……如何？）两种执行提议行为的会话常规的对比研究中指出，提议者用“Let's”来提出一个与之前活动无关的新的提议。相比之下，“How about”则用在与之前活动相关的、对之前活动进行调整的提议行为中；而Lindström（2017）对执行提议行为的一般疑问句的回应研究则表明，对一般疑问句执行的提议行为的肯定回应中，只有肯定回答是不充分的，还需要额外的话轮构建成分去执行对这一提议的认可。

通过对现有语料的梳理，我们发现，汉语日常言语交际中，位于序列起始位置，可以执行提议行为的会话常规形式多样，且具有鲜明的特征。例如，一、执行提议行为的话轮构建成分通常包含“咱”“咱们”“咱俩”“我们”等，尽管这些成分可被省略，如：“所以说咱们今天就得给弄完”“等我毕业咱俩定下来再说吧”“去完，然后回来我们一起去送”“等一下在QQ上聊啊”，等等；二、上述话轮构建成分中也可包含“得”“可以”“要不”“也行”等表示决断性或试探性的词汇；三、提议者可以在所提议的行为前附加某种条件，凸显在某种条件下提议才会成立。例如：“你要是来了，咱们想跟上一块去”；四、提议者还可以用提供两种或多种选择的形式来提出提议，例如：“你要不送妮妮，我就去接你，你要送妮妮，你就拉上我去嘛”。

本研究发现：位于序列起始位置的“要不TCU”是执行提议行为的一种会话常规，相较于其他形式的会话常规，它的最大特点在于其展现的试探性特征，这个特征的运用能够降低提议行为对交际对方的强加（imposition）。

3.3 交际一方提议与另一方共同执行某事

交际一方提议与另一方共同执行某事可以出现在两类序列中，即：（1）提议行为作为打电话的原因出现，所以通常作为执行提议行为的根序列（base first pair part）的前件出现，根序列前有可能出现前扩展（pre-expansion）；（2）提议行为是为完成前序序列（pre-pre）中达成的某一事项而做出的安排，前序序列并不局限于提议序列，也可以是请求序列、建议序列等。

[1] 18H_SCH

（小威与小九是夫妻，小威是丈夫，小九是妻子。）

01　小九：喂？
02　小威：小九？
03　小九：.h干啥了小威。
04　小威：我往回走了，那个花回来啦，
05　　　　要不咱们：一块回家折腾花去？
06　小九：.h噢。行呀。

在第1—4行的电话谈话开始部分（Schegloff, 1986：117–118）结束后，小威在第4行提供了一个信息，即“那个花回来啦”，在后续的话轮中小九并未对“那个花”所指代的信息发起会话修正（conversational repair），因此可以推断“那个花”所指代的事物是双方在打电话前都知道的。接着小威在第5行用“要不TCU”发起了提议行为，即提议两人“回家折腾花”。对于小威来说，小九目前正在进行的行为或活动是否会因为接受小威的提议而受到影响，小威并不清楚；另外，对于小九是否愿意与其一起“回家折腾花”，小威也无法确定。因此，第5行“要不TCU”的使用投射出了小威对小九是否接受其提议的不确定性（contingency）（Antaki & Kent, 2012; Craven & Potter, 2010; Curl & Drew, 2008），也就是说小威是在试探性地提议与小九共同去做这件事。而能够投射出这些不确定性的“要不TCU”也同时降低了小威对小九接受提议的强加性。小九在第6行用“噢”回应了对方的告知行为，并且表示她知识状态（epistemic status）的改变（Heritage, 1984），即小九知道花回来了，之后用“行呀”接受了小威的提议。

[2] 17YS_KDY

（小欣与小茹是朋友，小欣打电话约小茹看电影。）

11　小欣：我想问你明天周五有空没:?
12　　　　(0.8)
13　小茹：哎呀。现在也没啥事。呵呵呵。
14　小欣：.h周五的课不上啦？

15 (1.5)
16 小茹：周五没课呀我们。
17 (0.6)
18 小欣：你们一天没课呀。
19 (0.4)
20 小茹：¥对呀：。¥我们一天没有课：。
21 小欣：<真好。>我是周五下午没课。
22 上午上完那个二语习得之后就没事了，
23 我想着，.h这：天气这么好，
24 要不出去：
25 (0.2)
26 小欣：看看电影？
27 (0.6)
28 小茹：行：呀。最近不是那个《速度与激情8》上了嘛，咱去看那个呀。

小欣通过第11行，第14行以及第18行对小茹空闲时间的询问（前扩展）及确认，最终确定对方周五全天没课。但对于小茹是否还有其他安排并不能确定。随后小欣在第21-22行告知对方她周五下午也没课，紧接着在第24、26行小欣用“要不TCU”提出与小茹一起看电影。而在提出提议之前，小欣在第23行给出的看电影的原因（Robinson, 2016：15-16）是“天气这么好”。根据常识推理（Heritage, 2001），天气好的情况下，交际者可以出游，逛街，或进行其他活动，而看电影只是众多可选择的活动之一；且周五并不等同于周六或周日，对方虽然没课，但不排除选择自习等别的学习活动，因此小欣第24与26行的话轮设计（Drew, 2013）中使用“要不”展示了小欣对小茹能否接受这一提议，即小茹在众多可能的选择中是否接受这一提议，并不确定，所以说小欣只是试探性地提出两人可以共同去做的一种事情；同样，“要不”的使用也降低了对小茹接受这一提议的强加。小茹在第28行的“行:呀”中的重读音，以及紧随其后的关于看哪部电影的具体提议，都展示了小茹对小欣提议的充分接受。

[3] 18H_SR-2

（儿子给母亲打电话商量给儿子的女儿过一岁生日的事情，双方决定在家过生日后，发生了下面对话。）

36 母亲：那啥。你：：你们吃面呀，吃啥呀。要不吃面明天，孩子？
37 (0.5)
38 儿子：明天？
39 (0.6)
40 母亲：孩子过生日了。吃啥呀？

41　　　(0.4)
42　儿子：噢。吃面哇那就。
43　母亲：噢。
44　儿子：噢。你们定哇，妈。我们[吃啥也行。
45　母亲：　　　　　　　　　　[嗯。行呢。

母亲在第36行询问儿子“你们明天吃面呀，吃啥呀。”根据选择疑问句中“X还是（Y）”中对于X的结构优先（于国栋、梁红艳，2018），母亲在这一询问中给出的优先选择是吃面。紧接着在这一话轮中，母亲用“要不TCU”提议明天孙女过生日吃面，这一话轮也进一步验证了母亲对吃面的优先选择。0.5秒的沉默之后，儿子在第38行通过重复前一话轮部分成分发起的会话修正，间接展现了儿子对母亲吃面选择的不赞同（Yu，Wu & Drew, 2019）。随后在第40行，母亲并未重复之前在第36行中的话轮，而是取消了第36行的提议行为，仅仅留下了询问：即询问儿子明天中午孙女过生日大家吃什么，这一询问表明母亲在选择吃什么上做出了让步，不再坚持吃面，而是让儿子决定吃什么。通过母亲行为的变化，由询问对方（第36行）、直接提议（第36行），再到询问对方（第40行），这样的序列发展变化充分体现了“要不TCU”执行提议行为的试探性以及对交际对方接受提议的较低的强加度。

3.4　交际一方为解决涉及双方的困难或障碍而提出提议

交际一方为解决涉及双方的困难或障碍而提出提议也同样出现在两类序列中，即：（1）与3.3中的第一种情况相同，即提议行为作为打电话的原因出现，且在执行提议行为的根序列前件之前可能出现提议前序列；（2）前序序列的发展过程中，出现了涉及双方的困难或障碍，此时交际一方为出现的困难或障碍提出相应的解决方案或安排。

[4] 18H_SR-1
（此例与例[3]截选自同一电话谈话，且为例[3]之前发生的对话。）
08　儿子：噢：。哎，对了妈。明天：：我上午有课了。要不：，
09　　　(1.0)
10　儿子：呃：：我定个蛋糕咱们中午就在家吃哇。
11　　　(1.0)
12　母亲：噢。有课了是哇。
13　儿子：噢。
14　　　(1.0)
15　母亲：晚上也行。
16　　　(0.3)
17　儿子：晚上太晚啦。
18　母亲：晚上太晚啦对。° 嗯。°

19 儿子：噢。不好。
20 (0.3)
21 母亲：噢。行咾。

第8、9行中儿子因为第二天上午有课，因此提议中午在家吃饭，给孩子过生日。通过常识推理我们可以推断：儿子下课就已经是中午时分了，如果再去饭店与母亲等亲人汇合，时间会有耽搁，因此儿子提议中午在家吃饭给孩子过生日，来尽量消除自己时间方面的不便以及由此可能给亲人造成的不便。但这一提议的提出有可能会打破母亲等其他亲人对孩子生日的安排，比如，在饭店庆祝。随后母亲在第12行以"噢"作为回应，这一回应仅仅表示母亲接收到了儿子在前一话轮提供的内容或信息，而并未对儿子的提议做出接受或拒绝。紧接着母亲通过重复前一话轮部分成分发起的会话修正："有课了是哇"，间接展现了对儿子提议的不赞同（Yu, Wu & Drew, 同上）。随后母亲在第15行明确提议晚上给孩子过生日，但儿子通过提供拒绝的理由（时间太晚）间接拒绝了母亲的提议。此外，此例中多处较长的停顿（第9、11、14、16行）也都展现了双方意见的不统一，或者说对对方的不赞同；而双方展开的协商，也恰恰证明了交际一方并未强求另一方接受自己的提议，而是尝试性地、相对间接地提出解决涉及双方这一困难或障碍的一种方案或安排。

[5] 18_LXJ_KH-1

（小佳给公公打电话，询问婆婆病情及是否能出院。公公告知明天周一抽血检查后看结果，并表示或许能出院，之后发生如下对话。）

35 公公：哎。前两天又咳嗽得不行。
36 小佳：又咳嗽得不行？
37 （0.7）
38 公公：噢。我觉得刚 - (.) 停，又有点儿发烧。
39 (0.6)
40 小佳：噢。还有点儿发烧了？↑↓噢：[我说 -
41 公公： [噢]
42 小佳：那昨天晚上是不是也没怎么睡了。
43 (0.8)
44 公公：噢。.h
45 (1.1)
46 公公：你 - 你在哪了晓佳°你现在°。
47 小佳：我在我家这儿了。
48 (0.5)
49 公公：↑↓噢：你在家那儿了。[噢。
50 小佳： [噢。我是说 -

51 .h噢，要是：
52 观察几天要是能出院就更好，要是不能出院的话，
53 不行，要不问问医院打听打听有没有<护工>，
54 雇上一个。
55 (2.0)
56 公公：噢。我是说-看人家说是-呃-看-
57 这两天肯定就好了么那个，

公公在第35、38行中告知婆婆最近咳嗽、发烧，之后小佳在第42行询问后确认了公公因为需要照顾咳嗽与发烧的婆婆没有怎么睡觉。经过1.1秒的沉默后，公公在第46行询问小佳在哪儿，在第50行小佳回应了“噢”之后结束了公公发起的询问序列。随后在第50—54行小佳针对得知的情况（婆婆咳嗽、发烧，同时照顾的人也休息不好）提议雇护工，这一话轮使用了条件句：“要是不能出院的话”，且“不行”一词也起到了条件句的作用，随后使用“要不TCU”执行了提议行为。“要不TCU”与条件句以及“不行”的叠加使用都表明了小佳提议的试探性与非强加性，即她的提议是经过多种限制条件才会实施的，且仍可在选择雇与不雇护工之间进行协商，经过2秒的沉默，公公在第56行用“噢”（acknowledgement token，Heritage, 1984）表示听到了对方的提议。但这样的回应并不充分（Lindström, 2017）。在本文语料未及的之后的话轮中，公公提供了新的信息：婆婆肾功能指标好转，以及婆婆的身体已经好很多，此后小佳并未就雇护工再次提出提议。因此小佳用“要不TCU”执行的提议行为是一种试探性地提出解决之前状况的方案，且留给了交际双方协商空间，交际一方并未强求另一方接受这一提议。

[6] 17YYF_SK

（父亲在车棚里找不到烧烤架子后，给女儿打电话询问烧烤架子在哪儿，之后父女俩在电话中商量烧烤需要的其他材料，当父亲提到刷子之后，发生了下面的对话。）

54 父亲：还得刷子。
55 (0.4)
56 女儿：噢。刷子，刷-刷子：有-
57 有一个是那种就是塑料的那种，
58 橡胶的不知道能用不能用。
59 (1.2)
60 没有那种就是毛毛的。
61 (4.7)
62 父亲：那能沾上油？
63 (0.8)

64　女儿：呃，油是肯定是能沾上，是害怕就-
65　　　　到炉子上去，嗯，着咾了。
66　　　　(5.5)
67　父亲　还得买刷子去了哇。
68　　　　(0.9)
69　女儿：你看了。
70　　　　(0.9)
71　女儿：要不买上[一个。
72　父亲：　　　　[(买上-)
73　　　　(2.2)
74　父亲：噢：。=
75　女儿：=嗯：。

父亲在第54行提醒女儿还得准备刷子后，女儿在第56—58行回应有一个橡胶刷子，并提出自己的疑问，即不知道能不能用，在第59行1.2秒的沉默后，父亲并未回应，接着女儿在第60行说“没有那种就是毛毛的”，4.7秒的沉默后，父亲在第62行用反问句质疑这种刷子沾不上油。而女儿在第64行回应了父亲的质疑，提出可以沾上油，但在随后的话轮中，提出使用这个刷子可能会着火。基于这一可能出现的危险状况，父亲在第67行询问女儿是否还得买刷子，经过0.9秒的沉默后，女儿在第69行用“你看了”将父亲的问题回问给了父亲，逆转了会话进行的方向（Schegloff, 2007：16-19）。同样经过0.9秒的沉默后，女儿在未得到父亲的回应后，在第71行用“要不TCU”提出了买刷子的提议，但这一提议基于的状况是可能发生的，而非一定会发生。因此这一提议是一种试探性地提出解决目前状况的方案，说话人并未强求对方接受自己的提议。

❹ 讨论

提议行为属于指令类行为中的一种，即说话人不同程度地指使或命令听话人去做某事。说话人执行提议行为的话轮设计可能展现出试探性，也可能展现出决断性。而从“试探”到“决断”的不同程度的变化恰恰是执行提议行为的话轮所展现出的不同的行为决定权表述（deontic stance）。如果听话人也认同说话人话轮设计所展现的行为决定权表述的话，那么我们称之为行为决定权一致（deontic congruence），反之，如果听话人不认同这一行为决定权表述的话，我们称之为行为决定权不一致（deontic incongruence），因此说话人指使或命令听话人去做某事所构建出的不同程度的行为决定权（deontic rights/deontic authority[①]）是交际双方在言谈应对的过程中以相邻对这一序列（adjacency-pair sequence）结构为依托而共同构建的（Stevanovic & Peräkylä，2012；Stevanovic，2018）。

本文所分析的例子清晰地展示了行为决定权的构建与确立的过程。例[1]与例[2]中，提议者所展示的行为决定权表述得到了对方的认可（“.h噢。行呀。”、“行：呀。最近不是那个《速度与激情8》上了嘛，咱去看那个呀”）。例[3]中儿子对母亲的提议，从第38行（“明天?”）的间接不赞同，再到第42行（“噢。吃面哇那就”）承认母亲的行为决定权，最后在第44行（噢。你们定哇，妈。我们[吃啥也行）对母亲之前所展现的行为决定权表述进行了间接否认和重新协商，最终无奈地接受了母亲的行为决定权。例[4]中也经历了类似的协商过程，母亲在第12行（“噢。有课了是哇”）所展现的间接不赞同是对儿子行为决定权的一种不认同。直到第21行（“噢。行咾”）母亲最终有保留地同意了儿子的提议行为，也承认了儿子的行为决定权。例[5]中公公则将小佳的提议行为处理为知识域（epistemics）的问题（第56—57行及未截选的后续话轮提供了关于婆婆病情的新信息），并未承认小佳的行为决定权。例6中父亲在第74行的回应（“噢：。”）也并不充分，并未承认女儿的行为决定权。

“要不TCU”执行的提议行为在两种不同序列结构中的使用，体现了交际一方在尝试寻求与另一方共同执行某事及解决某一涉及双方的困难或障碍时，并未展现出对其所提提议的固执坚持，而是展现了提议者对交际对象接受其提议行为的不确定性和非强加性，例如：交际对方是否可以接受提议、所提提议是否会干扰到对方目前的安排与活动，以及所提议的方案是否适合解决目前的困难或障碍等。由此可见，“要不TCU”作为执行提议的会话常规所展现的行为决定权表述相对较低，是试探性的而非决断性的。恰恰是这一较低的行为决定权表述给交际双方留下了协商空间，降低了对另一方的强加。

❺ 总结

本文运用会话分析研究方法，从行为角度对“要不TCU”在序列起始位置所执行的提议行为、邀请行为、给予行为、请求行为、建议行为进行了筛选与分类，同时对“要不TCU”执行的提议行为进行了更加细致与深入的研究。据此，本文对传统汉语研究中“要不”的建议意（建议性转题）用法进行了拓展与丰富。同时本文的语料选取为真实发生的日常电话谈话，在排除面对面交谈中肢体语言等副语言的干扰下，可以更加客观地对语言本身及语言执行的行为进行研究，相较于之前研究中所采用的小说、剧本、相声、汉语教材等书面语语料及其他非真实类言语交际语料，可以展现最真实的日常言语交际状态。

---

① 原作者Stevanovic（2018: 16）在其研究中对“deontic rights”与“deontic authority”的使用是可互换的。但使用前者而不使用后者的有利之处在于，研究过程中并不会假设交际者之间已经有了预设的不对等的行为决定权。

参考文献

- Antaki, C., & Kent, A. 2012. Telling people what to do (and, sometimes, why): Contingency, entitlement and explanation in staff requests to adults with intellectual impairments. *Journal of Pragmatics* 44: 876–889.
- Asmuß, B., & Oshima, S. 2012. Negotiation of entitlement in proposal sequences. *Discourse Studies 14*(1): 67–86.
- Couper-Kuhlen, E. 2014. What does grammar tell us about actions?.*Pragmatics* 24(3): 623–647.
- Craven, A. J., & Potter, J. 2010. Directives: Entitlement and contingency in action. *Discourse Studies* 12: 419–442.
- Curl, T. S., & Drew, P. 2008. Contingency and action: A comparison of two forms of requesting. *Research on Language and Social Interaction* 41: 129–153.
- Drew, P. 2013. Conversation analysis and social action. *Journal of Foreign Languages* 36(3): 2–19.
- Goodwin, M. H. 1980. Directive/response speech sequences in girls' and boys' task activities. In S. McConnell-Ginet, R. Borker, & N. Furman (eds.), *Women and Language in Literature and Society*. New York: Praeger. 157–173.
- Goodwin, M. H. 1990. *He-Said-She-Said: Talk as Social Organization among Black Children*. Bloomington, IN: Indiana University Press.
- Heritage, J. 1984. A change-of-state token and aspects of its sequential placement. In M. Atkinson & J. Heritage (eds.), *Structures of Social Action: Studies in Conversation Analysis*. Cambridge: Cambridge University Press. 299–345.
- Heritage, J. 2001. Goffman, Garfinkel and conversation analysis. In M. Wetherell., S. Taylor., & S. J. Yates (eds.), *Discourse Theory and Practice: A Reader*. London: Sage. 47–56.
- Houtkoop, H. 1987. *Establishing Agreement: An Analysis of Proposal—Acceptance Sequences*. Dordrecht, The Netherlands: Foris.
- Jefferson, G. 1984. Transcription notation. In J.M. Atkinson & J. Heritage (eds.), *Structures of Social Action: Studies in Conversation Analysis*. Cambridge: Cambridge University Press. iv–xvi.
- Lindström, A. 2017.Accepting remote proposals. In G. Raymond., G. H. Lerner., & J. Heritage (eds.), *Enabling Human Conduct.* Amsterdam: John Benjamins Publishing Company. 125–143.
- Margutti, P., Tainio, L., Drew, P. & Traverso, V. 2018. Invitations and responses across

different languages: Observations on the feasibility and relevance of a cross-linguistic comparative perspective on the study of actions. *Journal of Pragmatics* 125: 52–61.

- Maynard, D. W. 1984. *Inside Plea Bargaining: The Language of Negotiation*. New York: Plenum.
- Robinson, J. D. 2016. Accountability in social interaction.In J. D. Robinson (eds.), *Accountability in Social Interaction*. New York: Oxford University Press. 1–44.
- Schegloff, E. A. 1986. The routine as achievement. *Human Studies* 9: 111–151.
- Schegloff, E. A. 2007. *Sequence Organization in Interaction: A Primer in Conversation Analysis*. Cambridge: Cambridge University Press.
- Searle, J. R. 1976. A classification of illocutionary acts. *Language in Society* 5(1): 1–23.
- Stevanovic, M. 2018. Social deontics: A nano-level approach to human power play. *Journal for the Theory of Social Behaviour*: 1–21.
- Stevanovic, M., & Peräkylä, A. 2012. Deontic authority in interaction: The right to announce, propose, and decide. *Research on Language and Social Interaction* 45(3): 297–321.
- Stivers, T. 2016. Proposals for activity collaboration. *Research on Language and Social Interaction* 49(2): 148–166.
- Yu, G., & Wu, Y. 2018. Inviting in Mandarin: Anticipating the likelihood of the success of an invitation. *Journal of Pragmatics* 125: 130–148.
- Yu, G., Wu, Y., & Drew, P. 2019. Couples bickering: Disaffiliation and discord in Chinese conversation. *Discourse Studies*: 1–23.
- 陈若君，2000，“要不（要不然）”的篇章连接功能。《语言教学与研究》（3）：66–72。
- 吕叔湘，1999，《现代汉语八百词（增订本）》。北京：商务印书馆。
- 史金生，2005，“要不”的语法化——语用机制及相关的形式变化。《解放军外国语学院学报》（6）：6–13。
- 于国栋，2008，《会话分析》。上海：上海外语教育出版社。
- 于国栋、梁红艳，2018，选择疑问句“X 还是（Y）”中对于X 的结构优先。《外国语》（1）：49–59。
- 于国栋、吴亚欣，2018，努力建设汉语会话分析研究的科学体系。《外国语》（4）：7–9。
- 张斌，2001，《现代汉语虚词词典》。北京：商务印书馆。
- 赵新，刘若云，2013，《实用汉语近义虚词词典》。北京：北京大学出版社。

Yàobù TCUs as a Conversational Practice of Proposal Making in Chinese Daily Conversation

Abstract: Adopting the research methodology of conversation analysis and taking daily telephone conversations in Chinese as its data, this research probes into the social action of proposal making executed by *yàobù*-initiating turn construction units (*yàobù*-TCUs) at the sequential initiative position. *Yàobù*-TCUs are mainly observed in two sequential organizations: the proposer puts forward a future joint action, or the proposer provides a solution or an arrangement so as to solve a certain problem or trouble related to both interlocutors. The present research shows that *yàobù*-TCUs are a conversational practice which enables the proposer to tentatively make a proposal with minimal imposition on the recipient.

Key words: yàobù-TCUs; proposal; tentativeness; conversation analysis

（责任编辑：高一虹）

汉语日常会话中序列结束语“好吧”的会话分析

山西大学　吴亚欣
山西大学／山西大学商务学院　杨永芳*

［提　要］　“好吧”是汉语自然会话中一种常见的会话常规，它可以出现在起始位置、回应位置或序列结束位置。本文以电话录音为语料，会话分析为研究方法，发现当序列结束位置出现“好吧”时，“好吧”是说话人对其前的回应形式上接受、实则展示该回应与自己的期待不一致的一种会话常规。与直接表达对其前回应行为的不接受或不满意相比，“好吧”说话人既委婉地表达了其前的回应与自己的期待相违，又维护了交际双方和谐的人际关系。

［关键词］　会话分析；好吧；序列结束位置；会话常规

❶ 引言

相邻对（adjacency pair）是会话中最小的序列结构，由前件（first pair part）和后件（second pair part）构成，前件执行发起行为（initiating action），后件执行回应行为（responsive action）。在相邻对之后还可能出现后扩展（post-expansion），后扩展又进一步细分为最小后扩展（minimal post-expansion）和非最小后扩展（non-minimal expansion）（Schegloff，2007）。“好吧”既可以作为一个话轮构建成分（turn construction component）出现在相邻对前件中，和其他话轮构建成分一起执行一个起始行为（如例[1]）；也可以作为一个独立的话轮构建成分（turn-constructional unit），出现在相邻对的后件中，执行一个回应行为（如例[2]），或者作为相邻对的

*　作者简介：吴亚欣，中国海洋大学外国语学院教授、博士、博士生导师。研究方向：语用学、会话分析。Email：2209150617@qq.com 通信地址：266100 中国海洋大学外国语学院。杨永芳，山西大学外国语学院在读博士，山西大学商务学院副教授。研究方向：会话分析。Email：1834930997@qq.com。通信地址：030006 山西大学外国语学院；030031 山西大学商务学院外语系。
本研究是教育部人文社会科学研究规划基金项目“汉语自然会话中话轮末尾语气词的会话分析研究”（19YJA740063）和山西省教育科学“十三五”规划课题“日常言语交际中建议序列的会话分析研究”（GH-16174）的阶段性成果。

最小后扩展，出现在序列结束位置（sequence closing third）（如例3）。区分会话常规（conversational practice）出现的序列位置是会话分析研究方法的核心（Heritage, 2013）。本文的研究对象是如例[3]中处于序列结束位置的“好吧”，在这一序列中，“好吧”的使用者同时也是其前的相邻对前件的说话人。这一序列可以描述为：

01　A：相邻对前件（发起行为）（第一位置）
02　B：相邻对后件（回应行为）（第二位置）
03　A：序列结束位置“好吧”（最小后扩展）（第三位置）

[1]
01　A：我们先把这些做完，好吧？
02　B：好。

[2]
01　A：咱们去逛街吧？
02　B：好吧。

[3]
01　A：你喜欢打篮球吗？
02　B：不喜欢。
03　A：好吧。

在现有研究中，“好吧”被分为四类：（1）V/N+性质形容词+吧，如“工作和生活都挺好吧？”（2）附加于非疑问句之后，表询问、征询意见等，如“请你帮我铺一下，好吧？”（3）用在对话的应答句中，表接受、赞同等，如“好吧！我马上就去找三郎。”（4）作为话语标记语的“好吧”，如“异地友情就像发膜一样，一周或者更长时间才见一次面，但是却无比珍贵。好吧，我其实是好想好想你们，dear friends~（亲爱的朋友）”（谢静静，2017；刘娟娟，2013;杨佑文，管琼，2016；蒋方，2015；李雪燕，2011）。这里的第一类显然不同于其他三类，因为第一类中“好”并不和“吧”构成一个意义结合体，“吧”是一个疑问语气词，较“吗”的疑问语气更弱，用于句末，构成一个疑问句。第二类和第三类与本文前面提到的例[1]和例[2]相似，但是区分的视角是“好吧”表疑问和表应答（张晓传，2013），而不是严格按照话轮所在的序列位置，重要的是，从社会行为来看，出现在相邻对前件中的“好吧”不一定都表疑问，还可能执行其他社会行为，如请求等。文献中把出现在序列第二位置和第三位置的“好吧”划为一类，都属于应答（谢静静，2017），事实上，出现在第三位置的“好吧”并不是对相邻对后件的应答，而是序列的最小后扩展，用来结束该序列。本文研究的处于序列结束位置的“好吧”在文献中多被归为第四类，即话语标记语。现有对“好吧”的研究主要是研究作为话语标记语的“好吧”的语篇功能、语用功能及形成机制等（刘娟娟，2013；杨佑文、管琼，2016；谢静静，2017）。语篇功能主要包括发起话题、结束话题、转换话题、话题信息补充、彰显话题背景等；语用功能主要包括弱化语力、缓解尴尬、保全交际双方的面子、推迟回答的出现、为寻找合适的回答争取时间、提请听话人对信息的注意、凸显说话人的主观立场态度等语用功能。这些研究还从合作原则、礼貌原则、社会心理、外来文化影响、语言结构成分等方面探讨了“好吧”的成因及使用机制。也有研究认为“好吧”表达询问、商量，或赞同、接受，或无奈、失望等语用意义（韩影，2015；李雪燕，2011）。还有研究认为“好吧”作为回应，它所回应的话轮中都有“好吧”说话人的不合意和意外信息，而“好吧”都在执行妥协合意回应功能，以保全受话人的面子，保证会话的顺利展开，以及消除受话人顾虑，“好吧”说话人用以展现与受话人立场一致的功能（郑娟曼，2018）。

现有对“好吧”的研究大多是在语用学视角下进行的，对“好吧”的语用功能和语篇功能的概括对一部分“好吧”具有一定的解释力。但是，“好吧”是一个非常复杂的会话常规，对“好吧”的客观解读必须把它放在具体的序列位置去考察，这里的序列位置不仅包括在话轮的前、中、后位置，还包括在序列的第一位置、第二位置还是第三位置，同时还要分析“好吧”作为话轮构建成分或者作为话轮构建单位的话轮以及“好吧”所在序列的其他话轮执行的具体社会行为，对上述内容任何一方面的忽略或错误分析都可能导致对“好吧”的错误解读。另外，“好吧”是人们在会话中用以执行某种社会行为的语言资源，所以只有从真实的会话中去观察、识别、分析、解释“好吧”，才能发现“好吧”使用的客观规律，来自于影视剧作品或小说文本的语料，都是非自然的语料，不足以反映人们使用语言的现实。鉴于此，本文采用会话分析研究方法，以真实发生的电话谈话为语料来源，只对作为话轮构建成分出现在话轮起始位置且序列结束位置的“好吧”进行研究，探讨这一位置的“好吧”的使用规律和执行的社会行为。

❷ 研究方法和语料来源

本研究采用会话分析研究方法。话轮设计、序列结构、社会行为是会话分析的三大核心概念，自然发生的言语交际（talks-in-interaction）是会话分析研究者无动机观察（unmotivated observation）的对象（Heritage，1984；Sacks，1992；Drew，2005）。会话分析认为，言语交际中的每一个话轮都在执行一定的社会行为（Drew，2013），每个话轮所执行的社会行为由这个话轮的话轮设计及其所在的序列位置决定，两者缺一不可（Clift，Drew & Local，2013）。会话分析旨在揭示会话过程中展现出来的规律和秩序，也就是社会成员组织社会活动或执行社会行为所共用的方法，即会话常规（Drew，2005）。处于序列结束位置的“好吧”作为话轮构建成分就是一种会话常规。

本研究的语料全部来自真实发生在日常生活中的电话录音。本文共分析了134段录音，时长共约16小时，全部语料都按照Gail Jefferson的转写体系进行了转写（Atkinson & Heritage，1984）。录音中共有260个“好吧”，其中独立作为话轮构建成分出现在序列结束位置的“好吧”共有60个。

❸ 语料分析

通过对大量的语料观察发现，出现在序列的第三位置的“好吧”作为一个独立的话轮构建成分，是说话人对其前的回应形式上接受、实则展示该回应与自己的期待相悖的一种会话常规。这种相邻对后件的回应与“好吧”说话人的期待间的不一致可以在这一序列之前的序列、相邻对前件的话轮设计或者这一序列的后扩展中找到证据，或者是从交际者的常识中得到证明。

3.1 “好吧”所在序列之前的序列印证回应与“好吧”说话人期待间的不一致

作为一种会话常规，“好吧”说话人展现出来的后件的回应与自己期待间的不一致在会话的展开过程中，是可以按图索骥，找到不一致的证据的。这种证据可能出现在“好吧”所在的序列之前。

[4] ①

41 丽丽：=就下面那个图那些um:: 下面解释的那一小段话也不用[翻吧？

42 王安：[图？

43 丽丽：嗯=

44 王安：=你把那个就是引的那些(.)解释，就是(.)um:: 注释的那些，((sound of noise))

45 丽丽：↑啊，什么？

46 王安：就是下面不是有注释的？

47 丽丽：嗯，就是那些要解释呢？[也要翻译呢？

48 王安：[对对对，把那个翻一下，↓对。

49 丽丽：好¥吧¥：我想知道这么乱他怎么看呢？

这个例子中第47行是相邻对前件，执行询问行为，48行是后件，49行出现序列结束语“好吧”。从第47行的话轮设计看，与“也要翻译吗”相比，“也要翻译呢”展现了说话人此时更倾向于认为需要翻译，并寻求对方确认，她的这一想法得到了对方的确认（48行），尽管48行对47行的回应与说话人在47行展现的期待一致，但49行依然出现了“好吧”，这是因为47行的询问表达的并不是说话人最初的期待，这一行的话轮设计是受之前的话轮影响而设计的。说话人最初的期待展现在第41行，这一行也执行一个询问或寻求确认的行为，它的话轮设计是一个以语气词“吧”结尾的否定疑问句（“下面解释的那一小段话也不用翻吧？”），和以疑问语气词“吗”

① 语料中三个加方框的话轮分别指：相邻对前件（发起行为）、相邻对后件（回应行为）、序列结束位置“好吧”（最小后扩展）。

结尾的肯定疑问句相比（“下面解释的那一小段话也用翻吗？”），41行的话轮设计展现了说话人的期待是倾向于否定的，即不用翻（Heritage，2012b；吴亚欣、于国栋，2018），但是可能是由于通话质量的问题，听话人并没有对这一询问马上给予回答，而是用部分重复的方式（partial repetition）发起了修正（第42行）（Kitzinger，2013），交谈对方在43行对这一修正的发起给予了确认。通过会话修正解决了对41行的理解问题后，44行是对41行询问的回答，但是由于通话质量问题，再次引发了会话修正（45行），但这次修正的发起方式属于开放式的（open class repair initiation）（“啊，什么？”）（Drew，1997），表明对前面话轮的不理解完全是由于听不清楚造成的，对此，46行给出了修正，44行修正源（trouble source）的话轮设计是肯定句，46行的修正并没有重复44行的话轮设计，而是换为了反问句（“不是……的”加声调或“不是……吗”），反问句并不表示疑问，而是表达一种肯定的语义（李兴亚，1988：345），而且这里用反问句表指称投射出指称的内容是需要翻译的，这种投射出来的内容改变了交际对方（丽丽）起初的期待（41行），于是，与41行用否定疑问句执行询问不同，在47行丽丽用肯定疑问句来执行询问和寻求确认，47行和41行不同的话轮设计展现了同一说话人在会话展开的不同阶段完全相反的期待，所以当47行的询问得到确认的时候（48行），同时也等于是否认了41行展现的期待，也就是48行的回应是与“好吧”使用者最初的期待相悖的。同时，在49行“好吧”之后，说话人又提供了回应与她的期待相反的原因，即如果图下面的解释也翻译的话，会乱到难以识别，所以她的期待是不用翻。

在上面的这个例子中，“好吧”作为第三位置的话轮所在的序列并不是一个完整行为序列的开始（即询问或寻求确认序列），由于位于序列起始位置（sequence initial）的话轮没有能够顺利得到交际期待的回应，使得说话人不得不在后序话轮中重新执行序列起始位置的行为，但是，随着会话的展开，交际双方所共有的语境也在时时更新（Heritage，1984），这使得同一说话人在执行同样的社会行为时使用了不同的甚至相反的话轮设计，两种不同的或相反的话轮设计展现了在交际的不同阶段说话人不同的期待，但位于序列起始位置的话轮代表了说话人最初的期待（如例[4]中的第41行），而之后用来执行相同行为的后序话轮是在序列语境激发下重新设计的话轮，展现的是说话人在交际当下的认知状态（如例[4]中的第47行），如果当下对某事物的认知状态与序列起始位置的相反，则对当前认知状态的确认也就等同于对序列起始位置的期待的否定，所以在当前序列的第三位置出现了“好吧”，用以展现其前的回应与她在序列起始位置表达的期待不一致。

3.2 “好吧”所在序列起始行为的话轮设计印证回应与“好吧”说话人期待间的不一致

在上面的例子中，“好吧”所在序列的起始行为（即第一位置的话轮）并不是一个完整序列的开始，而是对位于完整序列起始位置的行为的重做，这样“好吧”说话人的期待就展现在了完整序列起始位置的话轮中。但是，有时“好吧”所在序列的起始行为同时也是完整序列的起始行为，此时，“好吧”说话人的期待往往就展现在第一位置的话轮设计中。

[5]
203 王红：我已经到了hhh.. .hhh教学楼了。
204 明伟：嗯，那你去吧::。
205 (2.3)
206 明伟：呃你-完了是明天还得(.)去跟聂老师见面呢。
207 (0.5)
208 王红：嗯。.hhhh呃那天是我自己说的，然后他也没回我,.hhh
209 那就明天不行，就是后天。
210 明伟：好吧。

在这段会话中，明伟和王红是男女朋友关系，这部分会话发生在电话结束时。204行结束了前一个序列，2.3秒的停顿后，206行明伟发起了一个提醒行为，该话轮的话轮设计表明，王红曾告知过明伟她要见聂老师的安排，因为这一安排完全属于王红的知识域（Heritage，2012a，2012b, 2013），明伟之所以知道并进行了提醒，最大的可能性就是王红以前给他讲起过这一安排。王红在208行首先接受了这一提醒（“嗯”），随后又对当时的安排的进展情况进行了更新，就是当时告诉明伟这一安排时，只是王红单方面的决定，由于后来未收到见面对方的回复，所以见面这一安排在此时是被搁置的，具体见面时间还未定，这显然与明伟几天前被告知的安排是不一致的，或换句话讲，王红对明伟的提醒的回应，与明伟发起提醒时的期待是不吻合的，此时，明伟用“好吧”结束当前的序列，在形式上接受王红的信息的同时，重点展现了该回应与自己的期待不符。

与第一类不同，这一部分分析这个例子是相邻对前件展示说话人的期待，相邻对后件的回应与该期待不符，然后序列结束位置出现“好吧”。

3.3 回应与“好吧”说话人期待间的不一致展现在“好吧”之后的话轮构建成分中

本文研究的这种位于序列结束位置的“好吧”所展现的其前的回应与“好吧”说话人的期待间的不一致，一般都会在“好吧”所在的序列之前或这一序列的起始话轮中找到证据。如果在这两个位置没有出现回应与“好吧”说话人期待间不一致的证据，则“好吧”所在的第三位置的话轮，往往不只“好吧”一个话轮构建成分，其后往往会有另一个话轮构建成分，通过执行解释、不赞同等行为，来印证第二位置的回应不同于“好吧”说话人的期待。

[6]
17 瑞瑞：不过我觉得大狗（.）有点儿害怕。小狗倒是挺可爱的，泰迪你>喜不
18 喜欢<。
19 小燕：((吸鼻子))我觉得，>我觉得<(.)太小的狗我一屁股就↑坐死啦。

20 瑞瑞：嗯::好吧。(0.6) 嗯::就让大狗再坐死你吧。

21 小燕：((笑))$大狗会随时给我一个<熊抱>$。

22 瑞瑞：嗯::: =

这个例子是一个建议序列。在这段话之前，瑞瑞曾建议小燕养一只哈士奇，小燕并没有明确接受或拒绝该建议。第17行是瑞瑞的第二个建议，这一建议通过疑问句来执行的（泰迪你喜不喜欢），它前面的两个话轮构建成分是使用评价执行的解释行为，提供了给出第二个建议的原因。小燕对这一建议的回应，并没有直接给出喜欢或是不喜欢，也是通过给出解释间接拒绝了该建议。在得到这一回应后，瑞瑞在第20行“嗯：：”之后，使用了“好吧”，紧接着，又出现了0.6秒的延迟和再次使用“嗯：：”，然后出现了不赞同（就让大狗再坐死你吧）。这里“好吧”所在序列的前件是建议，后件是通过给出解释执行的拒绝，在第三位置，小瑞先通过“嗯：：”进行推迟，然后用“好吧”展现前面的回应与自己的期待不符，但17行的建议行为是通过V不V结构（喜不喜欢）来执行的（Tsai，2011），并不能够展现说话人对听话人喜不喜欢的期待。所以在“好吧”之后，瑞瑞通过不赞同回应中给出的原因，来展现该回应与自己期待的不一致。

3.4 回应与社会成员的常识相悖

在第三位置出现话轮构建成分“好吧”的序列中，并不是所有回应与“好吧”说话人的期待间的不一致都通过出现在不同序列位置的话轮设计来展现，有时二者之间的不一致可以通过社会成员所共有的常识来理解。

[7]

65 贝贝：(叹气声) 你-你从啥时候开始睡觉的,

66 (1.7)

67 楠楠：um::::,快四点哇:。四点那会吧:.

68 (1.2)

69 贝贝：um::,好吧:.

贝贝和楠楠都是大学生，会话发生于傍晚时分，贝贝在65行询问楠楠的午睡时间，楠楠给出了一个具体的时间（快四点），但这一回答明显与人们的常识不符，因为人们午睡一般在中午一点钟左右，四点应该是工作或学习的时间。贝贝用“好吧”作为前面询问—回答序列的最小后扩展，展现了该回答与他的常识（即期待）相悖。

4 讨论

人们在使用语言进行会话过程中，往往是遵守相应的社会规范的（social norms）。社会规范和法律不一样，它不是由一个特殊的人群制定的，而是人们在社会生活过程中共同建构的（Popitz，2017）。人们的社会行为通常都按照社会规范去执行。当人们的行为符合社会规范时，这种行为往往不会引起注意，但是一旦某一社会行为不符合社会规范，它就会被注意到。不遵守社会规范或者与社会规范不一致的社会行为，往往会被从道德方面加以评价或解释（Enfield & Sidnell，2019；Robinson，2016）。这种社会规范表现在会话的结构上，就是会话所展现出的规律（pattern）。这种规律与会话常规又密不可分。会话常规是人们用以执行社会行为的语言或非语言资源，它有自己的特征，并且在话轮或序列中有具体的位置（Heritage，2011），"好吧"就是一种会话常规。会话常规不是孤立使用的，往往会与其他话轮或序列特征同现，这种同现关系就是一种规律，从社会学角度说，这种语言使用的规律就属于社会规范的一部分。出现在序列第三位置（即序列结束位置）的"好吧"就和具有后件与前件展现的期待不一致这样特征的相邻对具有同现关系，这一会话结构可以描述为：

1 A：前件（展现一种期待） 2 B：后件（与该期待不符） 3 A：好吧

这一序列结构是最典型的"好吧"出现在序列结束位置的序列，或者说是第三位置"好吧"出现的序列的原型，前面分析的第二部分就属于此类。在这一原型基础上，这一序列的走向还可能呈现为：

1 A：前件1（展现一种期待） 2 B：后件1（未能完成前件行为所执行的交际任务或修正） 3 A：前件1'（重新执行前件1的行为，并展现新的期待） 4 B：后件2（与前件1的期待相悖） 5 A：好吧

会话发展的路径并不总是按最典型的结构展开。相邻对的前件1出现之后，有时后件1的回应不能完成前件1意图完成的交际任务，则前件1说话人A会根据后件1的回应对话轮设计进行调整来重新执行前件1的行为；或者是，后件没有紧随前件之后，在前件和后件之间出现了修正（如例[4]）来解决对前件1的理解问题，待问题解决后，前件1所执行的行为重新被执行，但由于出现在修正序列中的内容会改变说话人在前件1中表现的期待，所以重新被执行的前件（用前件1'表示）的话轮设计与前件1的话轮设计完全不同，甚至展现相反的期待，在这种情况下，对前件1'的回应（用后件2标示）如果有悖于前件1中所展示的期待，则序列结束位置也往往会出现"好吧"，作为该序列的最小后扩展。

前面这两种情况都与序列起始位置的相邻对前件所表现的期待有关，但有时相邻对前件并未展现任何期待，但在第三位置依然出现"好吧"，这种情况往往是后件的回应与社会成员的常识不符，如例[7]，这种情况的序列结构可以展示如下：

1 A：前件（未展现任何期待） 2 B：后件（与常识不符） 3 A：好吧

最后一种情况是相邻对的前件未展现说话人的任何期待，后件的回应也未出现与常识不符的内容，此时如果该序列的最小后扩展中出现“好吧”，则其后往往会有另外一个话轮构建成分与“好吧”一起作为最小后扩展，结束该序列，而且第二个话轮构建成分往往执行解释或不赞同之类的社会行为，这是因为“好吧”是用来展现其前的相邻对后件与“好吧”说话人的期待不符的一种会话常规，当“好吧”说话人在当前的会话中未展示他的期待，且后件的回应也未出现与常识间的不符，“好吧”说话人自己则需要在“好吧”之后提供解释，或者表达对后件的不赞同，来展现后件与自己的期待间的不一致。“好吧”之后也是最后一个可以展现后件与“好吧”说话人期待不一致的序列位置，因为序列的第三位置是序列的结束位置，之后往往会开启一个新的序列，此时，序列结构如下面所示：

1 A：前件（未展现任何期待） 2 B：后件（未出现与常识不符） 3 A：好吧+解释/不赞同

从社会行为看，序列结束位置的“好吧”是社会成员用以展现其前的回应与“好吧”说话人期待不一致的一种手段；从会话结构看，以上描述的四种序列结束位置出现“好吧”的序列的特征是会话在结构方面展现的规律；从社会角度看，它们是社会成员在序列结束位置使用“好吧”这一会话常规时所遵守的社会规范。会话分析研究方法旨在通过对大量真实会话的仔细观察分析，揭示会话结构和发现会话常规。人们在绝大多数情况下都在不自觉地按照社会规范执行社会行为，但有时也会出现与社会规范的偏离（deviant case）（Heritage 1988）。与社会规范偏离的情况并不是对发现的规律的否定，相反，而是通过交际者本人来展示该规律的存在或该会话常规执行的社会行为。如本文研究的出现在序列结束位置的“好吧”，如果在与上述四种描述不符的情况下，在序列结束位置依然出现了“好吧”，则“好吧”听话人在接下来的回应中会展示他识别了自己前面的回应与“好吧”说话人的期待不一致，比如询问“怎么了？”，即询问对方的期待，或是对未能按照对方的期待行事表示歉意，也可能是给对方的期待做出承诺等，因为在这种情况下，A没有在相邻对前件中展现任何期待，B的后件也未表现出与常识不符，只有当A在第三位置的“好吧”做出了一个展现后件的回应与自己的期待不符这样的行为时，才使得B做出接下来的回应。换句话讲，B并不是简单地把“好吧”理解为对后件回应的接受，而是从“好吧”中读出了或是把这一序列位置的“好吧”理解为了自己的回应与A的期待不符的一种表现方法。所以这种与发现的社会规范和会话的规律发生偏离的案例，并不是证伪了之前的发现，相反，它是从另一个侧面证实了之前的发现，而这一证实比

之前从语料中观察到的规律更有力，因为它是由交际参与者证实的，而不是研究者的主观臆断。通过偏离常规的案例来反证从语料中浮现出来的规律或称社会规范是会话分析研究方法常用的手段，这一点也得益于对会话分析影响最大的民俗方法学的思想和研究方法（Garfinkel，1967；Heritage，1984；Francis & Hester，2004）。序列结束位置“好吧”偏离常规时的序列结构如下所示：

1 A：前件（未展现任何期待）
2 B：后件（未出现与常识不符）
3 A：好吧
4 B：能够展现识别出自己前面的回应与听话人的期待不符的行为（如询问/道歉/承诺等）

在汉语语法词汇中，一般认为“好吧”是由表示同意的形容词“好”（吕淑湘，2017：257）和语气词“吧”（齐沪扬，2011）共同构成，作为一种应答语，表示同意（吕淑湘，2017：57）。本文认为，作为话轮构建成分出现在序列结束位置的“好吧”与单独使用“好”不同，它表达的是一种表面的同意（token agreement）或不置可否的接受（non-committal acceptance），它所执行的行为主要是展现相邻对后件的回应与“好吧”说话人的期待不一致。人们的社会生活基本上都是通过言谈互动来实现的。人们在互动交往中一般是倾向于互相支持和合作，因为这样可以建立和维持一种和谐的社会关系，表现在会话结构和会话常规上，人们会推迟、避免、缓和非支持性的和不合作的行为，相反，对于支持性的和合作的行为，人们会主动、积极、直接地去执行，如会话中的优先结构（preference organization）（Heritage，1984；Clayman，2002；Lindström & Sorjonen，2013）。从人们之间的社会关系建构和维持角度讲，“好吧”表面上执行了一种支持性的行为，但事实上间接展现了交际双方在某一交际事件上的不一致或不和谐，表现为后件的回应与“好吧”说话人期待间的不一致。这种不一致和不和谐在语言使用的表面并未体现。在这一序列位置的“好吧”的这一解读，或者说，“好吧”在这一序列位置所执行的行为，是社会成员在会话中共同达成的。在具体的序列位置，通过说A，来达到说B的效果，是人们在会话中常用的方法，在这种情况下B往往是敏感的、非支持性的或不合作性的行为，而A则是较中性的行为，如用一个弱化评价（downgraded assessment）回应上一个评价（first assessment），实则表达对上一个评价的不赞同（Pomerantz，1984）。在具体的序列中A与B之间是规范关系（normative relation），也就是听到A，就会理解为B，如听到序列结束位置的“好吧”，就会理解为第二位置的回应与“好吧”说话人的期待不一致。寻找互动交际中具有规范关系的结构和会话常规也正是会话分析的研究目标。

❺ 结语

正如索绪尔所说，语言符号之间有组合关系和聚合关系，语言的语法关系要从由这两个轴构成的坐标系中去考量（Saussure，1959）。事实上，会话也是如此。像语言的句法一样，会话也是有组织规则的。对会话结构的研究就是发现会话的组织规则，这就要从会话中每个话轮的设计（composition）和话轮所在的行为序列（position）两个方向去分析（Clift，Drew & Local，2013）。本文研究的“好吧”就是在横向上独立作为话轮构建成分，出现在话轮起始位置，在纵向上位于相邻对之后，作为最小后扩展出现在序列的结束位置。在这一具体序列位置的“好吧”是执行表面接受，实则展现相邻对后件的回应与“好吧”说话人期待不一致的一种会话常规。

参考文献

- Atkinson, J. M. & Heritage, J. 1984. *Structures of Social Action: Studies in Conversation Analysis*. Cambridge, UK: Cambridge University Press.
- Clayman, S. 2002. Sequence and solidarity. In E. J. Lawler & S. R.Thye (eds.), *Group Cohesion, Trust, and Solidarity (Advances in Group Processes, Volume 19)*. Bingley: Emerald Group Publishing Limited. 229–253.
- Clift, R., Drew, P. & Local, J. 2013. ‘Why that, now?’: Position and composition in interaction (or, don’t leave out the position in composition). In R. Kempson, C. Howes and M. Orwin (eds.), *Language, Music and Interaction.*College Publications. 211–232.
- Drew, P. 1997. ‘Open’ class repair initiators in response to sequential sources of troubles in conversation. *Journal of Pragmatics* 28: 69–101.
- Drew, P. 2005. Conversation analysis. In K. L. Fitch & R. E. Sanders (eds.), *Handbook of Language and Social Interaction.* Mahwah, NJ: Lawrence Erlbaum Associates. 71–102.
- Drew, P. 2013. Conversation analysis and social action. *Journal of Foreign Languages* 3: 1–19.
- Enfield, N. J. & Sidnell, J. 2019. The normative nature of language. In N. Roughley & K. Bayertz (eds.), *The Normative Animal? On the Anthropological Significance of Social, Moral, and Linguistic Norms.* New York: Oxford University Press. 265–278.
- Francis, D. & Hester, S. 2004. *An Invitation to Ethnomethodology: Language, Society and Interaction*. London: SAGE Publications.
- Garfinkel, H. 1967. *Studies in Ethnomethodology*. Englewood Cliffs, NJ: Prentice Hall.
- Heritage, J. 1984.*Garfinkel and Ethnomethodology*. UK: Polity Press.

❑ Heritage, J. 1988. Explanations as accounts: A conversation analytic perspective. In C. Antaki (ed.), *Analyzing Lay Explanation: A Case Book of Methods*. London: SAGE. 127–144.

❑ Heritage, J. 2011. Territories of knowledge, territories of experience: Empathic moments in interaction. In T. Stivers, L. Mondada & J. Steensig (eds.), *The Morality of Knowledge in Conversation*. Cambridge: Cambridge University Press. 159–183.

❑ Heritage, J. 2012a. The epistemic engine: Sequence organization and territories of knowledge. *Research on Language and Social Interaction* 1: 30–52.

❑ Heritage, J. 2012b. Epistemics in action: Action formation and territories of knowledge. *Research on Language and Social Interaction* 1: 1–29.

❑ Heritage, J. 2013. Epistemics in conversation. In J. Sidnell and T. Stivers (eds.), *The Handbook of Conversation Analysis*. London: Wiley-Blackwell. 370–394.

❑ Kitzinger, C. 2013. Repair. In J. Sidnell and T. Stivers (eds.), *The Handbook of Conversation Analysis*. London: Wiley-Blackwell. 229–256.

❑ Lindström, A. and Sorjonen, M.-L. 2013. Affiliation in conversation. In J. Sidnell & T. Stivers (eds.), *The Handbook of Conversation Analysis*. London: Wiley-Blackwell. 350–369.

❑ Pomerantz, A. M. 1984. Agreeing and disagreeing with assessments: Some features of preferred/dispreferred turn shapes. In J. M. Atkinson & J. Heritage (eds.), *Structures of Social Action: Studies in Conversation Analysis*. Cambridge: Cambridge University Press. 57–101.

❑ Popitz, H. 2017. Social norms. *Genocide Studies and Prevention: An International Journal* 2: 3–12.

❑ Robinson, J. D. 2016. Accountability in social interaction. In J. D. Robinson (ed.), *Accountability in Social Interaction*. UK: Oxford University Press. 1–46.

❑ Sacks, H. 1992. *Lectures on Conversation*. Oxford: Basil Blackwell.

❑ Saussure, F. D. 1959. *Course in General Linguistics*.Translated by W. Baskin. New York: Philosophical Library.

❑ Schegloff, E. A. 2007. *Sequence Organization in Interaction: A Primer in Conversation Analysis*. Cambridge, UK: Cambridge University Press.

❑ Tsai, I-Ni. 2011. *Grammar as Situated Practices: Conversational Practices of Two Mandarin Yes/No Question Formats in Talk-in-Interaction*. Ph.D. Dissertation, University of California Los Angeles.

❑ 韩影，2015，浅析“好吧”。《语文教学通讯》(9)：47–48。

❑ 蒋方，2015，浅析“好吧”一词在日常交际中的应用。《现代交际》(6)：75–76。

❑ 李兴亚主编，1988,《汉语规范语法》。郑州：河南人民出版社。

❑ 李雪燕，2011，“好吧”语境中的语用意义浅析。《文学教育》(7)：139–141。
❑ 刘娟娟，2013，微博中话语标记语“好吧”研究。华中师范大学博士学位论文。
❑ 吕淑湘主编，2017，《现代汉语八百词》。北京：商务印书馆。
❑ 齐沪扬主编，2011，《现代汉语语气成分用法词典》。北京：商务印书馆。
❑ 吴亚欣、于国栋，2018，汉语中“询问”言语行为不同句法表达的知识论解读。《浙江外国语学院学报》(3)：36–45。
❑ 谢静静，2017，会话互动中的话语标记“好吧”研究。安徽大学博士学位论文。
❑ 杨佑文、管琼，2016，话语标记语“好吧”的语用功能。《大学英语教学与研究》(1)：14-17。
❑ 张晓传，2013，论“好吧”话语标记的形成及其话语功能。《理论界》(9)：160–162。
❑ 郑娟曼，2018，从互动交际看“好吧”的妥协回应功能。《当代修辞学》(4)：76–85。

Hăoba as the Sequence Closing Third in Chinese Mundane Conversation: A Conversation Analytic Approach

Abstract: *Hăoba* is a common practice which could occur in the initiating position, responsive position and the sequence closing position in Chinese mundane conversation. Based on data of mundane telephone conversation and with conversation analysis as the research methodology, this study finds that *hăoba* in the sequence closing position is a token acceptance of its prior turn and displays a kind of discordance between the response in the prior turn and the *hăoba* speaker's anticipation. Compared with a direct non-acceptance or dissatisfaction to the response in the prior turn, the *hăoba* speaker not only conveys a disaffiliative stance but also maintains the social solidarity in the interaction.

Key words: conversation analysis; *hăoba*; sequence closing third; conversational practice

（责任编辑：高一虹）

从言语行为到招募：请求研究发展趋势

北京大学　李　芳*

［提　要］　请求是语用学、会话分析等以语言使用和互动为研究对象的学科领域中重要的研究话题。随着相关理论的不断发展，请求研究经历了特定的演变过程。本文梳理了请求研究的发展脉络，具体回顾了言语行为理论、互动情境视角、礼貌原则视角以及微观互动分析视角下的请求研究。呈现了当今请求研究的主要范式转变，并从行为特性、听者和说者视角分别阐述会话分析学派请求行为的研究思路和方法。基于此，本文进一步提出请求研究的未来发展趋势，即从请求到招募、从多模态到多感官的新动向。通过描绘请求研究的过去、现在和未来，本文预期为相关领域学者提供研究参考和启示。

［关键词］　请求；招募；会话分析；具身互动；多感官

❶ 引言

请求（request）是语用学、会话分析等以语言使用和互动为研究对象的学科领域中经久的研究话题。随着相关理论的发展，请求研究经历了特定的演变过程。本文旨在梳理请求研究的演变和历史、展示当今研究的主要范式与主题，并基于此呈现其未来发展趋势。

请求普遍存在于人类社会活动之中 (Drew & Couper-Kuhlen, 2014)。作为一种日常活动，请求行为兼有社会和语言符号属性，在社会互动和人际关系建构方面扮演重要角色。

其社会属性体现于请求行为所附带的社会互动中人与人之间的合作关系。这里所谓的“合作”并非指听话人一定要满足说话者提出的请求，而是指在请求行为被

*　作者简介：李芳，北京大学医学人文学院副教授。研究方向：社会语言学，会话分析。Email：lifang@bjmu.edu.cn。通信地址：100191北京大学医学部医学人文学院。
致谢：感谢Paul Drew教授同意作者借鉴其对请求演变的梳理思路，并对本文提出宝贵修改建议；感谢John Heritage教授耐心指导作者进一步完善文章结构和内容。

发出后，会话双方被自然地置于一种特定的互动关系中。其语言符号属性体现在，在任何语言与文化中，请求行为总是通过一定的符号元素或语言形式来得以实施。如英语中典型的请求表达方式有："Could you ... ?"（您能……吗？），"I wonder if you could ... ?"（我想知道您是否可以……？）以及"I need you to ..."（我需要你……）(Curl & Drew, 2008)。汉语中常用请求句式有"麻烦您……""您能……吗？"等（王燕飞，2014)。请求行为的社会和语言符号属性之间关系错综复杂。在互动中，请求如何被说话者识别并与其他行为区分开来，都取决于其社会与语言符号形式在特定情境中的交互关系(Drew & Couper-Kuhlen, 2014)。

❷ 请求研究的演变

20世纪60年代人文社科经历了所谓的"语言学转向"。受Goffman等社会学家影响，"面对面互动"的重要性逐渐得到当时社会学、语言学，以及人类学等领域等的广泛关注（Goffman, 1959）。与此同时，以形式语言学为主导的语言学界迎来了变异社会语言学、交际民族志、语用学，以及话语分析等新兴研究范式。更精确地讲，人文社科所经历的这场变革体现出"言语互动"转向趋势。这个转向具有如下特征：以语言使用为研究对象，以微观分析为研究方法，以定性研究为研究范式(Drew & Couper-Kuhlen, 2014)。伴随着这一转向，请求作为一种基本的社会行动日益受到学界关注，相关研究经历了如下演变历程。

2.1 言语行为理论视角下的请求研究

著名的日常语言哲学家Austin在1960年代提出了言语行为理论（Austin, 1962）。作为当时主流的分析哲学的两个分支，日常语言哲学与逻辑实证主义都继承了分析哲学的传统，即认为哲学问题归根到底是语言问题（姜望琪，2003）。两者差异在于：后者排斥自然语言，关注人工语言的真值问题；前者从自然语言入手，将句子和句子使用区分开来，认为"词的意义就是它在语言中的使用"(Wittgenstein, 1953：31)。早在1923年，Malinowski（1923:296）就强调"语言的原始功能是作为一种行动方式，而不是思想的对应物"。在20世纪50、60年代，出于对逻辑实证主义的反对，Austin系统论述了言与行之间的关系，揭示出语言的施为性，即人们使用语言是在"以言行事"，不仅仅是进行描述。Searle继承并发展了言语行为理论，一方面细化言语行为分类；另一方面，提出各类言语行为得以实施的适切条件。他认为，请求行为的实施需具备如下条件(Searle, 1969：66)：

（1）命题内容条件：涉及未来的行动；

（2）准备条件：

(a) 听话者具有接受此请求的能力；

(b) 说话者相信听话者有此能力；

(c) 很明显，在正常情况下，如果说话人不提出这个请求，听话人不会主动想到去完成该请求。

（3）真诚条件：提出请求者想让听话人完成请求。

（4）必要条件：请求话语被理解为说话者试图让听话者去做某事。

Searle认为以上条件也是对请求的定义。仔细分析不难发现，这些条件在一定程度上属于认知层面内容，涉及说话者的意图、看法、知识等。认知条件描述了说话者头脑中对行为的领悟，与真实世界中说话者对行为的实际认识和回应有所不同。此外，上述条件并不能真正全面地定义请求并将其与其他行为区分开来(Drew & Couper-Kuhlen, 2014)。

2.2 互动情境中的请求研究

与此同时，来自语言学、社会和行为科学领域的学者开始关注人们在日常面对面互动中如何通过语言来做事。请求这一行为由于其普遍性和代表性而成为一个研究热点，主要研究主题与内容涵盖如下：

2.2.1 家庭互动中的请求

伴随着心理语言学和对儿童语言与社会技巧习得研究的兴起，家庭互动话语中的请求研究成为热点。该类研究聚焦家长与儿童的互动行为（Bruner, 1975），发现互动中大量充斥着请求与对请求的回应。Ervin-Tripp（1981，1982）关注儿童在控制他人行动时使用的语言策略，涉及含请求在内的一系列言语行为类型，如承诺、提供等。该类研究催生了一种特殊形式的发展语用学（Ochs & Schieffelin, 1979, 1983），旨在研究指令类行为的不同类型和语法形式特征。与请求相关的研究主题包括：请求行为的语法构成（如Wootton, 1981a,1984, 2005)，请求的回应（Wootton, 1981b），以及对请求行为性质的探讨，如探讨其隐含性、间接性及其背后的原因等(Ervin-Tripp, 1981)。

2.2.2 心理治疗互动中的请求

Labov 和 Fanshel (1977)结合言语行为分析和互动分析方法，对心理治疗话语互动进行了考察。他们的研究更多地受到语言学，而非语言哲学的影响，将请求定位为一种具有指令性质的“言语事件”，从说话者视角出发，考察其如何通过语言让他人为自己做事情，即提出请求。值得注意的是，Labov和 Fanshel（1977）延续了Searle的研究传统，在一定程度上推测说话者的想法并将请求定义为一套受规则控制的话语形式。不同的是，Labov 和 Fanshel 所提出的规则涉及“需求”“能力”“义务”和“权利”等，并非局限于认知维度。他们提出,有效请求必须具备如下条件(Labov & Fanshel，1977: 81)：

被请求的行为需要有人来完成；

这个行为在没有人提出请求时，是不会被实施的；

请求的受众具有完成请求行为的能力；

请求受众具有实现该请求的义务；

说话者具有告知听话者去做某事的权利。

上述条件的适用性受到质疑。有学者提出，这些条件适用于指令性较强的请求形式，如命令等，但许多日常意义的请求不一定需要满足上述条件。

在后期的研究中，Labov和Fanshel（1977）探讨了请求的不同表现形式。他们的研究发现心理诊疗对话中患者很少使用直接形式提出请求。这促使他们对话语表层结构和底层行为意义之间的关系进行探索，并发展出一套规则以描述和阐释两者之间的间接性关系。他们提出的“间接请求规则”具有社会属性，关注了具体的时空情境中人们如何提出和辨识请求行为。此外，他们发现，关乎交际者需求和能力的请求多数采取间接、缓和的方式提出,而涉及权利和义务关系的请求则通常非常直接，甚至是毫无顾忌的。他们的研究揭示了请求行为中蕴含的表层语言形式与深层社会情境因素之间的交互复杂关系，推进了请求在具体互动情境中的相关研究。

2.2.3　请求行为中的礼貌原则

受Goffman影响，Brown和 Levinson (1978, 1987)揭示出语言和语言形式中所蕴藏着的礼貌、顺从、策略等社会关系，提出礼貌原则。在该理论看来，请求是一种“面子威胁行为”。说话者可以在一系列备选的语言形式中选择特定形式来表达请求。这些备选形式可以被置于一个从直接到间接的连续统上。

Drew 和Couper-Kuhlen（2014）对礼貌原则视角评价很高，认为他们对“请求的表述形式”做出了系统阐释的研究，而非探讨请求形式的推断意义。当然他们的研究也有局限性。研究中所分析的话语多是抽象或编造出来的、脱离真实互动情境的语言。尽管他们解释道，使用抽象例句是为了探寻语言使用的普适性规则。然而同一种表达形式在不同互动语境和序列结构中可能产生不同的礼貌关系。尽管有些词语、句子等本身具有表达礼貌的功能属性，但并非所有语言形式都具有内在的礼貌属性。因此脱离社会和互动情景去谈论语言形式内在的礼貌原则是不充分的。

2.2.4　请求微观互动研究

在围绕请求开展实证研究的初期，研究者通常致力于从互动秩序中提炼出请求的抽象形式。1980年左右，Wootton关于儿童请求行为的研究被认为是具有代表性的微观互动分析(Wootton, 1981a, 1981b, 1984)。该研究关注了不同请求形式在互动中所体现出的序列结构和位置特征，具有典型的会话分析学派研究特征，即聚焦行为的微观互动情境，关注行为即时即刻的互动秩序或序列结构。

综上，从20世纪60年代到21世纪初，请求研究经历了上述演变。相关研究主要讨论了（1）请求的构成成分；（2）请求行为与语言形式之间的关联(Drew & Couper-Kuhlen, 2014)。对请求的研究多聚焦于语言形式，凸显了语言表达的重要性，忽视了对互动中非语言表达或具身表达的考察；多数研究未能关注到请求的微观互动情境。

❸ 当代请求研究——互动转向

21世纪以来，请求研究出现了“互动转向”，研究者对探讨互动中行为的形成和识别展现出浓厚兴趣（Levinson, 2013）。这一兴趣衍生出两个主要研究问题：（1）说者视角：如何在众多语言和符号资源中选择特定形式以实施请求？（2）听者视角：如何辨别和解析某一种语言形式是在实施请求？本节将从请求行为的特性，说话者和听话者视角三方面简述相关研究的主要内容和进展。

3.1 请求行为的特性

请求行为的特性决定了说话者提出请求和听话者辨别与回应请求的方式。到目前为止，相关研究揭示出的请求行为的主要特性包括但不局限于下述维度(Drew & Couper-Kuhlen, 2014：13)：

时间：被请求的行为需要立即被完成或稍后完成；

成本：被请求的行为需要付出较高代价还是较低代价；

受益者：双边行为（得到双方共识，对双方都有益处）还是单边行为（出于一方需求）；

行为性质：具体行为（如递东西）或是抽象行为（提供服务、信息）。

Lindström（1999）和 Schegloff（2007）从时间维度入手讨论了请求行为特性对请求表达形式的影响。Rossi（2012）调查了请求行为成本的高低如何影响意大利语说话者对不同请求表述形式的选择，同时探讨了请求行为的受益者和行为性质。此外，Wootton（1997)、Keisanen 和 Rauniomaa（2012）、Vinkhuyzen和Szymanski（2005)等分别从请求行为受益者视角、具体请求行为、抽象请求行为出发，探讨了这些特性与说者提出请求和听者回应请求所采取形式之间的关系。

3.2 说者视角：请求的提出

请求的提出受到三方面因素的影响：序列位置（sequential placement)、权限（entitlement）和拒绝余地（contingency）。

序列位置是指话语所在话轮在会话中所处的具体位置，通常蕴含了其实施的行为意义。Wootton(1997)对一个英语为母语的孩子进行了跟踪研究，关注了其请求话语的发展。她发现孩子会根据当前或此前序列中正在进行的行为而选取不同形式的请求表达方式。同样，Rossi (2012)基于对意大利语日常会话的研究发现，成年人在提出低成本、具体的、需要立即实施的请求行为时，会根据对当前或先前序列中执行行为的理解来选择直接或间接的表述形式。

权限指的是说话者是否具有提出特定请求的权利(Curl & Drew, 2008)。这里的“权利”表述的是说话者基于对人与人之间的相对关系的理解而推断出来的其在特定情境中具有做事或言说的权利，是宏观社会历史文化和微观情境互动的产物。譬如，社会中一些约定俗成的权利关系有：年长者与年轻者、上级与下级、雇主与雇员、家长与孩子等。其中前者具有一定的权利安排后者去做事情。Lindström（2005）对瑞典老年人与家庭服务人员之间的会话进行分析，发现当老年人向服务人员提出请求时，会根据请求任务的性质选择性地使用祈使句等直接形式或疑问句等间接句式。Heinemann (2006)在一个相似的丹麦机构话语语境的研究中证实了这一发现：当年长者感觉自己有权提出一个请求时，会选取否定疑问式“你不能X？”，暗示了听话者没有去做本应该去做的事情；反之，当说话者不确定自己是否有权限提出该请求时，则使用肯定疑问句式“你愿意帮我X?”。Craven和Potter (2010)也发现权限在家庭餐桌互动中作用很明显。

拒绝余地是会话分析领域一个重要概念。Drew和Couper-Kuhlen (2014)将其描述为说话者展示出的对影响请求行为被接受与否因素的意识或倾向。和权限一样，拒绝余地也是影响请求提出形式的重要因素，同时反映了说话者对自身权限的定位和理解。Curl和Drew (2008)认为拒绝余地在一定程度上影响了说话者对提出请求语言形式之间的选择。当不考虑拒绝余地时，说话者将自己建构为一个具有相应权限的请求者；反之，表明说话者不具有提出请求的权限。他们认为在机构和非机构场景中，拒绝余地与权限关系密切、共同作用；相对而言，前者比后者更根本、更基础。然而Nolan和Maynard (2013)基于电话调查访谈的会话分析发现，拒绝余地和权限独立发挥作用，互不影响。说话者权限的高低可以通过所采取的语言形式反映出来；而说话者对拒绝余地的考虑则可以通过调整话语策略如向对方提供多种选择等来实现。

3.3 听者视角：请求的回应

听者视角主要关注如何基于给定的语言形式来判断说话者所执行的社会行为。目前比较公认的两个基本的影响因素是：惯用的语言形式和说话者的道义地位（deontic status）。

惯用语言形式：Couper-Kuhlen（2014）发现在日常英语会话数据中出现频率较高的请求语言形式有“imperative X!”（祈使式X）、“will/would you X?”（你愿意/你要X）、“can/could you X?”(你能/会X) 以及“I wish/need/want X”（我希望/需要/想要X）。借助这些不断复现的形式，听话者能够较清晰地辨识出说话者的请求行为，并将其与提供、提议或建议等区分开来。当然除了上述特殊的语言形式之外，人们也会通过其他方式提出请求。在这种情况下，听话者需要借助更多的情境和语言等因素来判断对方在执行什么行为。

道义地位：Stevanonic（2011）提出听话者对行为的辨识需要考虑到说话者的“道义地位”以及“道义立场”（deontic stance）。道义地位是指说话者在真实世界中所拥有的支配某一领域未来行动的权力。道义立场是说话者在提出具体行动（如请求）时所展现出的权力和姿态。譬如，当说话者以陈述句形式表述自己的需求、倾向、不足，或未来行动时，这些话语听起来像是在告知信息；但当说话者具有特定地位并有权力支配听话者在这一领域的行为时，这些话语也就具有更多的含义和功能，即向听话者提出请求。

❹ 请求研究发展趋势

Streeck等（2011）提出，面对面交流根本上是一种具身互动(embodied interaction)，其中的语言和非语言层面都应当受到关注。近年来，会话分析领域频繁可见“视觉”“具身”“多模态”和“多感官”等时髦词汇，在一定程度上代表了该领域新的研究转向。其中，视觉转向强调把研究对象从传统的听觉扩展到视觉视域，分析资料从“听得到”的语言要素扩展到“看得到”的非语言要素；具身转向强调从语言表达延展到身体表达、从关注表达延展到关注沉默；多感官转向更加新颖，强调从听觉、视觉维度扩展到触觉、嗅觉等感官维度。

4.1 从请求到“招募”

4.1.1 招募

基于视频会话资料的分析，研究者逐渐发现，说话者选取的语言形式不仅受到序列位置、权限、拒绝余地等影响，更受制于实际互动中的场景、会话参与者的具身情境（embodied context）因素。如果从宏观层面考察人类“争取他人帮助满足自身需求”这一行为的各个方面，那么“具身性”（embodiment）就不仅仅是为说话者所选语言形式提供的情境因素，其本身就应该被看作是提出、实施和完成请求行为的方式。换言之，请求行为可以通过具身互动来实现。具身互动包含了语言和非语言层面的表达，语言表达是其中的一种表现方式。这种广义的将具身互动定义为人们展示需求、获得帮助的方式，被Kendrick称之为“招募”（recruitment）(Floyd et al., 2016)。招募的内涵与特征有（Drew & Couper-Kuhlen, 2014）：

（1）关乎说话者即时即刻的可被感知的需求、问题或意愿；

（2）具有明显的具身性：其主要实现方式是非语言表达，次要方式是语言表达。只有当非言语行为不能达到预期效果时，说话者才会进一步借助语言手段来辅助完成招募行为；

（3）招募行为的成功与否取决于：说话者是否在恰当时机、以恰当方式呈现相应问题、需求或意愿；听话者是否有条件和能力感知对方呈现的问题、需求和愿望，并做出回应。

综上，招募通常发生在交际一方明显展示出有即刻的需求、问题或愿望的情景中，从而为对方提供了帮助其解决问题、实现需求、满足意愿的机会。招募者展现需求的方式越明显，该行为越容易被对方所理解。但前提是，招募行为需要发生在交际双方的视觉、嗅觉等感知范围内。招募方式越不明显或含糊，就越容易被对方忽视或误解，这时需要借助语言形式来辅助完成招募。

4.1.2 请求与招募的关系

招募概念的诞生有望颠覆学界对请求的既有认识和研究。招募既不能替代请求也不能被请求替代，两者之间的关系辩证统一。

从行为属性方面来看，招募的范畴比请求窄。招募的目标行为是具体的而非抽象的；请求的范围既可以具体也可以抽象。如寻求语言信息和获得许可等不属于招募范畴，但却属于请求范畴。此外，招募具有即时、即地的属性，其所涉及的任务主体必须处于会话参与者在谈话时共享的视觉、听觉、嗅觉等感知范围内，以保证参与者有同等条件可以感知到所涉及的需求。而请求行为所涉及的物体或信息不受空间、时间的限制。人们可以请求对方在相对延迟的时间内带来一件目前不在视线范围内的物品。从这个意义上讲，招募可以被看作是请求的一种类型。

从参与者的意向性和行为实施手段来看，招募又比传统的请求含义要广泛。招募行为的产生不受限于说话者的主动性，而请求行为的提出往往是出自说话者的主动意向。当说话者主动招募时，招募与请求的性质是相似的，即说话者有意地、主动地努力获得对方的帮助以实现需求或愿望。但当说话者无意间展现出问题或需求，即非主动招募时，则与请求有所不同。关于实施手段，招募可以通过含口头语言表达在内的所有符号手段来实现。请求则主要依赖语言表达来完成。前者所涉及的符号手段是一个关乎人类行为体系的上位概念，口头语言表达是其中的一种形式。因此，基于说话者主动性的、依赖语言表达形式的请求可以被看作是招募行为的一种特殊形式。

Kendrick和Drew（2016）提出招募行为具有五种不同表现形式，可以被置于一个连续统上。连续统从左向右分别是：口头请求、报告需求、困难或麻烦、提示麻烦、具身展示麻烦，以及被预判的麻烦。以上形式在麻烦的展示方式、说话者与听话者之间的关系，以及求助性质三个方面存在渐进式差异。位于最左端的口头请求特征有：麻烦展示比较隐含，甚至不能够明显被对方感知；提出请求者认为对方有义务提供帮助；求助者自己主动发起请求。而位于最右端的被预判的麻烦则相反：麻烦可以被听话者预判；听话者可以借此机会提供帮助，但并没有相应义务；所提供的帮助不是求助者自己发起而是由施予者发起。

作为一个新兴概念，“招募”的提出为请求类型研究领域提供了全新的视角，拓展了研究范围，同时引发了新的研究问题：如招募展示的具体构成成分，非语言与语言手段之间的关系，展示时间长短对招募效果的影响，招募展示的序列结构与互动意义建构等。

4.2　从多模态到多感官

20世纪70年代起陆续有会话分析学者开展多模态分析（Goodwin & Goodwin, 1987, 1992；Heath, 1986；Schegloff, 1984），在不同程度上形成了会话分析领域“多模态”研究的如下特征(Mondada, 2016, 2017)：（1）与行为相关：说话者借助多模态资源在互动中实施可以被彼此理解的行为；（2）多模态资源包括语言因素，从音调到句法等；也包含各种具身资源：手势、注视、头部动作、表情、身体姿态、对物品或工具的操控等；（3）不包括说话者没有触摸或使用到的物品、文本或界面。随着会话分析研究的深入，多模态呈现出新的发展趋势，具体体现在如下四个方面：

（1）从局部到整体：研究聚焦点从手势扩展到身体。早期研究多关注手势，探讨手势和词汇的协作、搭配关系（McNeill，1992；Schegloff，1984）。近来，学者开始关注互动中同时发挥作用的一系列具身资源。具身资源伴随谈话进行，和语言一样，也遵循一定的序列规则。

（2）从有声到无声：从关注谈话中的身体，到探讨沉默的身体。不再局限于仅仅与谈话相关的活动，而是可以包括不涉及或少量使用谈话的活动，如溜冰（Ivarsson & Greiffenhagen, 2015）等。

（3）从单一到多元：开启具身互动的生态学研究（the ecology of embodied interaction），探讨空间、物体、工具与身体在互动中的关系，具体包括交际参与者的具身资源与物质资源之间的交互关系及其对交际互动的影响。物体、工具等都是互动物质环境的构成元素；工具也可以被看作是身体的延伸物。交际参与者与物体、工具和科技的互动被视为说话者参与物质世界活动的方式（Mondada, 2017）。

（4）从多模态到多感官。上述三方面的拓展可以被归纳为：互动资源从语言资源拓展到具身资源再到物质资源；互动分析从关注身体本身到关注身体与物体、身体与空间之间的关系。这些新的趋势使得研究者能够深入剖析人们如何参与到世界的物质性中，以及这些参与方式又如何影响人们对社会互动的理解和认识。然而，该领域有必要进一步探讨，在社会互动中，身体和语言与人们对物质世界的感官体验之间是什么关系？为了回答这一问题，Mondada (2017) 提出了“多感官性”（multisensoriality）这一概念。他分析了销售员如何通过职业化的触摸向顾客推荐奶酪，以及顾客品尝奶酪时所使用的拿、看、闻、咀嚼等一系列多感官资源，凸显了多感官在互动中扮演的重要角色。

多模态和多感官分别象征了会话分析具身转向的两次飞跃。“多感官”进一步扩展了交际者参与互动的资源范围，开启了新的研究视域：不仅揭示这些资源如何使得参与者的行动得到彼此理性的理解，而且还有望从“感官维度”重新审视行动本身；行动的感官维度也具有投射后续行动的潜力。多感官维度为请求的未来研究提供了新的视角，“招募”行为本身就具有多感官属性。

❺ 结论

请求研究经历了从言语行为，到互动情境，再到具身行为研究的演变。当前会话分析视角下的请求行为研究主要从行为本身，说者和听者视角展开，探究行为的执行、识别、回应以及语法结构和行为之间的关系等（于国栋、吴亚欣，2016）。未来研究视域从传统的请求拓展到“招募”行为，有望实现“具身转向”和“多感官转向”。本文所梳理文献多是基于英语语料展开的研究，未来研究有望捕捉和探讨上述转变对汉语语言请求研究的启示和挑战。

参考文献

- Austin, J. 1962. *How to Do Things with Words*. Oxford: Oxford University Press.
- Brown, P. & Levinson, S. C. 1978. Universals in language usage: Politeness phenomena. In E. N. Goody (ed.), *Questions and Politeness: Strategies in Social Interaction*. Cambridge: Cambridge University Press. 56–311.
- Brown, P. & Levinson, S. C. 1987. *Politeness: Some Universals in Language Usage*. Cambridge: Cambridge University Press.
- Bruner, J. 1975. The ontogenesis of speech acts. *Journal of Child Language* 2: 1–19.

❑ Couper-Kuhlen, E. 2014. What does grammar tell us about action? *Pragmatics* 24 (3): 623–647.

❑ Craven, A. and Potter, J. 2010. Directives: Entitlement and contingency in action. *Discourse Studies* 12 (4): 419–442.

❑ Curl, T. & Drew, P. 2008. Contingency and action: A comparison of two forms of requesting. *Research on Language and Social Interaction* 41 (2): 129–153. DOI:10.1080/08351810802028613

❑ Drew, P. & Couper-Kuhlen, E. 2014. Requesting – from speech act to recruitment. In P. Drew & E. Couper-Kuhlen (eds.), *Requesting in Social Interaction.* Amsterdam: John Benjamins. 1–34.

❑ Ervin-Tripp, S. 1981. How to make and understand a request. In H. Parret, M. Sbisa, & J. Verschueren (eds.), *Possibilities and Limitations of Pragmatics.* Amsterdam: John Benjamins. 195–209. DOI: 10.1075/slcs.7.13erv

❑ Ervin-Tripp, S. 1982. Structures of control. In C. Louise & W. Bingley (eds.), *Communicating in the Classroom.* Bingley, UK: Emerald Group Publishing Ltd. 27–47.

❑ Floyd, S., Rossi, G. & Enfield, N. J. (eds.), 2016. *Getting Others to Do Things: A Pragmatic Typology of Recruitments*. Berlin: Language Science Press.

❑ Goffman, E. 1959. *The Presentation of Self in Everyday Life*. New York: Doubleday.

❑ Goodwin, C. & Goodwin, M. H. 1987. Concurrent operations on talk: Notes on the interactive organization of assessments. *Pragmatics* 1(1): 1–55.

❑ Goodwin, C, & Goodwin, M. H. 1992. Context, activity and participation. In P. Auer & A. D. Luzio (eds.), *The Contextualization of Language*. Amsterdam: John Benjamins. 77–99.

❑ Heath, C. 1986. *Body Movement and Speech in Medical Interaction.* Cambridge: Cambridge University Press.

❑ Heinemann, T. 2006. 'Will you or can't You?': Displaying entitlement in interrogative requests. *Journal of Pragmatics* 38: 1081–1104.

❑ Ivarsson, J. & Greiffenhagen, C. 2015. The organization of turn-taking in pool skate sessions. *Research on Language and Social Interaction*48(4): 405–429.

❑ Keisanen, T. & Rauniomaa, M. 2012. The organization of participation and contingency in pre-beginnings of request sequences. *Research on Language and Social Interaction* 45 (4): 323–351.

❑ Kendrick, K. & Drew, P. 2016. Recruitment: Offers, requests, and the organization of assistance in interaction. *Research on Language and Social Interaction* 49 (1): 1–19.

❑ Labov, W. & Fanshel, D. 1977. *Therapeutic Discourse: Psychotherapy as Conversation.* New York: Academic Press.

❑ Levinson, S. C. 2013. Action formation and ascription. In J. Sidnell & T. Stivers (eds.), *The Handbook of Conversation Analysis*. Malden, MA: Wiley Blackwell. 103–130.

❑ Lindström, Anna. 1999. *Language as Social Action: Grammar, Prosody and Interaction in Swedish Conversation*. Uppsala: Institutionen för Nordiska Språk vid Uppsala Universitet.

❑ Lindström, A. 2005. Language as social action: A study of how senior citizens request assistance with practical tasks in the Swedish home help service. In A. Hakulinen & M. Selting (eds.), *Syntax and Lexis in Conversation*. Amsterdam: John Benjamins. 209–230.

❑ Malinowski, B. 1923. The problem of meaning in primitive languages. In C. K. Ogden, & I. A. Richards (eds.), *The Meaning of Meaning* (pp. 296-336). London: K. Paul, Trend, Trubner.

❑ McNeill, D. 1992. *Hand and Mind: What Gestures Reveal About Thought.* Chicago: University of Chicago Press.

❑ Mondada, L. 2016. Challenges of multimodality: Language and the body in social interaction. *Journal of Sociolinguistics* 20 (2): 2–32.

❑ Mondada, L. 2017. Challenges of CA: From multimodality to multisensoriality. Paper presented at The 18th World Congress of Applied Linguistics (AILA). Rio de Janeiro, Brazil. July 2017.

❑ Nolan, J. A. & Maynard, D. W. 2013. Formulating the request for survey participation in relation to the interactional environment. *Discourse Studies* 15 (2): 205–227.

❑ Ochs, E. & Schieffelin, B. (eds.), 1979. *Developmental Pragmatics*. New York: Academic Press.

❑ Ochs, E. & Schieffelin, B. 1983. *Acquiring Conversational Competence*. London: Routledge.

❑ Rossi, G. 2012. Bilateral and unilateral requests: The use of imperatives and mix? Interrogatives in Italian. *Discourse Processes* 49 (5): 426–458.

❑ Schegloff, E. A. 1984. On some gestures' relation to talk. In J. M. Atkinson & J. Heritage (eds.), *Structures of Social Action*. Cambridge: Cambridge University Press. 266–298.

❑ Schegloff, E. A. 2007. *Sequence Organization in Interaction: Vol.1: A Primer in Conversation Analysis*. Cambridge: Cambridge University Press.

❑ Searle, J. R. 1969. *Speech Act*. London: Cambridge University Press.

❑ Stevanovic, M. 2011. Participants' deontic rights and action formation: The case of declarative requests for action. *Interaction and Linguistic Structures* 52.

❑ Streeck, J., Goodwin, C. & LeBaron, C. (eds.), 2011. *Embodied Interaction: Language and Body in the Material World*. Cambridge: Cambridge University Press.

❑ Vinkhuyzen, E. & Szymanski, M. H. 2005. Would you like to do it yourself? Service

requests and their non-granting responses. In K. Richards & P. Seedhouse (eds.), *Applying Conversation Analysis*. London: Palgrave Macmillan. 91–106.
- Wittgenstein, L. 1953. *Philosophical Investigations*. Oxford: Blackwell.
- Wootton, A. J. 1981a. Two request forms of four-year-olds. *Journal of Pragmatics* 5: 511–523.
- Wootton, A. J. 1981b. The management of grantings and rejections by parents in request sequences. *Semiotica* 37 (1/2): 59–89.
- Wootton, A. J. 1984. Some aspects of children's use of 'please' in request sequences. In P. Auer & A. Luzio (eds.), *Interpretative Sociolinguistics*. Tübingen: Gunter Narr Verlag.147–163.
- Wootton, A. J. 1997. *Interaction and the Development of the Mind*. Cambridge: Cambridge University Press.
- Wootton, A. J. 2005. Interactional and sequential features informing request format selection in children's speech. In A. Hakulinen & M. Selting (eds.), *Syntax and Lexis in Conversation*. Amsterdam: John Benjamins. 185–207.
- 姜望琪，2003，《当代语用学》。北京：北京大学出版社。
- 王燕飞，2014，汉语日常言语交际中请求的会话分析研究。山西大学硕士论文。
- 于国栋、吴亚欣，2016，基于汉语语料中言语行为的会话分析研究论纲。《山西大学学报外语研究》(哲学社会科学版)(4)：45–48。

From Speech Act to Recruitment: Development of Research on Requests

Abstract: "Request" has long been a well-studied subject in pragmatics and conversation analysis. Along with the development of relevant theories, research on requests has undergone stages of development. This article presents diachronically the respective stages of research on request, including speech act theory, interactional studies and micro analysis. Synchronically, this paper outlines the current perspectives with which requests are studied, namely from the requesting task, speaker, and hearer perspectives. Based on the historical stages and contemporary perspectives reviewed, the paper proposes future research trends in this field, including the groundbreaking shift from request to recruitment and from multimodality to multisensoriality.

Key words: request; recruitment; conversation analysis; embodied interaction; multisensoriality

（责任编辑：高一虹）

语言学理论研究

克里斯蒂娃“文”的语言学理论东方溯源及构建

本维尼斯特“历史 / 话语”区分及其中文语境下的适用性探讨

克里斯蒂娃“文”的语言学理论东方溯源及构建

山东大学　焦宏丽*

[提　要]　克里斯蒂娃的语言符号学理论具有开阔的东西方视野。其中，我国的语言、文字和思想，贯穿了其早期的理论探索，对她建构语言符号学理论有着不容忽视的重大意义。法国文论中的“le texte”通常被译作“文本”，该译文易导致忽略这个概念所蕴含的“文本”以外的指称意涵。而用“文”代替“文本”，因为“文者，物象之本”，亦可表示物质化的徽标，这种表达正可与克里斯蒂娃所强调的“肢体动作”式的意指实践相联系。由此，本文认为克里斯蒂娃在东方语言的启发之下，构建起了独特的语言学理论。

[关键词]　克里斯蒂娃；徽标；肢体动作；文

1 引言

朱莉亚·克里斯蒂娃（Julia Kristeva，1941–）的语言符号学理论具有开阔的东西方视野。其中来自我国的思想启发，贯穿了克里斯蒂娃早期的理论探索。早在20世纪60年代，在把巴赫金的思想介绍到法国学界之时，她就已经发现了我国哲学家张东荪的思想与她语言学探究的理论相似性。“亚里士多德式逻辑在语言应用中的不足被指出来并非偶然：一方面，由中国哲学家张东荪（Chang Tung-sun）指出，他来自另一种语言视野（表意文字的视野），在那儿，阴—阳“对话”代替了上帝展开；另一方面，由巴赫金指出，他试图用革命社会中形成的动态理论来超越形式主义”（Kristeva，1969：10）。张东荪的思想如何指出这种不足之处？他所属的另一种语言视野到底给了克里斯蒂娃怎样的启发，进而建构起自己的语言学体系？本文试图阐释克里斯蒂娃是如何在中国名学的“非同一律”思想、印度语言学的“意指是一个过程”思想的影响下，在对中国汉字的研究过程中，逐步构筑起她独特的语言学理论的。

*　作者简介：焦宏丽，山东大学文艺美学中心博士，山东大学外国语学院讲师。研究方向：符号学、法国文学。Email：110460099@qq.com。通信地址：250100山东大学外国语学院。

1.1 中国名学中的“非同一律”思想的影响

2012年在复旦大学进行讲座时，克里斯蒂娃谈到自己与张东荪语言思考的亲缘性：“就在我把巴赫金思想引入法国之时，我发现了一位名叫张东荪的中国学者的研究。《原样》刊物在1969第38期上发表了他的一篇研究文章：‘一位中国哲学家的知识理论’（A Chinese Philosopher’s Theory of Knowledge），他们给它的法文题目是‘La Logique Chinoise’（《中国式逻辑》）。[……]。读了这篇文章，你们就会看到从巴赫金到克里斯蒂娃一路的思想与中国思想中的某些因素的联系”（克里斯蒂娃，2013：3）。

这种来自汉语逻辑的语言思想或语言哲学，被张东荪概括为更加中国化的概念——“名学”，即“中国的语言逻辑（系统）”。1939年张东荪就认为，中西方语言哲学有不同的逻辑，西方的语言学基于同一律，而汉语并不基于同一律：

> “……西方名学根本上是建筑在同一律（至于所谓矛盾律与排中律只是同一律的附律）。分类、定义以及三段论法（甚至于转换与对当）无不基于此。这些原是互相关联的，实在是一套。而中国人的思路根本上不适用这一套。所以我说中国人的名学系统（姑名之曰系统）是不建筑在同一律的（logic without identity）。”
>
> （张东荪，2013: 41）

同一律构成西方分类学的基础。西方的逻辑学，尤其是形式逻辑，以同一律为基础，认为任何概念或判断，都不能在不同意义上使用，而应该基于“同一”的准则。不过，东方人却并没有在本土发展出这种形式逻辑，孙东荪所谓的“名学”也概莫能外，同样不属于西方意义上的形式逻辑。关于东方思想的非同一律的问题，不仅为张东荪所概括，也为阿根廷小说家博尔赫斯所认知。在《约翰·威尔金斯的分析语言》一文中，他谈论到一种可笑的分类法：“美字出现在第十六类，那是一种胎生的、椭圆形的鱼”（博尔赫斯，1999：428）。这则涉及东方分类学的虚构论述，为福柯的《词与物》提供了大笑的素材。而屠友祥教授沟通了汉语思维与西方思维，深刻辨析了他的分类意蕴问题：“万物以类（同）而聚，依类而分（异）。然而博尔赫斯《约翰·威尔金斯的分析语言》引述古代中国百科全书的动物分类，[……]。这一混乱的分类让福柯大笑，摇撼了他的思维界标。博尔赫斯的意见则是我们对万物的分类都是随意的、猜想的，因为我们不知道何为万物”（屠友祥，2015：179）。屠友祥认为，这个让人发笑的文学虚构，背后契合着老子的“万物并作，吾以观其复。夫物云云，各复归于其根”的思想和庄子的“吾丧我”中取消对待的思想。由此可见，东方的分类观念和西方的形式逻辑，其实是基于不同的逻辑基础。

克里斯蒂娃认为，1930年代中国思想家张东荪理解的东方逻辑，可以用来突破人们对“语言学”在“非同一律”维度上的理解。这一“非同一律”的语言能力内在于人，这也是索绪尔将自己的语言学命名为“普通”的理由。博尔赫斯在文章的结尾，也通过引述表达了对这种语言能力的乐观态度：“人们知道在头脑中有比秋天的森林中更紊乱、更不可胜数、更无名的色彩……但是相信，这些色彩及其一切搭配和变化，都能用高低不同的声音的随意性机制确切地表达出来。相信从一个证券经纪人的内心，确实可以发出代表一切记忆的秘密和一切强烈欲望的声音”（博尔赫斯，1999：430）。此处，博尔赫斯通过文学家的眼光探究到这种非同一律基础上的语言感觉，这与克里斯蒂娃从中国的张东荪那里习得的“非同一律”是不谋而合的。

在克里斯蒂娃的理论脉络中，东方思想本身蕴含着的非同一律以及不在同一律基础上建构的分类法，恰恰是一种在不再制造权威的同时，“促使语言向‘意义经验’（expérience du sens）开放”(克里斯蒂娃，2016：10)的语言学思想。她借用张东荪举的中西语言上的例子，即英文的“to be”与汉语的“是/为”来说明“同一律名学”（identity logic）与取消对待的、不建筑在同一律上的中国名学（logic without identity）之间的差别。张东荪认为“西方的名学与西方言语中有to be的动词大有关系”：

> “我们读柏拉图的书的时候常必发见希腊文的这个动词其本身富有意义。而许多哲学问题是从这里引出来的。我尝说有许多哲学问题其本身只是个言语问题，亦就是看到这些地方。这几点以与中国来比较便见其很不相同。第一，中国言语不必须要主语。……第二，中国言语中没有和西方动词to be相当的字。如口语的‘是’便不能有‘存在’的意思。至于文言的‘为’反有‘成’的意思，有几分似英文的to become。而在英文becoming却与being正相反对。第三，中国言语上无论口语的‘这’与文言的‘此’或‘其’都不能与it相当。‘此’只是英文的this。这个字是有对待的。‘此’是与‘彼’相对待的。不能成为一个‘不定者’（the non-definite）。”
>
> (张东荪，2013: 41)

张东荪将此例视为“言语左右思想，言语引导思想的一个实例”，并由此看到了“中国国民性在心思方面有与西方不同的地方”(张东荪，2013: 41)。屠友祥认为“赋予意义的过程，在概念的翻译中也是要经受的”(屠友祥，2015：181)。经过一个世纪的汉译进程，“是”这个词在今天也具有了“存在”的含义。不过，张东荪将语言问题视为一种哲学意义上的差异，对克里斯蒂娃具有启发意义。

克里斯蒂娃认识到，张东荪的中西名学比较中所蕴含的古老的东方思维，具有超越结构主义语言学的潜能。尽管这种潜能到法国后结构主义思潮中才获得了释放，而她的语言学建构正是这个思潮的构成部分。在其中，她调用了古老的汉语中非对待的、不定者的思维。这个非对待、不定者，在其后来的理论演进中逐渐成了一个独特的陌异性概念。而这个陌异性的灵感来源其实是东方。甚至于后来她在思考女性主义问题的时候，也将对中国妇女的理解放在这种非对待的阴阳对话关系之中，而不是二元对立的男权/女权矛盾之中。可以说，其理论气质在早期理论当中就浸染了东方色彩。

1.2 对汉字的阐释

克里斯蒂娃从法国结构主义、俄国形式主义转向巴赫金的研究，是基于对“语言的对话性”的研究。这种语言理解，其实并不是晚近的发明，而是蕴含在许多古老语言中的特性。而语言的这一特性，在中国哲学相关律的动态思想中呼之欲出：“只注重可能存在的发展变化，只关心象与象之间的相互关系，而不问象背后的本体”(祝克懿，2013：18)。无论是1966年所解读的巴赫金的理论，还是不久之后留意到的张东荪《思想言语与文化》一文的法文译文“La Logique Chinoise”(《中国式逻辑》)，都给了她超越结构主义语言学的理论启迪。

“由于我具有东方人的外貌特征，所以经常被误认为是中国人。正因为如此，我很早就有对中国和中国文化的亲近感，并学习了汉语”(西川直子，2002：96)。了解汉语的克里斯蒂娃通过这种新颖的视角，认识到“汉语的词类只是一个幻觉”；对于这一点，法国汉学家Demiéville认为语义上的和形态上的词类划分在汉语中都是不存在的，汉语中只有功能上的词类划分。来自汉语的这种理论经验，成了克里斯蒂娃突破僵化的“结构主义”文本体系的思想资源。她注意到汉语语音的复杂性，作为一种单音节语言，汉语中含有大量的同音异义字：“例如，shi发二声时，可以表示十、时、食、蚀、拾、石，等等”（Kristeva，1981：78）。这个同音不同形汉字的举例其实并不妥当，因为在这些字之间发生“对话性”是比较勉强的，“拾”和“石”之间的词类划分是显而易见的。不过这种细微的例证，对于克里斯蒂娃的理论演进基本是无关紧要的。准确地说，克里斯蒂娃是在自己的理论演进之中才关注到了这一个案。

法国汉学家葛兰言（Granet）认为汉字“不是记录概念的符号。它不对应我们坚持尽可能明确地确定其抽象和普遍程度的某个概念。它首先通过显现二者(抽象和普遍)中最活跃因素，展现由特殊意象构成的模糊的结合体”（Kristeva，1981：79）。克里斯蒂娃借助葛兰言的研究，认识到汉字不是符号，而更像是一个徽标，一个我们只能凭借语法或句法手段才能赋予其生命的徽标。例如，汉语中的“离”字在“距离”和“离开”中体现不同的意义，“食”字在“粮食”和“食言”中体现出不同的意义。对于克里斯蒂娃而言，一个具体的汉字，只有在它具体出现的位置，方能获取具体的价值。这也充分论证了戴密微（Deméville）认为汉语中只存在功能上的词类划分的观点。另有一例：当我们说“手指”一词，同时可以被句法化地理解为手的动作“指示”，或者是手指的名词“指头”，或者理解为更加抽象化的“即是”的意义。“指”这个词的意义跟随着句法功能而获得，其意义是待定的。由此克里斯蒂娃得出结论：

“（汉语的）每个词语都被‘句法化’了：它有特定的结构，因此有自己的句法，根据它们的句法功能，各组成成分获得这样或那样的价值。即汉字（和其他任何文字一样，首先是一门语言的科学。——梅耶(Meillet)）用句法代替了词法。在更大的组合层面，例如句子、语境的作用，就是说句子成分间的句法关系则尤为关键：句法背景赋予每个义素明确、具体的意指，即它作为名词、动词或者形容词等的语法价值。”

（Kristeva，1981：82）

在欧洲语言中，语言系统往往沦落到客体的映射的地位，占据与客体相互对立的位置。当人们在日常使用中习惯了在指涉物—能指—所指(référent-signifiant-signifié)之间建立对应关系时，人们就忽略了汉语本身所具有的包罗万象、多层指涉的语言魅力。客体和客体的映射之间的对立，在汉语的意义—声音—事物(sens-son-chose)的“三位一体”之中消解了。克里斯蒂娃认为，汉语中表现出“意义、声音、事物的融合现象”，“使语言（langue）和实物（réel）统一起来”，也就是说，“汉语中这种概念、声音、事物的融合[……]通过且在汉字中得以物质化：（汉字）拥有三千多年历史，是唯一一个没有向拼音文字演化（如同埃及文字或楔形文字）的表意文字”（Kristeva，1981：80）。她更为深刻的理解是：人们总是将语言理解成“人造非实物”，而忽略了汉字、语言符号本身具有的“物”的特质。把汉字看成徽标，就是对这种理解的修正，它不再是抽象的意义表达形式，而是形容汉字就像一个具体的物体，是一个能被人从很多角度观看、使用的物体。这就是克里斯蒂娃在葛兰言的基础上往前推进的一步，即她提出“徽标”不是一个概念，而更像是一个可以用于指涉的物体。就像水，作为一个物体，本身不对自己的形态加以定义。然而它在一些载体中，就获得了具体的意义，比如水库水、瓶装水、自来水等等。换言之，“徽标”就是汉字祛除“文本化”的特征，这样的观点看到了汉字所蕴含的更多的意指实践能力。

我国语言理论通常认为，汉语中物体与图形之间存在着一种指称关系(rapport de désignation)，“‘符号’是用来指示实物的简明造型，而不是对实物的复制”（Kristeva，1981：84）。王国强的梳理中提到了巴黎大学文学博士张正明（Tchang Tcheng-ming）的博士论文《中国文字与人体姿势》（*L'écriture chinoise et le geste humain*, 1937）(王国强，2016：142)。的确，在该博士论文中，张正明对汉字造字法，即“六书”的研究给了克里斯蒂娃研究中国汉字莫大的启发。他认为“汉语表意文字不但是对事物的指示，而且也是对指示的指示”（“指事”造字法中的“指”就是对“指示”行为的“指示”，即用“指头”来“指”）(Tchang Tcheng-ming，1937：8)。张正明对“六书”的演变过程，尤其是对“指事”这种造字法的研究，给了克里斯娃更多关于汉字的“指示”作用的启发。她强调汉字的“指示”作用意在表明汉字中不仅有“再现”实物的象形字，而且有不一定再现实物，而是具有“指示”作用的符号。这种“指示”的表意方式与肢体动作的表意实践相关。因此可以说，张正明提供给了克里斯蒂娃思考“指示”作用和肢体语言作为特殊表意实践时一个重要而直接的资源。

在此基础上，克里斯蒂娃解读了公孙龙《指物论》中“物莫非指。而指非指。天下无指，物无可以谓物。”她认为欧洲语言学家们把“指”译为“signe”（符号）、“signfinant”（能指）、“signifié”（所指)，是不妥当的。她认为“如果将它们译为‘dé-signation’（指称行为）、‘dé-signant’（指称者）、‘dé-signé’（被指称者)，也许更加接近上述思考的意义”（Kristeva，1981：84）。

应该说，在这个翻译和阐释的过程中，克里斯蒂娃最大程度地还原了中国先秦时期哲学家公孙龙的本意，将“指”视为一种有待认领的过程，而不是一个实物，于是她在法语中将“指”创造性地翻译为“指称行为”“指称者”“被指称者”这样的过程性的概念。在这个过程之中，汉语的指称行为就抵达了对实在界的标记，而不是成为自我指涉的象征系统。所以，汉字“是一些肢体动作的指示”（指事），就是因为它没有试图去复制实体（因为复制总是非实体的），而是最大程度地取消自身的符号性，即“空无性”和“关系性”(屠友祥，2013：27)，让自身成为一个“徽标”。汉字自我呈现为“物”的样态，就如同一个动作，本身就可以被视为物（“徽标”）。将汉字理解为动作性甚至具有物质化特征的“指称行为”，而不是一种象征秩序意义上的“符号”，是克里斯蒂娃在汉语启发下形成的语言学思想的创造性所在。当然，正如张颖所言，克里斯蒂娃对于汉字的研究，“并不出于‘研其所是’的学术态度，而是一种‘经由中国’的文化态度”（张颖，2019：120），即为西方思想家提供理论的工具；但这不能否认她对汉字、中国文化域外传播所起到的积极作用，更不能否认中国因素在其理论建构中的作用。

1.3 印度语言学的启示：“意指是一个过程”

相比于汉字的“指称行为”和“肢体动作的指示”，印度语言学则带给克里斯蒂娃一条超越结构主义语言学的路径。她更加明确地指出：“意指是一个过程。”

克里斯蒂娃关注印度语言学家伐致呵利所勾勒的一个关于句子理论的轮廓，“句子是一个过程，是意义的唯一的完整显现。词语在句法之外没有意义”（Kristeva，1981：94）。伐致呵利认为，“意义是一个过程，语言的行为产生意义”。这涉及古印度语的两种现代化诠释，第一种是沙巴拉的理论，克里斯蒂娃将其视为一个“结构主义”的理论：“行动什么都算不上，语言只表达被置于关系中的事物。”第二种是批判沙巴拉理论的伐致呵利的理论，这是一个“分析—综合性的‘转换’概念”，这一理论突出了“行动”（而这个“行动”被克里斯蒂娃理解为是“意指”的另一个名称），伐致呵利总结道：“意义在表现因素得以显现后经由对话者建立。未经表现的言语（parole）以一种连续的、无声的方式被认知；而思想是在非连续言语中留存，并延展……”（Kristeva，1981：95）。那么，说话者想如何表达它，就变得尤为关键，词语所代表的意义以及在语句中一切的可能性都将取决于此。结构主义语言学之父索绪尔本人也受益于印度的语言学思想。屠友祥指出，“索绪尔的一个根本思想，就是符号处在关系之中，符号的存在，是符号与符号之间的否定性、差异性关系导致的，符号与外在世界没有关系参见。这点，与古印度的符号思想尤其是遣他（apoha）观念有直接的关联”（屠友祥，2017：27）。

综上可以看到，古印度语言学和中国古名学，都具有排空符号自身意义的特质。剩下的就是克里斯蒂娃所言的“指称行为”的“指”的流动过程。任何符号都在关系之中得以空无化。汉字“是一些肢体动作的指示”，这个界定，使得汉字造字法中的“象形”获得了新的阐释。汉字除了再现外在自然物（象形）外，还具有“指示”作用以及对“指示行为的指示”（指事），由此也获得了无限的意义指示的可能性。比如“文”这个字，本身在模仿一些类似于爻纹的纹理；它本身就是重绘了的“文”字形纹理。在指示行为之中，“文”自身就成了“物”，没有这种“物”（指示行为）以外的自然物。语言系统创造了有待指涉的“物”，以及用一些“徽标”来代表意义暂时凝固下来的“指示”结果。比如，作为“指称行为”的普遍语言能力并不因为人们用何种奇怪的字迹而有所损失。

❷“文”的语言学理论构建

克里斯蒂娃所建构的新的语言学，奠基在“文”“肢体语言”概念之上。相对于人们熟悉的语音语言，“文”“肢体语言”“成义过程”等概念发现了语音语言所遮蔽的符号世界。通过这个陌生的“文”，克里斯蒂娃摆脱了语音中心主义，将异质性的主体问题纳入到了语言学视野之中。

在克里斯蒂娃的理论脉络中，东方思想（无论是张东荪的名学、中国汉字，还是古印度语的启发）本身蕴含着的非同一律，恰恰构成了西方语言学的一个异质性参照。这个西方语言学传统之外的他者之异，引导着克里斯蒂娃对传统语言学所内涵的“同一”化倾向进行批判，进而建构一种摆脱了形而上外在性依赖的语言符号理论，就像作为“徽标”的汉语一样。

克里斯蒂娃命名的“文”的概念是什么？①“文”首先具有强烈的陌异性，我们可以用鲜活的“文学”来言说这种“陌异性”。“文”“文学”在克里斯蒂娃看来是相近的，两个概念常常互用。她用一种诗性的描述来界定概念，凸显这个概念所具有的“陌异性”的气质：“极为接近我们的话语（discours）及梦境材料，却又异常陌生，在我们看来，‘文学’今天是捕捉语言如何工作，并指出它明天有能力改造的内容的行为本身”（Kristeva，1969：9）。我们日常所采用的语言材料，和“文”“文学”所具有的陌异性相反，是一种为人们所约定俗成的熟悉性材料。其次，从层级关系看，“文”在语言的熟悉性的表层之下，是语言最陌生的内容。“文”的概念指明了成义过程的复杂性。克里斯蒂娃还纠正了将“文”视为源头的看法，清晰地将“文”视为一个纵剖面：

> “渗透在语言（langue）中，文（texte）因此是语言最陌生的内容：质询语言，改变语言，使语言剥离其无意识和惯常进展的规律性。这样，没有构成言语活动（langage）的源头，并通过排除源头的问题，（诗歌、文学或其他的）文在言语（parole）的表面挖掘一个纵剖面，在这儿，表现性的和交际性的言语活动即便注意到，却也没有言说的这一成义过程的各种模式在自我找寻。”
>
> （Kristeva，1969：10）

正是因为“文”是一个复杂的纵剖面，它对人们所熟悉的言语活动（一般是表现性的或者是交际性的）构成了陌异性的冲击——这种陌异性存在于我们语言的熟悉性内部，所以需要寻找一个新的分析语言工作的框架来描述这种内在陌异性的

① 虽然，大陆学界往往将其翻译为“文本”；仅有屠友祥在处理罗兰·巴特《文之悦》对克里斯蒂娃的评述中，将其更恰当地翻译为“文”。这两个汉译词语，就克里斯蒂娃的本意而言，更合适的是“文”，而非“文本”。因为“文本”侧重是的进入社会交换的象征秩序之中的文字作品；而“文”所具有的纹路、修饰的特征，使其可以成为“作品”之下、象征之外的一种更为基础性的符义存在，实际上是在“文本”作品之下的。因而，本文在引译时，直接将“文本”改为“文”。

“文”的活动。

于是，克里斯蒂娃将“文”放在“成义过程”中加以分析，其基本思路是从柏拉图式向赫拉克利特式转向。首先，“文”意味着变化和差异。她认为柏拉图关于事物本质及其理式的公设具有欺骗性：“因此应该认识事物本质，但是不要通过事物名称：这就是后柏拉图式形而上学直至今天的出发点——柏拉图，在贬低诗人之后，最后向赫拉克利特的弟子和赫拉克利特的变化原则发起攻击”（Kristeva，1969：12）。其次，因为强调“成义过程”，“文”不再指向外在依赖。那么，“文”在“成义过程”中所呈现的是一种不满足，并因此获得了指向真实的开放性：“文不是语法所规范的交际性言语活动(langage)，它不满足于再现，即意指真实。它意指之处，在它再现时此处所展现的差动效果中，它即参与到变化中，参与到自己在非封闭状态下捕捉到的真实的改造中”（Kristeva，1969：11）。总之，“文”所参与的是“语言”所没有捕捉到的成义过程，因而是一种更基础的语言实践。

“文”是比“语言”更基础的语言实践，尽管它并没有在历时性上早于言说的“语言”（“意指”），却捕捉到了更为基础的成义过程。作为“文”的例证，克里斯蒂娃重点考察了作为“文”的方式存在的“肢体语言”。“肢体语言”溢出了言说的语音语言所熟悉的语言学框架，同时它仍然自成一种意指实践。在《肢体动作，实践或交际？》一文中，克里斯蒂娃反对将“肢体动作”理解为交际语言，而将其视为符义“实践”的“文”。她用“复指（anaphore）”“意指(signification)”概念来分别指代两种符义实践：“意指”将符号视为交际化的意义，而“复指”则在意义之外发现了更为基础的意指实践功能。克里斯蒂娃认为，“意指问题在把肢体语言(gestualité)作为实践的研究中是次要的。这就回到，追求某种普遍符号学的肢体动作(geste)的科学并不一定要符合各种语言学的模式，而是通过把‘意义(sens)’视为指示(indication)，把‘符号’视为‘复指’开始，穿过它们，扩大它们”（Kristeva，1969：38）。

关注到作为“文”/“复指”的“肢体语言”是关键的一步，由此，克里斯蒂娃将“主体”问题纳入到语言学之中，认为主体是语言过程的一个结果。如果语言学不关注主体，而只关注意义，那么“文”就沦为一种意义“对象”，符号学也沦为一种实证科学。主体恰恰为意义奠基了基础维度；意义只是主体在成义过程中的表象之一。正是“肢体语言”的存在，显示了主体自身对成义过程的参与。

❸ 结语

克里斯蒂娃在欧美语言学传统外部考察了作为“徽标”的汉语以及古印度语言学，发现“指示”在语言学中的特殊性，并重新提出了“意指是一个过程”的理论。在欧美语言学内部，克里斯蒂娃重新界定了“肢体动作”在语言学理解中的地位：作为一种“复指”实践的符义运作而非一种“意指”的“符号”。在这两个过程中，她突破了语言学的“意指”研究，进入了“复指”（“复指的”和“肢体的”是同义词）研究，并以"成义过程"这个术语重新界定了语言学研究的对象。而且，经过从"语言"到"文"、从"意指"到"复指"的转化，"肢体语言"所蕴含的主体维度成为一个批判性的概念，被纳入到符义分析之中。对克里斯蒂娃而言，语言学已经无法承担更为普遍的符义分析了，因此她的目光就从语言学研究转移到更为广阔的符号学体系重建上来。显然，这个具有普遍性的符号学体系将以容纳"文""复指""肢体动作"为批判性的前提。由此，我们终于抵达了克里斯蒂娃给出的"文"的确切定义："一种重新分配语言秩序的超语言装置，它通过指向直接信息的交际性话语与先前或同时的不同类型的陈述内容（énoncé）产生联系。所以，文是一种生产力（productivité）"（Kristeva，1969：52）。因此可以说，克里斯蒂娃的语言学，是一种关于"文"的语言学。

参考文献

- Kristeva, J. 1969. Sémiotikè : *Recherches pour une Sémanalyse*. Paris: Editions du Seuil.
- Kristeva, J. 1981. *Le Langage, Cet Inconnu*. Paris: Editions du Seuil.
- TchangTcheng-ming. 1937. *L'écriture chinoise et le geste humain : essai sur la formation de l'écriture*, Source gallica.bnf.fr / Bibliothèquenationale de France.
- 博尔赫斯著，王永年、徐鹤林等译，1999，博尔赫斯全集散文卷（上）。杭州：浙江文艺出版社。
- 克里斯蒂娃著，黄蓓译，2013，互文性理论对结构主义的继承与突破。《当代修辞学》（05）：1–11。
- 克里斯蒂娃著，祝克懿、黄蓓编译，2016，主体·互文·精神分析——克里斯蒂娃复旦大学演讲集。北京：三联书店。
- 屠友祥，2013，空无性与关系性：语言符号的根本特性——索绪尔《杂记》发微。《外语学刊》（04）：27–32。
- 屠友祥，2015，"可写的"与"能引人写作的"及其他。《文艺理论研究》35（06）：178–184。
- 屠友祥，2017，索绪尔符号学理论的印度渊源。《西北大学学报(哲学社会科学版)》47（01）：27–35。
- 王国强，2016，近代华人天主教徒的西文著作及其影响——以《汉学丛书》为例。《世界宗教研究》（06）：140–149。
- 西川直子著，王青、陈虎译，2002，克里斯托娃——多元逻辑。石家庄：河北教育出版社。
- 张东荪，2013，思想言语与文化(节选)。《当代修辞学》（05）：38–47。
- 张颖，2019，汉字与"互文性"——克里斯蒂娃后结构主义理论的中国维度。《天津社会科学》(02): 120–125。
- 祝克懿，2013，互文性理论的多声构成:《武士》、张东荪、巴赫金与本维尼斯特、弗洛伊德。《当代修辞学》(05): 12–27。

Kristeva's Linguistic Theory of "le texte" : Its Oriental Origin and Construction

Abstract: Kristeva's linguistic semiotics is characterized by broad oriental and occidental visions. In particular, the Chinese language, characters and thinking are of notable significance to the construction of Kristeva's semiotics, and have an enduring impact on her early theoretical explorations. The concept "le texte" in French literary theories is usually translated as *wenben* in Chinese, which, however, may easily lead to the neglect of its referential implications beyond what is literally known as "texte". If *wen* is used in place of *wenben*, then *wen* as the essence of objective things may also refer to materialized emblems. This expression happens to relate to the gesture-like signification practice emphasized by Kristeva in her linguistic theory, which is largely overlooked. Thus, inspired by oriental languages, Kristeva has constructed a unique linguistic theory.

Key words: Kristeva; emblem; gesture; text

(责任编辑：郑萱)

本维尼斯特“历史/话语”区分及其中文语境下的适用性探讨

北京大学　吕如羽*

[提　要]　在《法语动词中的时间关系》一文里，法国语言学家埃米尔·本维尼斯特（Émile Benveniste）从法语时态入手，系统区分了“历史”（histoire）与“话语”（discours）两个陈述层面。言语主体在“话语”层面塑造自我，传达主体性，在“历史”层面隐去自身，力图客观呈现事件。本氏“历史/话语”理论开启和滋养了一种语言学和文学研究的二元模式，在法语语境下展现了极强的应用性。而中文因其独特的时态、人称表达方式，既在某种程度上对应于“历史/话语”两个陈述层面的区分，又提供了模糊和超越本氏理论的可能性。

[关键词]　话语语言学；本维尼斯特；历史/话语；叙事研究

“本维尼斯特的研究改变了我们对于文学的认识”（Tadié, 1997 : 190），文学评论家Jean-Yves Tadié在其著作《二十世纪的文学批评》（Tadié, 1997）中如是评价。的确，自两卷《普通语言学问题》（Benveniste, 1966,1974）出版以来，法国语言学家埃米尔·本维尼斯特（Émile Benveniste）的语言学理论展示了高度的思想价值和实践意义，深刻影响了文学批评等众多语言活动相关领域。而其对文学研究产生最直接、最重要的影响的研究，莫过于《法语动词中的时间关系》[①]一文及文中提出的“历史/话语”区分。

“历史/话语”从法语动词入手，系统区分了“历史”（histoire）与“话语”（discours）两个陈述层面。本文旨在系统梳理该重要区分与其在学界，尤其是文学批评领域的接受与应用，并试图将其置于中文语境，在更广泛的意义上探讨“历史/话语”区分的应用价值与学术意义。

---

*　作者简介：吕如羽，北京大学外国语学院法语语言文学系博士生。研究方向：语言学与文学批评。Email：ruyu1027@163.com。通信地址：100871北京大学外国语学院法语语言文学系。

①　该文首次发表于《语言学学会学报》1959年第五十四期第一分册，后收录于《普通语言学问题》第一卷（Benveniste, 1966）。

❶“话语/历史”区分：本维尼斯特话语语言学的重要组成部分

于本维尼斯特而言，“话语/历史”区分并不是一个尚待验证的假说，而是他以“置身于现代法语动词系统的共时眼光”寻找到的“统辖多种时态形式的关系”（本维尼斯特, 2008：260），是触及了语言最基本性质的一组二元对立。

本维尼斯特的切入点是法语动词系统的一项冗余，即法语“过去”时的两种形式：il fit（简单过去时：“他做了”）和il a fait（现在完成时：“他做了”）。不同于将其简单划分为口语和书面语的传统观点，本维尼斯特认为，这两种时态形式的区分源自一个更深层次的二元对立结构：法语的各种动词时态及其他语法结构的配置事实上显示出了两个“互相区别又互为补充”（本维尼斯特, 2008：261）的陈述层面，本氏将其分别命名为“历史”和“话语”。

历史陈述（l'énonciation historique）呈现的是对过去事件的叙事。它是对某一时刻发生的事实的介绍，说话人在其中不作任何干预。本维尼斯特随后揭示了历史陈述的形式标记：这一层面排除了所有“自传性”的语言形式，“我—你”的人称关系被严格限制在此系统之外，历史陈述只使用第三人称形式。在时态上，历史陈述包括了不定过去时（或称简单过去时）、未完成时及愈过去时三种时态。与语言的“历史意图”相斥的现在时和将来时则被断然排除于历史陈述之外。

在历史陈述中，叙述者在其中不复存在，过去的事件“如同当初发生时那样被呈现出来”（本维尼斯特，2008：269）。与之相对，话语范畴则永远以说话主体的在场为参照中心，强调其在语言中的主体性。此陈述层面“预设着一个说话人和一个受话人，而前者有意以某种方式影响后者”（本维尼斯特，2008：270）。在现代法语中，历史陈述仅限于书面语，而话语陈述则不仅包括所有口头形式，还包含了“一个人对另一个人说话”，且“以说话人身份进行陈述并在人称范畴内组织自己的言说”的书面体裁（本维尼斯特，2008：270）。在话语层面，所有的人称形式，包括“我”“你”和“他”[②]皆可被使用。在时态方面，这一层面的基础时态是现在时、将来时和完成时；未完成时则为两种层面所共享。

在厘清了两个陈述类别的定义和形式标记之后，本维尼斯特展示了它们在现代法语中的运用。他指出，历史与话语在语言内部的区分已成为一项十分自然且稳定的事实。从这一角度，我们可以重新认识篇首提到的不定过去时和复合过去时之间的区别：前者是历史范畴的典型时态，而后者属于话语陈述层面。当一个人意图以客观视角叙述过去的事件，无论其身为历史学家或小说家，都会“自觉地”把不定过去时当作写作的基本时态。而当其以说话者身份进行主观叙述时，完成时则会成为其运用的时态，过去的事件和说话者的当下之间建立起了鲜活的联系。两种时间表达方式代表了两个陈述层面及两种语言意图之间的差别。本维尼斯特指出，在一

---

② 本维尼斯特特别指出，话语层面中的代词“他”（il）是与人称“我/你”相对的“非人称”形式，而历史层面的“他”则是一种人称的缺席，两者之间有本质区别。（本维尼斯特，2008：271）

些文本，特别是现当代作品中，意图客观的叙事和第一人称完成时的“自传”时态形式之间形成了巨大的反差。例如，在Camus的《局外人》中，完成时作为事件时间被大量使用，文本也由此产生了特殊的文体效果。

但仍需说明的是，尽管历史与话语代表着两种对立的语言模式，在文本的实际运用中，“我们可以在瞬间从一种陈述转换到另一种”（本维尼斯特，2008：271）。在一段历史叙事中，当叙述者本人要介入叙事以便评价事件或要引入人物的言语时，文本就会转至话语系统，因为“语言的特性就在于能使这些瞬间转换得以实现”（本维尼斯特，2008：271）。事实上，正是这种语言的内在特性使得“历史/话语”区分理论在文学研究中有了特殊的价值。因为，当两种截然相对的时间系统沟通转换之时，叙述者的当下与无人称的过去之间产生了冲突与张力。两种时间体验间的矛盾赋予了文学叙事丰富的多义性，也从此为文学批评提供了充足的解读可能性。

据此，本维尼斯特确立了两个陈述系统之间从本质定义到形式标记上的对立。而需要在此进一步阐明的是，事实上，“历史/话语”二元对立系统与这位语言学家关于陈述的一系列思考一脉相承。为了深入理解“历史/话语”区分，我们需要对“陈述”（énonciation）这一概念进行一些必要的探究。

陈述概念在本维尼斯特普通语言学中占据着至关重要的位置。“陈述自然不是陈言（énoncé）；它也不是（更加微妙也更加具有革命性的命题）主体性在话语中的简单在场；它是不断更新的行为，通过这一行为，说话人拥有语言（用本维尼斯特的话来说，占有语言）……”（Barthes, 1984: 194-195）。正如Roland Barthes所评论的那样，陈述是一个行为，是“通过个体使用行为实现的语言的实际运用”（本维尼斯特，2008：159）。在这一过程中，说话主体将语言的形式框架“占为已有”。在收录于《普通语言学问题》的多篇文章中，本维尼斯特对陈述的形式框架与主体的关系进行了不同程度的探讨，从而建立了一套较为完备的陈述理论。③

首先，说话者以人称代词“我”自称，与“你”相对，这实际上是一个陈述的固有结构。每次在占有（s'approprie）“我”的时候，说话者都进入一个新的时刻，进入到一个新的话语和情境的构造中。更确切地说，“存在的‘自我’即言说的‘自我’”（本维尼斯特，2008：293），在说出“我”的那一刻，说话人将自己的在场引入到话语中，同时又通过话语构建了自己根本的主体性。其次，主体性与时间性是密不可分的。对于本维尼斯特来说，说话者的时间体验是在陈述中并通过陈述建立的，而现在时正是语言时间的轴心。说话主体在话语当下体验时间，并从当下出发，体验与时间共生共延的存在。此外，语言中还存在着大量指示词（déictiques），如“这个”“这里”等。这些语言形式同样与陈述及其主体密切相关，因为它们都产生和实现于“只发生一次”并不断重新生成的陈述时位，都只参照于陈述中心的“我”（Ego）。

③ 就笔者所见，北京大学龚兆华的博士论文《埃米尔·本维尼斯特的陈述理论研究》（龚兆华，2018）是国内学者对本维尼斯特陈述理论进行系统探讨的代表性成果。

这是一种“人的本质体验的现实化”（本维尼斯特，2008：143）。本维尼斯特着力展现了在陈述中言语活动与话语主体之间的紧密关系。一方面，这些语法形式本身只是空洞的词汇材料，不参照任何客观实体，只有和陈述活动联系在一起时，它们才能得到自己的现实性和实体性。另一方面，通过占有这些每一次都是独一无二的陈述标记，说话人得以实现自己在话语中甚至在时空中的存在，建立自己根本的主体体验。

而在此基础上，我们可以对“历史/话语”区分进行再一次的审视。事实上，划分两个系统的关键要素正是陈述概念本身。诚然，两个系统皆被本维尼斯特命名为“陈述层面”，但历史层面事实上更多地被定义为一种陈述的缺席，一种严格剥离了所有陈述标记的陈述模式，而话语层面则显示为“陈述最纯净的形式”（Mosès, 2001: 520）。尽管在论述顺序上，本维尼斯特选择了先介绍历史，再介绍话语，但后者实际上在其思辨逻辑中占据了先要位置，因为说话人和“我—这里—现在”（je-ici-maintenant）的形式框架之间的互动关系充分显现了陈述中的主体性。

因此，“历史/话语”充分展现了一项内在于语言的基本对立关系，也成了本维尼斯特最重要的理论贡献之一。两项对立的语言模式同时区分了人与语言的两种关系模式。陈述者“在一种情况中作为个人或主观性的形式出现，在另一种情况中则以‘非人’或客观性的形式出现。”（Mahrer, 2011: 203）。而必须要明确的是，在本维尼斯特的思考中，占据中心位置的始终是话语及与之相关的全部人类体验。

❷ 一系列对立模式的展开：本氏区分在文学批评中的接受与演绎

尽管“历史/话语”区分的提出并非针对文学，但在《法语动词中的时间关系》一文里，本氏已展示了将该理论模式应用于文学领域中的可能性。他以语言学方法检视文学作品，又以陈述理论开阔了语言学视野，为文学批评，尤其是叙事学研究提供了丰富的理论来源和方法论参考。20世纪60年代，这一区分提出后，出现了若干与之颇有渊源的二元对立。值得注意的是，这些理论之间不止存在单纯的承接关系，还显现了许多值得挖掘的细腻差异。

第一位指出“历史/话语”区分价值的学者似为德国语言学家Harald Weinrich。在《法语动词中的时间关系》刊登于《语言学学会学报》五年之后，Weinrich出版了其著作《时态：被评论和被叙述的世界》（Weinrich, 1964），[④] 在书中对“历史/话语”进行了发展和改造，提出了“叙事/评论”（récit/commentaire）区分，将此语言学理论带入了文学批评之中。

而Tzvetan Todorov和Gérard Genette则将本氏二元对立真正引入了文学领域。在《文学叙事的分类》（Todorov, 1966）一文里，Todorov阐释了结构主义范式下的叙事

④ 该书法译本《时态：叙事和评论》（*Le Temps: Le récit et le commentaire*）于1973年由瑟伊出版社（Éditions du Seuil）出版 (Weinrich, 1973)。

学研究方法。Todorov认为，任何一个文本都具有双重性：“作品同时是故事[⑤]和话语。它是故事，因为它提及某段现实、过去发生的事件、从这一角度来说和真实生活中无甚区别的人物。……但它同时也是话语：存在着一个讲述故事的叙述者；在他面前有一个感知故事的读者。在这一层面上，重要的不是被叙述的事件，而是叙述者让我们了解它的方式。”（Todorov, 1966: 132）

Todorov在文初即指出，“故事（历史）和话语的概念由E·本维尼斯特在进行范畴组织之后引进了对言语活动的研究之中”（Todorov, 1966: 126）。显然，其研究是建立在本维尼斯特的语言学区分基础之上的，而其关于“话语”的定义也与本维尼斯特有所重合，但两组概念之间的断裂仍然是清晰可见的。尽管承认本氏区分的地位和贡献，但Todorov认为，此类区分的鼻祖是俄国形式主义学者提出的故事（fable）和情节（sujet）。从这一范式的指认上，我们就可以辨认出两种研究模式之间的本质差异。对于语言学家本维尼斯特来说，在“历史/话语”区分中，主体在陈述中所处的状态和相应的语法形式配置是研究的核心，而之于Todorov，“故事/话语”区分的出发点和落脚点都在于文学作品的叙事学研究。在本维尼斯特处，两种陈述系统之间从本质到形式皆截然区分，而Todorov的“故事”和“话语”则是同一陈述的两种面向，叙事可以“作为故事”被分析，亦可“作为话语”被研究。最后，在叙述主体的问题上，在本维尼斯特的论述中，第三人称历史叙事不存在叙述者，事件“仿佛自己在讲述”（本维尼斯特，2008：269），而对于Todorov而言，作品同时也是话语，永远存在着一个面向读者叙述故事的叙述者。此处，需要对“叙述者”的概念再做进一步区分。在Todorov处，叙述者是一个只存在于文本内部的虚拟主体，而本维尼斯特从未对“叙述者”进行叙事学意义上的定义，事实上，对于本氏，叙述者和真实的作者并无差异。[⑥]

两种范式之间的差异同样体现在了Genette提出的一组相似区分上。在同样发表于《交流》杂志1966年第八期专刊的文章《叙事的边界》（Genette, 1966）中，Genette展示了几组与叙事相关的主要对立关系，从而试图更加清晰地勾勒出叙事的概念。Genette认为，与几组传统区分相比，“叙事/话语”（récit/discours）区分能够更严谨而全面地揭示文学的本质范畴，是一组最重要也最能说明问题的对立关系。Genette直接指出，其理论与“埃米尔·本维尼斯特此前提出的叙事（或者历史）和话语区分接近”（Genette, 1966: 165）。然而，Genette对“叙事”的定义与本维尼斯特相比更为严格。因为他不仅将本维尼斯特已指出的各项陈述的明示标记列入话语范畴，更将“任何普遍观察，任何略微不止于客观描述的形容词，最隐秘的

---

⑤ 法语中“histoire”一词同时有“历史”和“故事”的含义。于本维尼斯特，历史陈述是关于“过去事件”的“如实”呈现，强调的是语言的“历史意图”，而其论述也直接以《希腊史》为例，说明历史学家叙事的客观性，因此译为“历史”较为恰当。而Todorov的研究限于文学作品的范畴，尽管其所言“histoire”亦意为对过去发生的真实事件的模仿，但在Todorov处，“histoire”包含了对情节逻辑、人物关系的编排，重点似为“故事”，故作此译。

⑥ 在《法语动词中的时间关系》中，本氏分别使用了作者、叙述者、作家、历史学家等多种称谓来指示话语的发送者。

比较，最轻微的‘或许’，最无妨的逻辑推理”（Genette, 1966: 162）都指认为话语主体的存在标志，从而极大地限制了“叙事”的概念。但从另一角度而言，Genette笔下的“叙事”概念本身又存在着争议。本维尼斯特采用“历史”而非“叙事”一词指认第三人称进行的对过去事件的客观叙述。尽管文中使用了“历史叙事”（récit historique）这样的说法，但本氏从未否认过“话语”层面也存在叙事的可能性。

Genette本人也认识到了“叙事”一词存在的多义性。在《辞格三》（Genette, 1972）的引论中，他对自己使用的术语系统进行了调整。他提出，叙事的第一层含义指承担一个或一系列事件的口头或书面的叙述陈言（énoncé narratif），⑦第二层含义指作为话语对象的接连发生的事件，第三层含义指某人讲述某事的叙述行为本身。在概念细分后，“叙事”一词仅限于指称“能指、陈言、叙述话语本身”，“所指或叙述内容”被称作“故事”（histoire），而“生产性叙述行为”则被称为“叙述”（narration）（Genette, 1972: 72）。从此，一个新的三重区分“叙事/故事/叙述”取代了原有的二元体系。显然，这一区分与本氏区分已不处于同一维度，“叙述”更类似于本维尼斯特处“陈述”的概念，而“叙事”和“故事”似可分别呼应Todorov的“话语”和“故事”。而在《辞格三》第五章“语态”（La Voix）中，在评论《追忆似水年华》中的句子“有很长时间我睡得很早”时，Genette再一次提到本维尼斯特：“借用本维尼斯特的著名术语，这里故事与一部分话语共同进行，而且不难说明情况几乎总是如此”（热奈特，1990：219）。然而，此处的“故事”似乎仍是叙事学意义上的“被叙述的内容”，与本氏定义里力求客观的“历史”并不能真正画上等号。

由此，我们可以看出，尽管Genette将本维尼斯特的理论誉为“对于核心问题的完美表述”（Genette, 1966: 160），但事实上，两种范式之间有着明显的错位。对于叙事学家而言，他们探索的是一套普适于文学作品的内部编码。在叙述者天然存在的基础上，同一部作品可从二元或三元角度被解读和解构。而在本维尼斯特处，“历史”与“话语”将所有语言陈述划分为截然对立且互补的两个系统，时间表达与主体性之间的互生关系在系统区分中起到了决定性的作用。

然而，无可否认的是，以其深刻的内涵和明晰的形式，本氏的区分在很大程度上开启和滋养了叙事学乃至整个文学批评中一种重要的对立模式，⑧这一路径又伴随着不同角度的解读得到了不断的“激活”和丰富。而作为新一代的中国读者，通过梳理这条接受与演绎之路，⑨我们一方面对本氏区分本身的内涵有了更深的理解，一方面又对其提供的可能性和开放性展开了新的期望。

---

⑦ 在《叙事话语、非叙事话语》（热奈特，1990）中，译者将“énoncé”译为“陈述”（热奈特，1990：6）。如果按照本维尼斯特的定义，此处的“énoncé”似应理解为陈言或陈述的产品，而后文中叙事的第三层含义所指的“叙述行为”(l’acte de narrer)则更接近于本氏定义的“陈述”。

⑧ 在这一叙事学对立序列中，我们还可列举Jean Ricardou的“虚构/叙事”（fiction/narration）（Ricardou, 1967）等理论。

⑨ 需要指出的是，尽管国内叙事学研究大量参考“叙事/话语”或“故事/话语”区分，但多将其源头指认为Todorov（申丹，2002：42），而似忽略了本维尼斯特“历史/话语”区分的开拓性意义与重要影响。

❸ “异域的考验”：中文语境下的“历史/话语”

本维尼斯特“历史/话语”区分从法语语法出发，划分了语言中两个对立又相互补充的陈述层面，在法语语境里展示了极强的应用性。在这篇题名为《法语动词中的时间关系》的文章中，作者本人并未涉及对其他语言的相关研究。然而，在《历史，话语：再谈几个阅读中产生的问题》（Arrivé, 1991）中，Arrivé高度评价了本氏区分的价值，认为其具有“普适性”。Arrivé指出，“此区分具有广泛甚至普遍的适用范围。语言与语言，甚至是语言的一种状态与另一种状态之间所不同的，只是两种系统在动词时间形式——或其替代物——中的分配方式。”（Arrivé, 1991: 165）的确，如果将其置于本维尼斯特陈述理论的整体框架之下，我们会发现，这位语言学家一直致力于以共时的眼光触及语言的本质，且经常以多种语言为例，说明语言所体现与建构的共通体验。[⑩] 作为陈述理论的有机组成部分，“历史/话语”区分探讨的关键同样是某种寓于语言之中的时间性与主体性的普遍对立。在此意义上，法语的动词形式只是一个研究的切入口，并非理论的落脚点。我们有理由将这一理论运用于中文文本的研究，尝试性地探讨其在中文语境中的适用性问题。

自然，作为非曲折语，中文缺少动词的系统时态变化，但这丝毫无碍于它丰富而细腻的时间表达，而本维尼斯特“历史/话语”区分似可成为研究中文文本里包含的时间体验的某种有效路径。[⑪] 我们认为，在中文语境中，最能清晰反应“历史/话语”二元对立的文学形式之一或属中国古代话本小说。

话本保留或模拟了口头艺术的特点和说话艺术的体制。在固定的叙事结构中，叙述者以说话人口吻在篇首和篇尾进行陈述，而文本主体部分则主要是被讲述的故事本身。因此，叙述者话语与故事形成的二元嵌套结构似乎与“话语”与“历史”两个陈述层面形成了某种可以类比的关系。例如，话本《俞伯牙摔琴谢知音》的开头部分：

> 浪说曾分鲍叔金，谁人辨得伯牙琴！
>
> 于今交道奸如鬼，湖海空悬一片心。
>
> 古来论交情至厚莫如管鲍。……今日听在下说一桩俞伯牙的故事。
>
> 列位看官们，要听者，洗耳而听；不要听者，各随尊便。……话说春秋战国时，有一名公，姓俞，名瑞，字伯牙，……（抱瓮老人，1995：388）

从中我们可以清晰地看到两个陈述层次的分离。说话人叙事者立于其当下时空，以篇首诗引入文本，随后以主观话语对其进行解释、发表评论。这一时间体系无涉于客观的纪年时间，只与说话者的言语活动相关。这一选段中，事实上已不言自明的话语陈述在时态和人称两种语法范畴上都得到了明示。在时间表达上，“今

---

⑩ 例如，在《言语活动与人类体验》一文中，本氏列举了法语、古印欧语、奇努克语等多种语言中的动词形式，说明在语言中，过去式形式与将来时形式存在着某种不对称性。（Benveniste, 1974 : 75）

⑪ 在王东亮的文章《历史/话语：一组概念区分的神奇命运及其与中国文学的相遇》（Wang, 2014）中，作者列举了三段中文作品选段及其法文译本，指出这两个陈述层面在中文文本中依然存在。

日”一词点明了由且仅由说话者所处的时刻为轴心的话语时间系统。而“在下”“列位看官”等词则标志了说话人的存在及其与受话人之间的互动，彰显了正在进行陈述的话语主体。值得一提的是，这些称谓尽管并非本维尼斯特所探讨的人称代词“我”“你”，但源于说话传统的人称替代将读者与叙述者以“自然而然”的方式共同置于某一有着固定规范的虚拟情境之中，在某种意义上更加生动地演绎了话语层面的主体间关系。“话说”一词之后，文本脱离说话人的话语时位，进入由明确的纪年刻度“春秋战国”定位的故事时间和严格限于第三人称的叙述。可以看到，话本的双重结构与本氏二元系统之间不仅表现为形式的简单对等，更展示了功能上的对应。故事叙述的客观性与历史性和话语层面的主观性与当下性之间展现出了清晰的分离，而这种区分更因说话体制的源头尤显生动。

然而，不得不提的是，在中文文本中，“历史”与“话语”之间的界限并非始终泾渭分明。例如，在话本《卖油郎独占花魁》的末尾部分：

> 那秦公活到八十余，端坐而化，遗命葬于本山。此是后话。
>
> 却说秦重和莘氏，夫妻偕老，生下两个孩儿，俱读书成名。至今风月中市语，凡夸人善于帮衬，都叫做“秦小官”，又叫“卖油郎”。有诗为证：
>
> 春来处处百花新，蜂蝶纷纷竞采春。
>
> 堪爱豪家多子弟，风流不及卖油人。（抱瓮老人，1995：143-144）

尽管此选段在总体上遵循了“话语”嵌套“历史”的结构，但如果进行更细致的分析，我们会发现，在篇尾，一方面，叙事者以“至今”二字将我们带入了其说话的时刻，在自己在场的当下对故事发表评论，但另一方面，“至今”一词似乎暗示了卖油郎的事迹与说话人话语时间之间的延续性。第三人称客观讲述的故事与叙事者亲历的当下之间仿佛有了某种默认且被中文默许的联系。叙述时间与故事时间相互连接，“历史”亦悄然蔓延进入了“话语”。如果说在本氏文章中，“历史”与“话语”代表的是客观过去与主观当下之间的排他性区别，那么在取消了时态限制的中文语境之中，这种区别则展现了模糊的可能性。

借助“历史/话语”区分，我们可以在中文语境中区分出相似的两种陈述层面，对文本所蕴含的层次有了另一角度的解读方式；但同时，因其时间表达上的特殊性，中文文本似乎又能够在某种程度上超越这一区别。而需要再一次指出的是，我们始终是在本氏理论的映照之下看待人在话语中的位置，并丰富和细腻此位置的各种面向的。

❹ 结语

作为索绪尔的“再传弟子”，[12] 埃米尔·本维尼斯特继承和发展了前者的语言学

⑫ 本维尼斯特是Antoine Meillet在高等研究实践学院（École pratique des hautes études）的学生，并接替了后者于该校的伊朗语与比较语法和法兰西公学院的比较语法教席。而Meillet正是从索绪尔处接过了高等研究实践学院的衣钵。

和符号学思想。而在索绪尔的结构主义语言学止步之处，本维尼斯特将话语及话语中的人纳入视野，开始了对于语言活动与人类体验之间关系的不懈探索。“历史”和“话语”两个陈述系统触及的是语言所塑造和传达的两种本质体验。言语主体在“话语”层面塑造自我，传达主体性，在“历史”层面隐去自身，力图客观呈现事件。本维尼斯特的讨论深刻影响了文学批评等领域，滋养了Todorov“故事/话语”和Genette“叙事/话语”、“叙事/故事/叙述”等重要区分，开启了一条源远流长的研究路径，在法语语境内得到了认可和反响。而在中文语境中，一方面，“历史/话语”区分似乎亦可成为某种研究时间表达的有效路径，另一方面，缺少动词时态的中文又以其特殊性丰富和开拓了本氏区分。

“其实，各种语言只是向我们提供了对现实的不同建构，或许正是在建构复杂的时间系统的方式上，它们之间才呈现出最大的不同。”（本维尼斯特，2008：145）本维尼斯特“历史/话语”区分既揭示了语言中某种共通的本质，又以其对语言体验的关注容纳了存在于各种语言中的可能性。而在此理论的关照之下，于语言的比较和沟通之中，我们或许也能对在言语活动中“安身立命”的人获得更加深刻的理解。

参考文献

- Arrivé, M. 1991. Histoire discours: retour sur quelques difficultés de lecture. *Linx*9 : 159–168.
- Barthes, R. 1984. Pourquoi j'aime Benveniste. In *Le Bruissement de la langue: Essais critiques IV.* Paris: Éditions du Seuil. 194–196.
- Benveniste, É. 1966. *Problèmes de linguistique* générale, *tome I*. Paris: Éditions Gallimard.
- Benveniste, É. 1974. *Problèmes de linguistique* générale, *tome II*. Paris: Éditions Gallimard.
- Genette,G. 1966. Frontières du récit. *Communications*: *Recherches sémiologiques: l'analyse structurale du récit* 8: 152–163.
- Genette, G. 1972. *Figure III*. Paris: Éditions du Seuil.
- Mahrer, R. 2011. Vers une linguistique de la parole, à partir de Benveniste. In É. Brunet and R. Mahrer (eds.), *Relire Benveniste. Réceptions Actuelles des Problèmes de Linguistique Générale*. Paris: L'Harmattan. 197–240.
- Mosès, S. 2001. Émile Benveniste et la linguistique du dialogue. *Revue de métaphysique et de morale* 4: 509–525.
- Ricardou, J. 1967. *Problèmes du nouveau roman*. Paris: Édition du Seuil.
- Tadié, J.-Y. 1997. *La critique littéraire au XXe siècle*. Paris: Pierre Belfond.

❑ Todorov, T. 1966. Les catégories du récit littéraire. *Communications*: *Recherches sémiologiques*: *l'analyse structurale du récit* 8: 125–151.
❑ Wang, Dongliang. 2014. Histoire/Discours: Le fabuleux destin d'une distinction notionnelle et sa rencontre avec la littérature chinoise. *Parol* 25: 107–117.
❑ Weinrich, H. 1964. *Tempus*: *besprochene und erzählte Welt.* Stuttgart: Kohlhammer Verlag.
❑ Weinrich, H. 1973. *Le temps: Le récit et le commentaire*. Michelle Lacoste(trad.). Paris: Seuil.
❑（明）抱瓮老人辑，1995，《今古奇观》。顾学颉校注。北京：人民文学出版社。
❑ 本维尼斯特，2008，《普通语言学问题(选译本)》。王东亮等译。北京:三联书店。
❑ 龚兆华，2018，《埃米尔.本维尼斯特陈述理论研究》。北京大学博士学位论文。
❑ 热奈特，1990，《叙事话语、新叙事话语》。王文融译。北京：中国社会科学出版社。
❑ 申丹，2002，"故事与话语"解构之解构。《外国文学评论》(2)：42–52。

Benveniste's History/Discourse Distinction and Its Application in the Chinese Context

Abstract: In *The Correlation of Tense in the French Verb*, the French linguist Émile Benveniste distinguished two systems of enunciation: histoire (history) and discours (discourse). At the level of discourse, the narrator builds and expresses his subjectivity, while at the level of history, the narrator is hidden for the sake of presenting events objectively. Benveniste's theory initiated and nurtured a dual model of studies that integrates both linguistics and literary criticism, and has exhibited its strong applicability in the French context. The Chinese language, with its unique ways of tense and person expression, on the one hand possesses the correspondence with the dichotomy of history and discourse, and on the other hand provides the possibility to blur and transcend Benveniste's theory.

Keywords: Benveniste; linguistics of discourse; history/discourse; narrative study

（责任编辑：胡旭辉）

具体语言研究

汉语两种不同类型的“很”及相关句法问题

北京语言大学　李富强*

[提　要]　“很”一般出现在具有等级性的XP前（如：孩子很聪明），但处于此句法位置的“很”具有两种不同的功能：1. 表示程度上的差异；2. 作为使句子成立的成分。另外，“很”还可以出现在“得”字后做程度补语，如“XP得很”。文章从句法制图和成句的角度针对出现在相同位置却有不同功能的“很”和出现在不同位置却具有相同功能的“很”进行了讨论。本文的研究发现，汉语中存在两个“很”，一个作为程度短语（Deg(ree)P）投射的指示语，基础生成于论元层，称为“很$_1$”；另一个则作为表述短语（E(xpressive)P）投射的中心语，称为“很$_2$”。“XP得很”中的“很”属于前者，XP由于“*De*P”的存在而移位到其指示语位置。

[关键词]　很；句法制图；程度短语；表述短语；*De*P

❶ 引言

现代汉语在表示程度的高低时会用到程度副词“很”，出现在“很+XP”的结构中，[①] 如例[1]。

[1]　孩子很聪明。

但这并不意味着出现“很”时就一定表示程度的高低；也就是说，现代汉语中的“很”不止有一种用法（Li & Thompson, 1981）。当把句子放在英汉对译的语境中

* 作者简介：李富强，北京语言大学语言学系外国语言学及应用语言学专业博士生。研究方向：理论语言学。Email: fuqiang.li@etu.unige.ch。通信地址：100083 北京语言大学语言学系。
本文的思路来源于北京语言大学司富珍教授开设的《句法制图理论专题》课程的讨论；在论文完成初稿后，澳门科技大学刘文英助理教授、中国人民大学附属中学丰台学校孙雪老师曾阅读全文，并给出了很多建设性意见；投稿后，两位匿名评审专家的建议使得文章进一步完善；论文接受后，编辑部老师又对文章进行了润色，使得文章增色不少，在此一并感谢。本研究得到国家留学基金委资助。文责自负。

① 由于“很”后可以跟多种成分，因此用XP代替，详见第二节的讨论，本文则主要讨论AP。

时，“很”就有可能不再表示程度的高低（Chui, 2000），而是作为一个使句子成立的成分，如例[2]。

[2] a. The child is smart.
b. *孩子聪明。
c. 孩子很聪明。

例（2b）之所以不成立，是因为现代汉语一般会在谓语形容词的前边添加一个“很”字，[②]此时的“很”并不表示程度，而是作为使句子成立的成分，即例[2c]。相反，当“很”的确表示程度时，如例[1]，其相应的英语翻译为例[3]，即在形容词前添加副词very来修饰程度的高低。

[3] The child is very smart.

除此之外，“很”还可以出现在“XP得很”结构中作程度补语，如例[4]。

[4] a. 他好得很。
b. 他高兴得很。

从句法分布的角度来看，“很”可以出现在两个位置：具有等级性的XP前和“得”后。但从功能的角度来看，出现在具有等级性的XP前的两个“很”，如例[1]和例[2c]，则大不相同：一个表示程度，与例[4]中“得”后的“很”一致；另一个只作为使句子成立的成分。为了叙述方便，我们将表示程度的“很”称之为“$很_1$”，将作为成句成分的“很”称之为“$很_2$”。

Huang (2006)、Liu (2010)、Grano (2012)以及Zhang (2015)从生成语法的角度对“很”进行了较为详细且具有启发性的研究。[③]Huang (2006)从特征理论（Property Theory）的角度对简单形容词和复杂形容词的分类进行了详细的再分类。Liu (2010)通过对英汉形容词进行对比，提出汉语中存在两种原级形态变体，而“很”正是其中一种的显性存在。Grano (2012)从“普遍标记原则（universal markedness principle）”的角度出发，对汉语中“很”出现的原因以及条件进行了解释，区分了原级和对比义（comparative）两种等级形容词。Zhang (2015)对“很+XP”的句法范畴进行了界定，并通过与英语“-er/more”的类比提出“很”处于DegP的中心语位置。

以上几位前辈学者的研究很有启发性，但不同的研究角度往往会对同一个问题

② 本文不讨论“孩子聪明，大人傻”这类对仗句。除了“很”之外，汉语中还可以添加其他成分使句子成立，详见顾阳（2008）。
③ 感谢匿名评审专家推荐相关文献。

形成不同的看法。Huang (2006)并没有过多地讨论“很”的句法位置；Grano (2012)的研究主要将“很”的显性出现解释为显性程度形态，但这只是“很”其中的一种功能，即本文的“很$_1$”，对“很$_2$”的成句功能并没有做过多的解释，而是把研究重点放在了其原级解读上。Zhang (2015)对于“很”作为DegP中心语的讨论是从与英语“-er/more”类比的角度进行的，忽略了语言的差异性。那么，在此基础上，根据我们的语料发现，本文试图从句法制图和成句两个视角对“很”的研究进行完善，拟解释以下三个问题：

1.“很+XP”结构中的“很$_1$”和“很$_2$”是否具有相同的底层结构？

2.“很$_1$”可以出现在两个不同的位置，这两个位置上的“很”在句法上是如何生成的？

3.“很$_2$”作为一个成句成分，在句法上该如何标注？

❷ 文献回顾

在对具体问题进行分析之前，我们先来对文献中有关“很”字的研究进行回顾与评价。

马真（1991）提到“很”是一个程度副词，表示程度深或高，不能用于比较或“比”字句中。如：*比较起来，这个房间很/挺干净。“很”可以修饰（性质）形容词（如：很可爱）、动词（如：很喜欢）以及某些述宾结构（如：（小王）很善于学习），一定条件下能与“不”连用构成“很不+adj.”的形式（如：很不老实）。刘月华等（2001）认为“很”做状语时表示程度的功能弱（如：很高兴），也可以作为程度补语，表示程度的功能强（如：高兴得很）。蔺璜、郭姝慧（2003）在其程度副词分类表中显示“很”处于绝对程度副词中的高量。

以上研究主要从词类划分和功能强弱的角度论述了程度副词“很”，对其语类特征进行了较为详细且有力的论证。而前辈学者这里探讨的“很”正是本文中提到的“很$_1$”，我们对以上的论证持赞同的观点。

下面来看一下生成语法学界对于形容词和“很”字的研究。

Huang (2006)从特征理论的角度出发，认为形容词具有一种名词性的特性，因此属于类型<e>，而“很”则是一种类型提升工具（type-lifter）<e, <e, t>>，可以将形容词转换为<e, t>。顾阳（2008）对汉语中的时态（aspect）和时制（tense）进行了探讨，认为汉语中“没有显性的固定形态作时制标记，但这并不代表时制在这些语言的句法结构中没有表现。”根据顾阳（2008）的讨论，汉语句子成立的条件为：论元+谓词+外论元+时态+时制

谓语（Bowers, 1991）
轻动词结构（Chomsky, 1995）

即一个句子只有在时制存在的情况下才能成句，而时制的一种表现就是具有一个参照点，在本文所讨论的程度副词“很”正是一个参照点，如例[5]。

[5] 小明很高。(顾阳, 2008:106(17a))

Liu (2010)认为当没有其他成分标记隐性原级（POS）时，“很”才会出现。Grano (2012)通过跨语言的比较提出了“普遍标记原则（universal markedness principle)”，他认为原级形容词是通过类型转换（type-shifting）实现的，在句法上没有体现（Positive semantics is provided by a type-shifting rule that does not project in syntax.），而对比义形容词则是通过句法实现的，可以是显性，也可以是隐性，并通过T[+V]限制（T[+V] constraint）解释了原级解读的形容词为什么需要添加“很”——形容词本身并不具有[+V]的性质，“很+XP”中的“很”具有[+V]的特性，是为了满足T[+V]限制而存在的功能性投射，只有在添加了“很”之后才能满足，即[[+V]很AP]。

Zhang (2015)对“很-XP”中“很”的句法位置以及与“很-句尾”（*hen*-final）之间是否存在结构关系进行了梳理。她首先通过“很-XP”与XP句法分布上的差异，证明了二者不属于同一种语类范畴，同时提出“很-XP”为Deg(ree)P。在Grano (2012)程度相关表述（degree-related expression）的框架下，Zhang (2015)将形容词重叠（reduplication）与“很-XP”归为一类，并提出重叠词（reduplicate, RED）与“很-XP”处于互补分布，而且重叠词和“很”均处于DegP的中心语位置。Zhang (2015)思路清晰，在论证上步步为营，逐步建立“很”中心语位置的假设，并辅以大量的例证事实。但是在论证过程中对汉语语言事实的理解上存在一定的偏差，虽然不同语言可以类比分析，但是在某些具体的语言事实上，还存在一定的参数差异，比如“很”的中心语位置的确定和“得”的功能，关于Zhang (2015)对这两点的讨论我们有不同的见解，下文将具体论述。

以上是关于“很$_1$”的文献回顾及简要评述。现在来看有关成句问题的研究。

王艾录（1990:80-84）在讨论汉语中的成句标准时，认为“通行语法著作”中意思完整、结构完整的语言片段都能成句的观点是“不妥当的”。他认为“并非所有意思完整、结构完整的语言片段都能成句。例如：他聪明”。这样的句子明显缺乏交际的自立性，如果要让其成句，那么，需要加上一些能够使其成句的条件，如加“很”就是其中的一种成句方式，将“他聪明”说成“他很聪明。”张志公（1980:5）也曾提到“孩子聪明”不大像个句子，“这孩子真聪明”显然是个句子（详见王艾录1990或参考原文）。

王艾录（1990:80-84，2007:89-94）认为，一个句子之所以能够成为句子，需要语法、语义和语用三方面的标准共同作用。其中，“语法标准要求句子结构合理；语义标准要求句子意思完整，成分之间的意义关系符合逻辑事理；语用标准要求句子能够在具体的语言环境中独立完成交际使命。”而本文讨论的成句成分“很$_2$”正是由语用标准所决定的，它使得整个句子能够在语言环境中独立完成交际的任务。

高名凯（1986:373）给句子下的定义是“可能让听话的人听得懂而且觉得满意的一个最小的语言结构的单位”。暂且不论定义中的其他部分，其中的“听得懂而且觉得满意”与王艾录（1990）提到的三原则之间便具有一定的联系。这样看来，其实王艾录（1990）已经很明确地指出了“很”可以作为成句的条件，也就是本文所说的“很$_2$”。孙朝奋（2017）将“很”看作是一个有度标记，将一个无度的形容词变为有度的。例如：将“*姚明高。”变为“姚明很高。”从另一个角度来看，“很”作为有度标记，使一个无度的句子成为有度，从而使得句子成立。

Grano (2012)提出等级形容词可以表示两种语义：原级和对比，后者是在前者的基础上派生而来。他认为汉语中的原级形容词要表达程度含义必须要与一种显性程度形态共现，否则句子就会是不适宜的（infelicitous）或者具有对比含义。Grano (2012)提到的在汉语中表述程度含义时“很”的缺失所造成的不适宜（infelicitous）以及提出的T[+V]限制假设正是本文讨论的不成句问题的一个侧面。顾阳（2008:107）提出[论元+谓语]的结构只是“主谓形式雏形，但尚未成句”，在添加程度副词之后才能成句。Liu (2010) 也提出当句子中出现某些其他成分时，如否定、疑问、对比焦点、嵌套句等，“很”就不再需要强制出现，从成句的角度来看，这正是由于其他成句的条件出现了，因此不再需要“很”的强制出现，并非是因为“很”作为程度标记显性出现的原因，也就是说，这里的“很”不表示程度。

Chui (2000)从语用的角度将“很”的语义变化分为程度副词（degree adverb）、附着语素（clitic）、复合成分（compounding element）三类，并提出如下的形态化（morphologization）过程：

实义词（LEXICAL ITEM）>词组附着语（PHRASAL CLITIC）>合成词成分（COMPOUND CONSTITUENT）

本文研究的“很$_2$”则属于第二种附着语素，Chui (2000)认为前两种形态的句法分布相同，这一点与本文的分析有所差异。同时，Chui (2000:54)在分析“很”的语义变化的原因时认为这正是语用驱动的作用，“它[很]的缺失会使得对话不可接受，”Zwicky (1985)也就附着语素的功能表述过类似的思想。

关于成句的讨论不只出现在汉语学界，在其他语言中也存在类似的讨论，只是在术语使用上存在差异。Cinque & Rizzi (2008:42-43)在讨论句法构造时提到“……出现在句法树中最低层的构建单位一般是词汇性范畴的投射，如名词或动词，而这一投射一般是由一系列的以功能性成分为中心的构建单位来使其完整……”，④ 这里所说的“一系列的以功能性成分为中心的构建单位”其实也就是本文讨论的成句成分。

从前辈学者关于成句现象的研究中可以很清楚地看出，并不是一个词（或词组）的简单摆放就能成句。要成句还需要添加一些成句所必需的语用成分或有度标记，

④ 作者译。

如“很$_2$”。

❸ 很$_1$与很$_2$：一个新的分析

根据上文对“很”字研究的回顾与评价，文章这一部分将对引言中提到的三个例子进行句法分析，为方便论证，现将例子重复如下：

[6] a. 孩子很$_1$聪明。（=1）
b. 他高兴得很$_1$。（=4b）
c. 孩子很$_2$聪明。（=2c）

其中，例[6]中的“很”为程度副词“很$_1$”，例[6]中的“很”为使句子成立的成分“很$_2$”。

首先来看程度副词“很$_1$”的句法标注以及生成的相关问题。

Kennedy (2005) 认为汉语中的“很$_1$”[⑤] 是一种原级语素（positive morpheme）。Liu (2010)，Grano (2012) 认为程度副词“很$_1$”[⑥] 是DegP的中心语，但Liu (2010) 并没有具体讨论“很$_1$”是中心语的原因。相反，Liu (2010) 提出在某些情况下“很$_1$”可以省略而不影响句子的合法性。[⑦]Zhang（2015）也将“很”看作是DegP的中心语，首先采用XP与“很+XP”不能出现在同一个句法位置来说明了二者不是同一个范畴，即“很+XP”一定是作为一个独立的语类范畴DegP。然后采用重叠的形容词与“很$_1$”占据同一个位置说明了“很$_1$”处于DegP的中心语位置。Zhang（2015）的这种中心语的分析是建立在Corver (1997) 对英语中比较级-er和more之间的对比的分析之上的。Corver (1997) 认为如果-er和tall是处于AP指示语和AP中心语的位置关系，那么任何一种移位，无论是向下还是向上，都会违反c-command，因此认为在AP之上存在一个功能性的FP。而Zhang（2015）认为“很”和形容词的“重叠”与-er和more之间存在平行性，因此，Zhang（2015）认为“很”处于中心语位置，关于这一点，我们认为还有待进一步的研究。除此之外，由于语言类型上的差异，汉语中的“很”和相应的形容词并不要求有-er和形容词之间的必须的移位合并现象。

那么，“很$_1$”究竟处于什么句法位置？ Abney (1987) 在论证DP时提到副词和量词作为形容词的一种，归属于Deg(ree)的功能范畴，即[$_{DegP}$ [$_{Deg}$ { as, enough, less, more, so, too }][$_{AP}$ [$_{A}$ [tired]]]]。Corver (1997) 在Abney (1987) 的基础上与Bresnan (1973) 的研究相靠近，将more, less, enough等与as, so, too等区分开来，提出了分裂DegP假说（split-DegP Hypothesis），即[$_{DegP}$ [$_{Deg}$ { so, as, too }] [$_{QP}$ [$_{Q}$ [{ enough, less,

⑤ 原文并未区分很$_1$还是很$_2$。为使得论述更加清楚，本文采用相应的标注。
⑥ 原文称为POS marker。
⑦ 在Liu (2010) 原文的例子中，省略“很$_1$”后，句子表述的是一种事实，而非程度，如：张三（很）高，李四（很）矮。

more}][$_{A(dv)}$P tired]]]]。这一点与制图理论的分裂思想相吻合。

Cinque (1999)认为副词短语（AdvP）生成于一个最大投射的指示语（specifier）位置，并非作为附加语存在，这个最大投射与指示语之间存在一定的语义关系。何元建（2011）认为从语法功能上看，副词可以大致分为限制性和描写性两类，其中程度副词属于限制性，而限制性副词的中心语投射一般是AdvP，但是习惯上用DegP来表示程度副词投射。

同时，根据Zhang (2015:15)的讨论，“很”可以跟任一范畴等级性谓词结合，如例[7]，而本文的这种分析不仅可以解释出现在谓语形容词前的“很”和“得”后的“很”，而且还可以解释Zhang（2015）提出的出现在“很+XP”结构中XP之前的“很”。

[7] a. Dawei hen xihuan mao.
David very like cat
‘David likes cats very much.’
b. Dawei hen bei ren qiaobuqi.
David very PASS person look. Down
‘David is very much looked down upon.’
c. Dawei hen hui xia qi.
David very can play chess
‘David can play chess well.’
d. Dawei hen keneng qu-le Riben.
David very might go-PRF Japan
‘It is very likely that D has gone to Japan.’ =（Zhang 2015:15(2)）

根据以上学者对副词的讨论，为了行文方便，本文采用DegP来标注“很$_1$”所在的最大投射。而且“很$_1$”是作为DegP的指示语，如下所示.

[8]

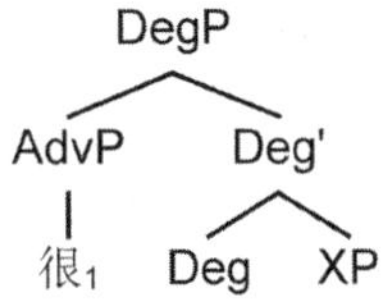

为什么“很$_1$”是指示语，而不是Zhang (2015)中提出的中心语位置呢？由于本文是在句法制图理论的框架之下对“很”的研究，Cinque (1999)对于副词短语的处理方式在学界已经广为接受。这样，将程度副词“很”归为与之语义相关的句法投射DegP的指示语位置便具有了一定的理论依据，并为下文形容词提升提供了解释。

同时，也避免了Zhang (2015) 中由于忽略语言差异而产生的问题。

那么，XP是不是就可以直接标注为AP了呢？根据Chomsky (1995)，Radford (2004) 等对形容词的标记，形容词是作为一个独立投射生成于DP之下，如[$_{DP}$ [$_{D}$ [the][$_{AP}$ [$_{A}$ [smart] [$_{NP}$ [$_{N}$ [boy]]]]]]]，而对于形容词内部的分类讨论并不是很多。Dixon (1982:24) 则对形容词进行了分类，其中将特征（property）再分裂为物理特征（physical property）和人类特征（human property），以英语为例，其中hard, heavy, hot, rough等属于物理特征，wicked, clever, happy则属于人类特征。而本文所讨论的“聪明”则属于人类特征，可以简写为Hp（human property），其所在最大投射标注为HpP（human property phrase）。在Dixon (1982) 和Cinque (1999) 的基础上，Scott (2002) 对形容词的结构特征做了描写，他认为形容词短语与副词短语一样，都是生成于与之语义相关的某个最大投射的指示语位置，而不是作为附加语而存在的（如下所示）。这样操作的一个好处就是形容词短语还可以继续被看作是词汇性成分，具有词汇性意义，这一点同原则与参数（principles and parameters）中词汇性中心语提供描述性内容，功能性中心语决定其构造，由此共同作用于语言表达的架构和解读是一致的（Belletti & Rizzi 1996）。

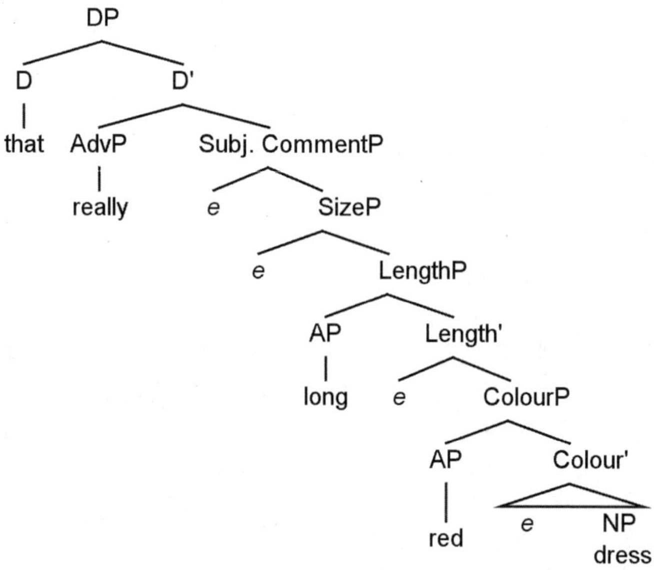

that really cool long red dress! (Scott 2002:106)

所以，根据Scott (2002) 的讨论，这里的XP也应该是一个功能性投射，形容词短语则处于这个最大投射的指示语位置，二者由相应的语义关系联系在一起。由此，根据副词短语和形容词短语投射的讨论，可以得到例[6a]的投射，如下所示。其中，程度副词“很$_1$”作为DegP的指示语，形容词“聪明”作为HpP的指示语，主语“孩子”生成于VP的指示语位置，最后生成“孩子很$_1$聪明。”⑧

⑧ 此处省略了部分与本文讨论相关性不大的投射。

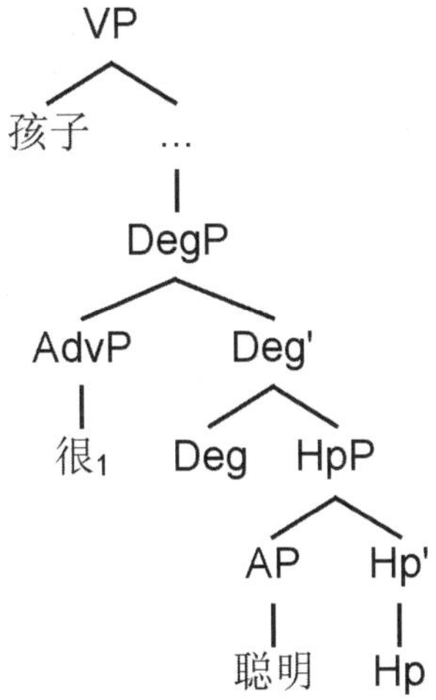

讨论完例[6a]后，我们知道例[6b]中“得”后的“很”也是由表示程度的“很$_1$”所构成的，那么这又是如何生成的呢？

Zhang (2015)认为“得”的出现只是为了满足某些音系上的需要，所以原文没有具体讨论，而是采用den Dikken (2006)的链接理论（linker theory），认为在DP之上存在一个以F为中心语的FP，其中F可以为任何成分，通过这个链接（linker）的作用，使得处于下层的XP（如本文的“高兴”）移位到了FP的指示语位置。而这种分析正是司富珍（2004，2006）的“*De*P”假说的中心思想。很显然，Zhang (2015)并没有注意到这一点。而且在Zhang (2015)关于“去”和“很”对比的讨论中，“*De*”的作用再一次体现，但是作者采用了Corver (2000:171)的“非必要”论进行了解释，可谓遗憾。

司富珍（2004，2006）在讨论有关“*De*”的问题时提出的“*De*P”投射，很好地解释了涉及*De*的相关句法问题。本文在司富珍（2004，2006）的基础之上对例[6b]进行句法分析。我们认为“他高兴得很”是在“[得]他很高兴”的基础上由于“得”的强EPP特征吸引移位而生成“他高兴得很。”假设在例[6b]这类的句子中存在一个“*De*P”功能性投射，“得”具有强的EPP特征，要求其Spec位置不能为空，这时需要将表示程度的强调成分通过移位填充“*De*P”的指示语位置，以满足其特征（司富珍，2017）。这时便生成了“他高兴得很”的表层结构，如下所示：⑨

⑨ 感谢匿名评审专家指出非谓形容词与谓语形容词在句法上存在差异。非谓形容词由于不具备等级性（gradable），一般表示恒久的特征，只有在表示对比义时才会出现在谓语位置（Huang 2006），如张三高，李四矮。当非谓形容词与“很”共现时，整体作为复杂形容词（Complex adjective, Huang 2006, 朱德熙 1980），即本文讨论的程度“很$_1$”。谓语形容词和非谓形容词在句法上存在一定的差异，前者主要出现在谓词的位置，如本文中的“很+XP”，后者主要出现在名词的前边，如“好人”。本文主要集中讨论“很+XP”中“很”的句法位置，对谓语形容词的分析则采用Cinque（1999），Scott（2002）的讨论，即处于对应功能性投射的指示语位置，而非谓形容词则跟随生成语法的讨论，即处于NP之前。

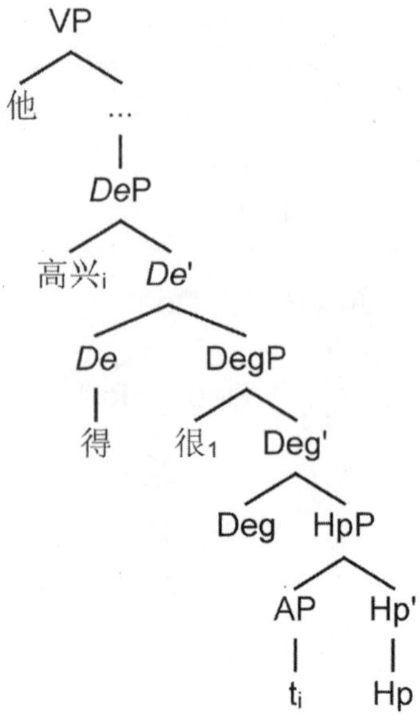

在解释清楚"很$_1$"之后，我们再来看作为成句成分的"很$_2$"。在这里还会涉及一个加标注的问题，也就是本文的第三问题："很$_2$"作为一个使句子成立的成分，在句法树上应该如何标注？在目前的标注系统之中似乎没有一个标签可以表示成句的"很$_2$"。Hale & Keyser (1993),、Chomsky (2005)、Miyagawa (2010) 在讨论人类语言中的层级结构出现的问题时，认为人类语言的句法也具有语义的双层性（duality of semantics），而这种双层性则是由层级结构来展示的，如下所示语义的双层性。Miyagawa等（2013）在此基础上提出语言是由已有的两层互不相关的系统所构成，即E(xpressive)结构和L(exical)结构。其中L结构可以理解为论元层，E结构则是除L结构以外的所有结构。而这里讨论的"很$_2$"正是语义双层性中的E结构。因此，本文将"很$_2$"的最大投射标注为EP（expressive phrase）。

Duality of semantics (Chomsky, 1995, 2000; Miyagawa, 2010)

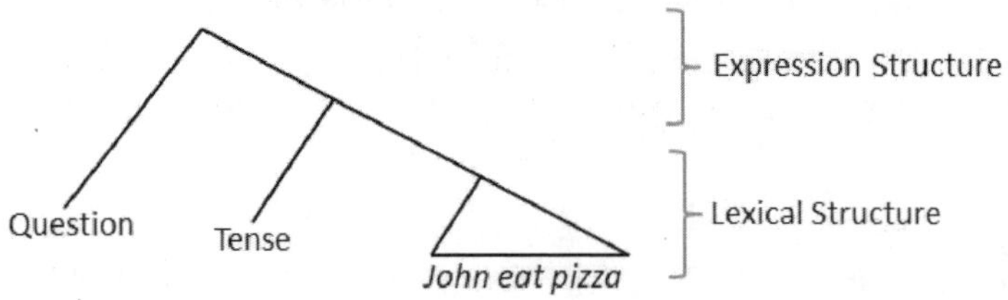

在确定了"很$_2$"的标注问题之后，再来看一下"很$_2$"的句法实现过程。我们知道，在例[6c]中，"孩子聪明"是其在论元层的基础摆放，也就是Miyagawa等（2013）提到的L结构。在完成L结构中的论元摆放之后，句子还不能成立，因为还没有语用信息的补充（王艾录 1990），也就是E结构的出现。那么，根据上文的讨

论，"很$_2$"是处于E结构之中的，即EP。由于"很$_2$"本身就是功能性的成分，所以它是作为EP的中心语出现的。[10]处于中心语的"很$_2$"由于具有强的EPP特征,需要吸引主语移位来满足其特征。因此，"很$_2$"吸引下层的"他"移位到EP的指示语位置，生成"他很$_2$聪明。"

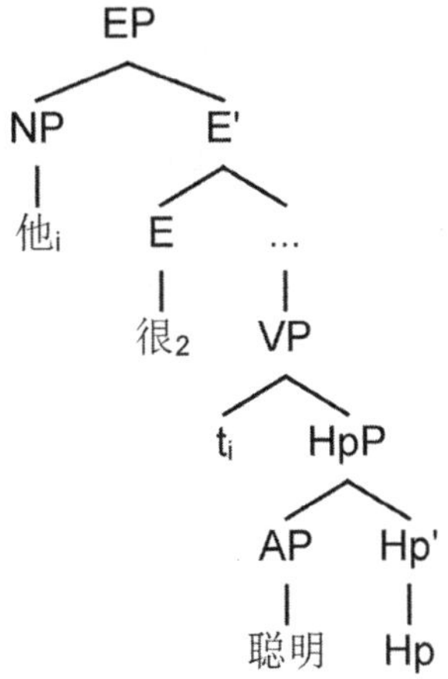

根据上文对"很$_1$"和"很$_2$"的讨论，我们发现"很$_2$"处于VP的上层，而"很$_1$"处于VP的下层。也就是说，"很$_1$"生成于论元层，即L结构，而"很$_2$"生成于E结构。根据这样的讨论，我们可以得到"很$_1$"和"很$_2$"的相对句法位置：

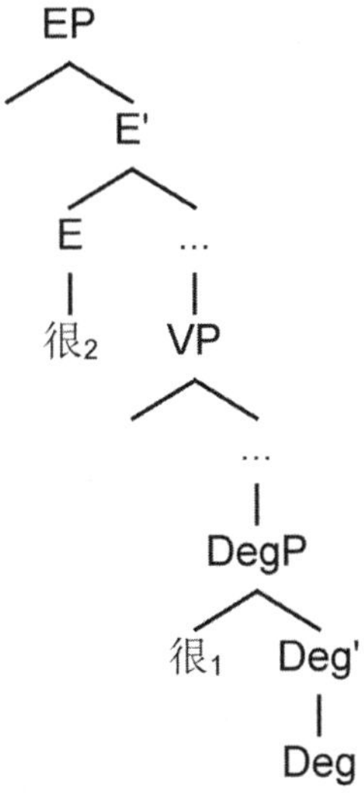

⑩ 生成语法在处理语用信息时，一般会将语用信息放在CP中，这一点我们持相同意见。本文提到的EP正是处于CP之中的一种表示成句的语用信息，而EP则是标注语用信息的一个语类，因此，EP处于TP之上，这一点并不违反生成语法的处理方式。就此感谢匿名评审专家指出本文文字中存在的表述问题。Kayne (2005a,b, 2007)的论述中提到甚至有些词汇性的成分也可以分解为一个词汇性中心和一些功能性成分。

4 结论

通过上文对于“很”字句的句法分析，我们解释了本文引言部分提出的问题，相关分析的要点总结如下：（1）确定了汉语谓语形容词短语和副词短语的投射以及句法生成位置，即汉语谓语形容词短语和副词短语均处于一个与之在语义上相关的功能性投射的指示语位置；（2）提出了EP的成句投射，即除了论元层以外的成分；（3）汉语中存在两个“很”，一个作为DegP的指示语基础生成于论元层，称为“很$_1$”；另一个则作为EP的中心语，称为“很$_2$”。（4）“得”后的“很”是由于“*De*P”的存在而吸引形容词移位到其指示语位置而得到；（5）展示了“很$_1$”和“很$_2$”的相对句法位置。

参考文献

- Abney, S. 1987. The English Noun Phrase in Its Sentential Aspect. Ph.D. Dissertation, MIT.
- Belletti, A. & Rizzi L. (eds.) 1996. *Parameters and Functional Heads: Essays in Comparative Syntax*. New York: Oxford University Press.
- Bowers, J. 1991. The syntax and semantics of nominal. In S. Morrew and A. Z. Wyner (eds.), *Cornell Working Papers in Linguistics 10*. Ithaca: Cornell University.1–30.
- Bresman, J. 1973. Syntax of the comparative clause constructions in English. *Linguistic Inquiry* 4: 275–343.
- Chomsky, N. 1995. *The Minimalist Program*. Cambridge, Mass.: The MIT Press.
- Chomsky, N. 2005. Three factors in language design. *Linguistic Inquiry* 36: 1–22.
- Chui, K. 2000. Morphologization of the degree adverb *hen*. *Language and Linguistics*1.1:45–59.
- Cinque, G. 1999. *Adverbs and Functional Heads: A Cross-Linguistic Perspective*. New York: Oxford University Press.
- Cinque, G. & Rizzi L. 2008.The cartography of syntactic structures. *CISCL Working Papers* 2: 42–58.
- Corver, N. 1997. Much-support as a last resort. *Linguistic Inquiry* 28: 119–164.
- Corver, N. 2000. Degree adverbs as displaced predicates. *Italian Journal of Linguistics* 1:155–191.
- den Dikken, M. 2006. *Relators and Linkers: The Syntax of Predication, Predicate Inversion and Copulas*. Cambridge, MA: The MIT Press.
- Dixon, R. 1982. *Where Have All the Adjectives Gone?* Berlin: Mouton.

❑ Grano, T. 2012. Mandarin *hen* and universal markedness in gradable adjectives. *Natural Language and Linguistic Theory* 30: 513–565.

❑ Hale, K. & Keyser, S. J. 1993. On argument structure and the lexical expression of syntactic relations. In K. Hale & S. J. Keyser (eds.), *The View from Building 20: Essays in Linguistics in Honor of Sylvain Bromberger.* Cambridge, MA: The MIT Press.51–109.

❑ Huang, Shi-Zhe. 2006. Property theory, adjectives, and modification in Chinese. *Journal of East Asian Linguistics* 15(4): 343–369.

❑ Kayne, R.2005a. *Movement and Silence*. New York: Oxford University Press.

❑ Kayne, R.2005b. Antisymmetry and Japanese. In R. Kayne. *Movement and Silence*. New York: Oxford University Press. 215–40.

❑ Kayne, R.2007. On the syntax of quantity in English. In J. Bayer, T. Bhattacharya, and M. T. Hany Babu (eds.), *Linguistic Theory and South Asian Languages: Essays in Honour of K. A. Jayaseelan*. Amsterdam: John Benjamins.73-105. Reprinted in Kayne (2005a).

❑ Kennedy, C. 2005. *Parameters of Comparison.*ms. University of Chicago.

❑ Li, C.N. & Thompson, S.A. 1981. *Mandarin Chinese: A Functional Reference Grammar*. Berkeley: University of California Press.

❑ Liu, C-S. L. 2010. The positive morpheme in Chinese and the adjectival structure. *Lingua* 120: 1010–1056.

❑ Miyagawa, S. 2010. *Why Agree? Why Move?: Unifying Agreement-Based and Discourse-Configurational Languages.* Cambridge, MA: The MIT Press.

❑ Miyagawa S., Berwick R. C.& Okanoya K. 2013. The emergence of hierarchical structure in human language. *Frontiers in Psychology*. 20 Feb. 2013.

❑ Radford, A. 2004. *Minimalist Syntax: Exploring the structure of English*. Cambridge: Cambridge University Press.

❑ Scott G. J. 2002. Stacked adjectival modification and the structure of nominal phrases. In G. Cinque (ed.), *Functional Structure on DP and IP: The Cartography of Syntactic Structures,* Volume 1. Oxford: Oxford University Press. 91–120.

❑ Zhang N. N. 2015. Functional head properties of the degree word *hen* in Mandarin Chinese. *Lingua* 153: 14–41.

❑ Zwicky, A. 1985. Clitics and particles. *Language* 61:283–305.

❑ 高名凯，1986，《汉语语法论》。北京：商务印书馆。

❑ 顾阳，2008，时态、时制理论与汉语时间参照研究。沈阳、冯胜利（编），《当代语言学理论和汉语研究》。北京：商务印书馆。97–119。

❑ 何元建，2011，《现代汉语生成语法》。北京：北京大学出版社。

❑ 蔺璜、郭姝慧，2003，程度副词的特点范围与分类。《山西大学学报》（哲学社会科学版）(2)：71–74。
❑ 刘月华等，2001(1996)，《实用现代汉语语法》增订版。北京：商务印书馆。
❑ 马真，1991，普通话里的程度副词"很、挺、怪、老"。《汉语学习》(2)：8–13。
❑ 司富珍，2004，中心语理论和汉语的*De*P。《当代语言学》(1)：26–34。
❑ 司富珍，2006，中心语理论和"布龙菲尔德难题"——兼答周国光。《当代语言学》(1)：60–70。
❑ 司富珍，2017，语法中的"柔性活力"与"刚性法则"。《伊犁师范学院学报（社会科学版）》(4)：89–94。
❑ 孙朝奋，2017，再论汉语形容词。北京语言大学汉语国际教育学部学术讲座。北京语言大学，2017年12月21日。
❑ 王艾录，1990，汉语成句标准思考。《山西大学学报》(4)：80-84。
❑ 王艾录，2007，汉语成句理据再思考：以"鸟飞""鸟飞了"为例。《盐城师范学院学报（人文社会科学版）》(10)：89–94。
❑ 张志公，1980，《语法学习讲话》。上海：上海教育出版社。
❑ 朱德熙，1980，《现代汉语语法研究》。北京：商务印书馆。

Two Different Types of *Hen* and Related Syntactic Issues in Chinese

Abstract: *Hen* (很) in Chinese occurs mostly before a gradable XP, for example, "*haizi hen congming*." *Hen*, in this position, however, has two different interpretations: one indicates the variety on degree, and the other functions as a marker for the formation of a sentence, without denoting degree meaning. Meanwhile, *hen* can also occur after *de* (得) as a degree complement in structures like'XP *de hen*', in which *hen* can also express degree meaning. This paper, from a cartographic perspective, aims to analyze two types of *hen*: (a) *hen* occurring in the same syntactic position with different meanings and, (b) *hen* occurring in different syntactic positions with the same meaning. The present study shows that in Chinese, there are two types of *hen*: one is in the specifier of DegP (Degree Phrase), base generated in the argument domain, called *hen*$_1$; the other is the head of EP (E(xpressive)Phrase), named *hen*$_2$. *Hen* in "XP *DE hen*" belongs to *hen*$_{1,}$ and XP is attracted by *De*P (*De* Phrase)to its specifier position.

Keywords: *hen*; syntactic cartography; Degree Phrase; Expressive Phrase; *De*P

（责任编辑：胡旭辉）

多重互动视域下汉语“V+破”多义构式研究

上海财经大学　王连盛*

[提　要]　文章认为“V+破”多义构式的形成是构式体之间以及构式体和外部句法成分之间多重互动的结果，并对其作用机制进行探析。其中，“V+破$_1$”是韵律和语义界面、语义和句法界面不同界面之间多重互动的结果，作用机制为转喻和重新分析；“V+破$_2$”形成于构式和外部句法成分、构式和组构成分之间的多重互动，隐喻为作用机制；“V+破$_3$”则为不同组构成分在类推和隐喻机制作用下，多重互动的结果。在这一过程中，“破”的词性也在发生变化，逐渐由动词向形容词转变，这是构式组构成分之间、不同构式之间互动的结果。至于多义构式形成动因，则主要为语言交际在线性特征要求和认知具象化需求。

[关键词]　“V+破”多义构式；形成过程；多重互动；作用机制；形成动因

❶ 引言

吕叔湘（1999）认为，动词“破”可以表示“完整的东西受到破损”，充当动结式的后一成分，表示动作行为产生的结果。此外，动词“破”还可以表示“使真相显露”，同样充当动结式的第二成分，此时前一动词为“看、道、说”等。石慧敏（2010）进一步发现，“破”作为动词表达“突破、破除”时，也能够作为动结式的第二成分，如“冲破、破除”等，后接宾语多为表示思想、习惯、规定等。分别举例如下：

[1]“光当”一声，斧子砸破了一个瓦罐。（严歌苓《第九个寡妇》）

[2] 云影拉斐尔道破个中奥妙。（左晴雯《神父》）

---

*　作者简介：王连盛，上海财经大学国际文化交流学院讲师。研究方向：汉语语法学、认知语言学。Email：wls891225@163.com。通信地址：200083上海市虹口区东体育会路411弄上外生活区。
本文是教育部人文社科项目“语言动态观下语法和修辞界面的同形结构研究”（15YJA740044）和中国学位与研究生教育学会课题“主要生源国学习者汉语学习与认知的多角度研究”（HGJ201729）的阶段性成果。本文语料除个别为自拟外，来自北京大学CCL语料库和北京语言大学BCC语料库。

[3] 解放思想，就是要冲破“左”的思想禁锢。（福建日报1992.7.5）

例[1]中“破”表示“破损”，例[2]中“破”呈现为“使真相显露”，例[3]中“破”的意义为“突破某种思想”。

根据“破”的语义和搭配特征，“V+破”主要包括三种结构形式，第一种为“砸破、擦破、割破、摔破”等，此时“破”表示具体结果义；第二种为“冲破、打破[僵局]、突破”等，此时“破”表示抽象结果义，具体呈现为“突破、破除”；第三种为“说破、点破、猜破、道破”等，此时“破”表达“使真相露出”的抽象结果义。

从认知构式语法角度出发，目前学界对“构式”的内涵，有广义与狭义两种不同的界定。广义的界定是指所有的“形式—意义”的配对体（form meaning pair）皆为构式，基于这一理解，所有的语法单位都可以看作构式（如Goldberg, 1995, 2003, 2006）；狭义的理解则是指由词构成的、比词大的“形式—意义”的配对体，尤其表现为各种句式和各种特定的搭配形式（施春宏，2014）。本文对构式的认识基于狭义的理解，即所研究的构式是指词层面以上的结构式。因此，“V+破”述补结构可看作构式，包含3个构式变体，为多义构式。下面，我们将运用基于多重互动观的互动构式理论，对这一多义构式的形成过程进行探究。

❷ 关于“V+破”多义构式

多义构式为原型范畴，包括不同的语义变体，由异质成员组成。构式的原型性是促使构式在形成与扩展的过程中产生压制的重要动因，非原型构式则是在原型构式形义关系的基础上扩展的结果，从而形成具有家族相似性（family resemblance）的多义构式。“V+破”的三个构式变体共同组成一个多义构式，它们之间存在典型性差异，在语义和句法上存在许多不同点。

“V+破”为述补结构，而典型述补结构在语义和句法方面具有一些特点。语义方面，述语和补语之间具有很强的相关性（董秀芳，2004）。包括两种情况，一种是述语语义包含补语的意义，如“扩大”中述语“扩”的语义中已经包含补语“大”的意义；另一种是补语语义是述语动作行为能够引发的结果之一，如“拍碎”中补语“碎”所表示意义为述语“拍”这一动作行为能够引发的结果中的一种。句法方面，典型述补结构能够进行扩展和变换（吴为善，2016）。所谓扩展，是指既可以加“得/不”进行扩展，也能够进入“一……就……”结构式。例如，“打倒”可以扩展为“打得倒/打不倒”“一打就倒”。所谓变换，典型述补结构其述语和补语能够拆开，分别充当两个小句的谓语，例如“小明打倒了杯子”可以变换为“小明打杯子，杯子倒了”。下面，我们据此对多义构式成员的典型程度进行分析。

2.1 “$破_1$”呈现具体结果义的“$V+破_1$”

从语义的角度看，在“$V+破_1$”中，“$破_1$”表达具体的结果义，具体表现为“完整的东西受到损伤或变得不完整”(《现代汉语词典》(2005：1058)。此时“破$_1$”为其本义，而与其搭配进入该构式的动词，则是具有强致使性、强动作性的动词，如“穿、磨、戳、挤、撞、抓、咬”等，后接具体名词做宾语。其补语和述语之间，具有很强的相关性，补语均为动词动作行为产生的结果。例如：

[4] 汹涌的人流挤破了一辆公交车车门！！(微博)

[5] 飞弩力道强劲，许多居然穿透了厚厚的红漆大门，钉了进来，差点划破她的手。(沧月《镜·双城》)

例[4]“挤破了一辆公交车车门”中的“破”和例[5]“划破她的手”中的“破”，都表示“完整的东西受到损伤或变得不完整”的具体结果义，当为“破$_1$”。

具体到句法上，“V+破$_1$”可以进行扩展和变换。扩展方面，可以加“得/不”进行扩展，并且可以进入“一…就…”结构式。例如：

咬破：咬得破/咬不破 一咬就破

砸破：砸得破/砸不破 一砸就破

变换方面，“破”可以从述补结构中分离出来，独立充当谓语。例如：

[6] 沙家驹愤怒地摔破一只玻璃杯。(余宛宛《干妹妹》)

[7] 沙家驹愤怒地摔了一只玻璃杯，玻璃杯破了。

可见，“V+破$_1$”是该多义构式中的典型成员，为该原型范畴的原型。

2.2 “破$_2$”表“突破、破除”抽象结果义的“V+破$_2$”

在构式“V+破$_2$”中，“破$_2$”表示抽象结果义，具体表现为“突破、破除(规定、习惯以及思想等)”(《现代汉语词典》(2005：1058)。此时，“破$_2$”为引申义，后接宾语均为抽象名词，补语和述语之间具有语义相关性，补语为述语动作产生的结果。例如：

[8] 中国政府今年打破30年的传统，首次不派高层官员出席在瑞士达沃斯举行的世界经济论坛(WEF)。(微博)

[9] 或许，再怎么的赞美也是添足，少年早已突破限制，整个天空都属于你……(微博)

句法方面，“V+破$_2$”可以扩展，不可以变换。扩展方面，可以加“得/不”进行扩展，大部分能够进入“一……就……”结构式。例如：

冲破：冲得破/冲不破　　一冲就破
打破$_{[僵局]}$：打得破/打不破　　一打就破

只有少数不能进入，例如：

突破：突得破/突不破 *一突就破

变换方面，“破”不能从述补结构中分离出来，独立充当谓语。例如：

[10] 闪联的目标，就是打破3C间的技术障碍。（文汇报 2014.10.18）
[11] *闪联的目标，就是打3C间的技术障碍，技术障碍破。

值得注意的是，“V+破$_2$”与“V+破$_1$”具有交叉，存在着同形同构异义的情况。例如：

[12] 30日凌晨，三统河水暴涨，冲破堤坝，进入和平村。（人民日报1995）
[13] 杨正权带领群众冲破“左”的束缚，大力发展经济，使村民的收入翻了近一番。（人民日报2003）

由此可见，“V+破$_2$”并不是该多义构式中的典型成员，而是由“V+破$_1$”演化而来，为非典型成员。

2.3 “破$_3$”表“使真相露出、揭穿”抽象结果义的“V+破$_3$”

在“V+破$_3$”中，“破$_3$”表示“使真相露出、揭穿”的抽象义（《现代汉语词典》（2005：1058），后接宾语均为抽象名词宾语，其补语和述语之间很难说具有语义相关性。例如：

[14] 在时计里，看破一生，渺渺。（微博）
[15] 两人寒暄几句，道过别后之情，韦立庸随即道破主题。（杨晓静《最佳女婿俏金》）

句法方面，“V+破$_3$”能够扩展，不能变换。扩展方面，能够加“得/不”进行扩展，绝大多数不能进入“一……就……”结构式。例如：

说破：说得破/说不破 *一说就破
参破：参得破/参不破 *一参就破

只有少数能够进入“一……就……”结构式，进行扩展。例如：

[16] 但如果掌握要领，两者区别，一点就破。（都市快报 2003.9.3）

变换方面，"破$_3$"不能从述补结构中分离出来，独立充当谓语。例如：

[17] 他一直平平淡淡，仿佛看破一切。（兰京《侧梦美人》）

[18] *他一直平平淡淡，仿佛看一切，一切破了。

可见"V+破$_3$"典型性比"V+破$_2$"还要低，为非典型成员，甚至可以说是边缘成员。

❸ "V+破"多义构式形成过程与作用机制

国内互动构式语法（Interactive Construction Grammar）由施春宏（2014、2015a、2015b、2015c、2016、2017）首先提出，其"多重互动观"认为，一切大大小小或具体或抽象的构式，都处于各种互动关系之中，既包括语言系统内部各组成部分的互动关系，也包括语言之内与语言之外的互动关系。一切构式都是多重因素互动作用的结果，而互动的作用方式则为压制（coercion）。从构式内部来说，压制包括构式对组构成分自上而下的压制，又称构式压制（construction coercion），组构成分之间的平行压制以及组构成分对构式自下而上的压制。从构式与外部成分来说，压制包括构式对外部成分的外向压制和外部成分对构式的内向压制。当然，这种压制不仅仅局限于句法、语义、语用以及韵律等单一层面，还包括不同界面之间的互动。"V+破"多义构式的形成是多重互动的结果，下面我们将对其形成过程展开探究。

3.1 典型成员"V+破$_1$"

"破"的本义为"破，石碎也"（石慧敏，2010：126），为典型动词。根据我们搜集到的先秦两汉时期的语料，这一时期的"破"主要包括两种用法，一种是独立充当谓语，后接具体名词宾语；另一种是在其他动词之后，组成连动式再后接宾语。例如：

[19] 既破我斧，又缺我斨。（春秋·孔子编订《诗经》）

[20] 齐予陈余兵，击破常山王张耳，张耳亡归汉。（西汉·司马迁《史记·高祖本纪》）

例[19]中"破"单独做谓语，后接具体名词宾语"斧子"；例[20]中"破"接在动词"击"之后形成连动式"击破"，再后接宾语"常山王张耳"。

古代汉语的词以单音节为主，而随着汉语双音节化的影响，原"V+破"连动式所表示的"V而破"义，其重心逐渐前移，历经重新分析，述补结构"V+破$_1$"便开始形成，最早见于魏晋南北朝时期。例如：

[21] 瞋甚，复于地取内口中，啮破即吐之。（南朝·刘义庆《世说新语·忿狷》）

[22] 打破大滑石千许，乃可得一枚。（南朝·葛洪《抱朴子》）

由此可见，"V+破$_1$"的形成，是韵律和语义、语义和句法不同界面多重互动的结果。首先是韵律和语义界面之间的互动，韵律的双音节化对连动式"V+破"的意义形成压制，促使其意义发生融合，导致语义重心向前移动，从而导致"破"的动作过程性降低，而逐渐向表示动作行为结果演变。其次是语义和句法界面之间的互动，"破"语义动作性的降低，对其句法角色形成压制，导致其句法地位降低，不再是与连动式中前搭配动词地位平等，而逐渐成为其附属品，处于次要地位。整体句法结构由连动式向动补式演变，经过重新分析，最终形成了"V+破$_1$"。而在形成的过程中，经历了两次互动。

至于发挥作用的机制，动作的过程必然会产生一定的结果，实际上动作过程中包含着动作结果，可见"V+破$_1$"由连动式转变到动结式，是整体到部分的转喻，转喻机制在这一过程中发挥了重要作用。除此之外，在这一过程中其外部形式即表层结构并未发生改变，改变的是其内部句法结构和语义关系，根据Harris & Campbell（1995：50）对重新分析的定义"重新分析是一种机制，这种机制使某一句法模式的深层结构发生变化，但并不引起表层结构的变化"，可以发现这是重新分析机制作用的结果。因此，作用机制为转喻和重新分析。

3.2 非典型成员"V+破$_2$"

根据搜集的语料，"V+破$_1$"形成初期，其后接宾语均为具体概念名词宾语，如例[22]中后接具体名词"大滑石"，"破"均表示具体结果义。在唐代时，出现了"V+破$_1$"后接抽象概念名词宾语的情况，主要以"打破"为主。例如：

[23] 但自去非心，打破烦恼碎。（唐·慧能大师《六祖坛经》）

此时"V+破$_1$"的语义整体发生了虚化，变得抽象化，在此基础上，"破"也抽象化为"突破、破除"，便形成了"V+破$_2$"。至宋元时期，"打破"后接抽象名词宾语的种类不断扩展，如"疑团、婚姻、法度、家事、虚空、乾坤"等。例如：

[24] 这疑团，一时打破。（金·《全金元词》）

[25] 道得即不打破，道不得即打破。（金·《禅苑蒙求瑶林》）

与此同时，"V+破$_2$"得到扩展，出现了"冲破""突破"等搭配抽象名词的情况，至明清时期已经大量使用。例如：

[26] 皆因前日你相公救了我回家，冲破了过公子的奸计。（明·明教中人《好

述传》)

[27] 犹认识上有突破。(民国·高昌隆《耻躬堂残稿》)

在搜索的语料范围中，并未找到后接具体名词的“V+破$_1$”语义发生抽象化的例子，“破$_1$”均表示具体结果义。可见，后接抽象名词宾语触发了“V+破$_1$”整体语义的抽象化，从而导致了“破$_1$”虚化为“破$_2$”，“V+破$_2$”便应运而生。“V+破$_2$”的形成是外部句法成分与构式整体、构式与组构成分以及不同概念域之间多重互动的结果，主要是发生在语义层面。具体来说，当“V+破$_1$”本身表示具体概念义，后接抽象名词宾语时，无法满足抽象概念名词宾语的语义要求，二者无法搭配。此时，“V+破$_1$”便在外部句法成分即抽象名词宾语的压制下，整体发生语义抽象化，不再表示具体概念义，而是表达一种抽象概念义。在此基础上，构式整体语义发生虚化，并对其组构成分实施压制，促使组构成分的语义同样发生虚化，“破”的语义便由表“完整的东西受到损伤或变得不完整”具体结果义虚化为“突破、破除”的抽象结果义。在抽象名词宾语的压制下，“V+破$_1$”由具体概念域投射到抽象概念域，实现了概念域之间的转换，“V+破$_2$”至此便已形成。

在形成过程中，隐喻机制发挥了重要作用，具体表现为双重影像(double image)(束定芳，2011)。每一个词或词语都处在聚合关系和组合关系构成的交错联想网络之中，如“打破”与“摔破”处于聚合关系之中，与“玻璃”“杯子”处于一种组合关系之中。当听话人听到“打破”时，脑海中就会促发与其相应的聚合和组合关系联想网络，就会想到与其经常搭配的“玻璃”“杯子”等具体物体形象。而当“打破”与抽象概念名词搭配时，便会形成语义异常句，听话人会形成“双重影像”的联想。例[23]中“打破”和“烦恼”就构成了一个语义异常句，此时二者从语义的角度看显然不能进行搭配，“烦恼”也不能对“打破”进行压制。而当在隐喻机制的作用下，听话人对“打破烦恼”进行识解时，脑海中会同时出现“烦恼”和“有外在形状的具体事物”，便引发了“双重影像”的联想。此时，“打破”便与“烦恼”实现了搭配和识解，而“烦恼”也实现了对“打破”的压制。

3.3 边缘成员“V+破$_3$”

在搜集的语料中，“V+破$_3$”最早出现于五代十国时期，主要为“说破”和“道破”。例如：

[28] 师见洞山沉吟底，欲得说破衷情。(五代·泉州招庆寺僧人《祖堂集》)

[29] 师云：“今日事被阇梨道破，称得老僧意。”(五代·泉州招庆寺僧人《祖堂集》)

至宋元时期，“V+破$_3$”进一步扩展，与“破$_3$”搭配的动词数量增加，出现了“参破、瞧破、猜破、勘破”等。例如：

[30] 不贪不爱随缘过，把世事都参破。（元·《全元散曲》）

[31] 老夫人转关儿没定夺哑谜儿怎猜破。（明·《六十种曲西厢记》）

到明清时期，“破$_3$”所搭配动词较以前更加丰富，又产生了“揭破、窥破”等新的搭配，“V+破$_3$”构式得到了长足发展。例如：

[32] 阚泽失色，甘宁拔剑而起曰：“吾事已为窥破，不可不杀之以灭口！”（明·罗贯中《三国演义》）

[33] 还不如一老一实，揭破真情，自寻生路。（清·曾朴《孽海花》）

“破$_3$”出现于虚化结果义“破$_2$”之后，在此之前并未出现“V+破$_3$”的用例。并且，其所搭配动词相较于“破$_2$”，动作性和致使性程度降低。可见，在“V+破$_2$”中，当“破”语义在隐喻机制的作用下发生虚化，对动词的动作性和致使性要求降低，一些动作性和致使性不是很强的动词如“说、猜、窥、道”等也可以进入到构式中，促使“V+破$_2$”进一步扩展。随着搭配的动词语义类型增加，“破$_2$”的语义进一步虚化，呈现为“使真相露出、揭穿”的抽象结果义即“破$_3$”，便形成了“V+破$_3$”。

至于形成过程，则是组构成分之间多重互动的结果。具体来说，“破”语义的抽象化对其所搭配的动词形成压制，导致一些动作性、致使性相对较弱的动词得以进入到构式之中。而随着所搭配动词语义类型的扩展，动词又对“破”形成压制，促使其语义进一步虚化。在此基础上，“V+破$_3$”形成。

在这一过程中，类推机制具有重要作用。类推能够帮助说话人从熟知的词库中实现新形式的创建，具体表现为通过概括某个规则、模式，并将其推广到其他单位，运行的前提则为有可供参考或模仿的原模型（张金忠，2008）。在“V+破$_2$”向“V+破$_3$”演变的过程中，随着“破$_2$”语义的虚化，人们在类推机制的作用下，仿照“打破、冲破”等原型模式，将“看、道、说”等动词也纳入该构式，类推出“看破、说破”等新形式。而随着可进入动词语义类型的扩展，其对“破$_2$”的语义进行压制，在“突破、破除”的语义基础上进一步扩展出“使真相露出、揭穿”的抽象义。此时，相关的作用机制为隐喻机制。喻体和本体之间的相似性是构成隐喻的基础，“突破”为原本有一个固定封闭的框架，施动者通过施加作用力，使框架产生从封闭到敞开的状态变化；而“使真相显露”也是类似的情况，“真相”本来是被限制在一个封闭的框架中，当在外力的作用下，封闭框架发生破损，产生从封闭到敞开的状态变化，“真相”便发生了由不为人所知到为人所了解的状态变化。因此，二者之间具有很强的相似性，为隐喻机制提供了作用的基础。可见，作用机制为类推和隐喻。

3.4 “破”词性的转变

在由典型成员“V+破$_1$”向边缘成员“V+破$_3$”扩展的过程中，“破”从动词向形容词转变，其动作性不断减弱，描述性不断增强，这是构式组构成分之间、不同构式之间互动的结果。

组构成分方面，在“V+破”由连动式向述补式转变的过程中，“破”的主要义素动作性义素被抑制，其次要义素描述性义素被凸显。随着使用频率不断增加，其次要义素反而逐渐向主要义素的方向发展，而主要义素则被不断削弱弱化，与此同时表现在句法上，就是“破”词性的变化，动词性的逐渐减弱以及形容词性的不断增强。不同构式方面，马真、陆俭明（1997）研究发现，汉语中动结式的补语主要由形容词充当，所以补语为形容词的动结式为典型成员，其必然会对动词做补语的动结式即次典型成员进行压制，促使其向原型靠拢，这也同样促发了“破”由动词向形容词的转变。徐丹（2005）同样发现了动词“破”逐渐由典型动词变为非典型动词甚至已经演变为形容词这一现象。徐文还指出，不仅“破”呈现出这一转变，其他一些动词如“断、伤、灭、坏”等也存在类似情况。我们不妨做出一个大胆假设，汉语中所有的“动+动”式动补结构都在向“动+形”式转变，只不过存在程度上的差异，有些动词诸如“破、坏”等已经成为兼类词，甚至已经成为形容词，而有些动词诸如“穿、灭”等还是动词性占据优势。

4 “V+破”多义构式扩展动因

“V+破”多义构式的形成动因，主要包括语言交际在线性（on-line）特征要求和认知具象化需求两个方面。对此，我们将进行具体阐述。

4.1 语言交际在线性特征要求

所有构式都必须在特定语境中才能展现自己的价值，这必然会引发形式和意义之间的调节和变异。构式数量是相对有限的，而语境却是开放、动态的，这就存在一个构式对语境调整和适应的过程问题，从而牵涉到语境效应（Contextual effect）（Traugott & Trousdale, 2013）。在语言交际在线生成的过程中，说话人一时没有想到完全适合或者准确的表达方式来满足临时交际的需要，在此情况下说话人便会运用已存在框架，通过套用、变用等方式将那些在本质特征上相符合但又存在一些方面特征差异的成分同化，使其满足构式结构、语义和功能上的要求，从而进入到构式之中，促成构式的扩展。例如：

[34] 卒布衣道：“他们都是一批看破世事，避于此地的武林高手。有的已传了两代，大都有一身绝技，决不可小看了。”（温瑞安《天威》）

例[34]中在表达“看破世事”这一语义时，说话人在“V强动/致+破”构式框架的基础上，运用变用的方式，将一些动作性、致使性不是很强的动词纳入到这一框架中，使得以进入该构式的动词语义类型得到扩展，从而形成了“看破”这一说法。

需要指出的是，在人们对语言使用的过程中，存在语言用变（Change of application）和语言演变（Change of development）两种情况（施春宏，2015b）。其中，语言用变是一种临时性活用，而当这种活用用法稳定下来，成为一种广泛接受的用法时，此时便实现了变化过程，这就是语言演变。可见，演变是用变积淀的结果，而用变则是演变的过程，可视作演变的一种特殊表现。例[34]中的“看破世事”的表达方式，起初只是一种用变现象，是一种临时性用法，而随着使用频率的增加，这种用法逐渐稳定下来，成为人们普遍接受的一种用法，此时便发生了语言演变。

4.2 认知具象化需求

具象化是人们认知的需求，人们倾向于从直观的感受和体验出发，通过联想、类比等方式对思维客体形成直接的把握，运用相关具象事物使得概念生动可感（王苹，2008）。人们在编码和解码语言符号的过程中，与抽象概念相比，人们更容易识解具体概念。人们在识解抽象事物时，往往以具体事物作为参照，具体事物便成为了人们识解抽象事物的基础。非典型成员“V+破$_2$”和“V+破$_3$”在表达抽象结果义时，与其他一些有关表达相比，能够在人们的认知中形成具象的画面，容易被人们理解，从而满足了人们认知具象化的需要。试比较：

[35] ……要引导青年从自己做起，树立变革的思想，勇于冲破阻碍改革的陈规陋习、条条框框……（福建日报 1984.12.15）

[36] ……要引导青年从自己做起，树立变革的思想，勇于改变阻碍改革的陈规陋习、条条框框……

例[35]中的“冲破”，人们在对其进行识解时，在认知中会呈现出具象的画面。具体来说，听话人的脑海中会浮现出“洪水水位迅速上涨，冲毁堤坝”的画面，并将其与“破除陈规陋习、条条框框”的抽象概念相结合，共同进行识解，从而降低了理解的难度，大大节省了听话人所耗费的时间和精力。而例[36]中“改变”则是对抽象客体比较直接的描述，听话人在对其识解的过程中不能激活相关的具体概念域，只能停留在抽象概念层面，从而需要花费更多的时间和精力来进行识解。

❺ 结论

文章探讨了“V+破”多义构式的扩展形成过程，指出这是多重互动的结果，并对其作用机制进行分析。具体来说，“V+破$_1$”是韵律和语义界面、语义和句法界面不同界面之间多重互动的结果，作用机制为转喻和重新分析；“V+破$_2$”形成于构式和外部句法成分、构式和组构成分之间的多重互动，隐喻为作用机制；“V+破$_3$”为在隐喻机制作用下，组构成分之间的多重互动的结果。“V+破”多义构式的形成过程及“破”词性的转变，充分印证了构式互动理论。至于“V+破”多义构式扩展的动因，则主要包括语言交际在线性特征要求和认知具象化需求两个方面。

就单个构式而言，从其自身出发展开研究，是可以得到一些认识的。但是，这样分析得到的构式特征，难以确定是该构式所独有的特征还是相关构式共有的特征，所得到的认识难以全面了解构式的形成过程和动因机制。只有将互动的双方置于相关的多义构式中，才能够对多义构式各构式的特点以及共同特征得到清楚的认识，对构式的形成过程以及动因机制进行更加全面深入的考察，从而对构式系统的研究得到根本性的突破。

参考文献

- Goldberg, A. E.1995. *Constructions: A Construction Grammar Approach to Argument Structure*. Chicago: University of Chicago Press.
- Goldberg, A. E. 2003. Constructions: A new theoretical approach to language.《外国语》(3): 1–11.
- Goldberg, A. E. 2006. *Construction at Work: The Nature of Generalization in Language*. New York: Oxford University Press.
- Harris A. C. & Campbell, L.1995. *Historical Syntax in Cross-Linguistic Perspective*. Cambridge: Cambridge University Press.
- Traugott, E. C. & Trousdale, G. 2013. *Construction and Constructional Changes*. Oxford: Oxford University Press.
- 董秀芳，2004,《汉语的词库与词法》。北京：北京大学出版社。
- 吕叔湘, 1999,《现代汉语八百词》(增订本)。北京：商务印书馆。
- 马 真、陆俭明，1997，形容词作结果补语情况考察（一）。《汉语学习》(1)：3–7。
- 施春宏, 2014，“招聘”和“求职”：构式压制中双向互动的合力机制。《当代修辞学》(2)：1–11。
- 施春宏, 2015a，动结式在相关句式群中不对称分布的多重界面互动机制。《世界汉语教学》(1)：25–44。
- 施春宏，2015b，构式压制现象分析的语言学价值。《当代修辞学》(2)：12–28。
- 施春宏，2015c，边缘“把”字句的语义理解和句法构造。《语言教学与研究》(6)：53–66。
- 施春宏，2016，互动构式语法的基本理念及其研究路径。《当代修辞学》(2)：12–29。
- 施春宏，2017，构式语法的理论路径和应用空间。《汉语学报》(1)：2–13。
- 石慧敏，2010，动结式“V破”的句法语义特性及其演变过程。《上海师范大学学报》(4)：123–130。
- 束定芳主编，2011,《隐喻与转喻研究》。上海：上海教育出版社。

❑ 王 苹, 2008，吴语姚江方言动植物名称的具象化特征。《当代修辞学》(3)：74–76。
❑ 吴为善, 2016,《构式语法与汉语构式》。上海：学林出版社。
❑ 徐 丹, 2005，谈“破”——汉语某些动词的类型转变。《中国语文》(4)：333–340。
❑ 张金忠, 2008，语言的类推机制与俄语教学。《黑龙江高教研究》(3)：161–162。
❑ 中国社会科学院语言研究所词典编撰室, 2005,《现代汉语词典》(第五版)。北京：商务印书馆。

Polysemantic Construction V+*Po* in Chinese: A Multi-Interactional Perspective

Abstract: This paper analyses the relevant mechanism of V+*po* (破) polysemantic construction, and takes the formation of this polysemantic construction as the result of multi-interaction between internal structure and external syntactic factors. The mechanism of V+po_1 is metonymy and reanalysis, and its formation is the result of multi-interaction among phonetics-semantics interfaces and semantics-syntax interfaces.The mechanism of V+po_2 is metaphor, and its formation is the result of multi-interaction among external components of syntax and its structure. The mechanism of V+po_3 is analogy and metaphor, and its formation is the result of multi-interaction among different structural components. During the development of this polysemantic construction, the property of *po* has been changing from verb to adjective. The reason of this change is the result of multi-interaction among different structural components. The online requirements of communication and cognitive visualization are the reasons of the formation of polysemantic construction.

Key words: V+*po* polysemantic construction; forming process; multi-interaction; mechanism; reasons

(责任编辑：高彦梅)

论俄语时位与体范畴间的语义联系

四川师范大学 高晓茹*

[提 要] 俄语时位与体范畴之间关系密切，体范畴对于时位的表现起到关键作用。然而，它们之间的语义联系并没有得到明确的解析，大部分既有研究皆概括性地指出：未完成体有表现时间定位性和时间非定位性两种标志的能力，而完成体主要表现时间定位性。笔者认为，这种观点仅概括地指出完成体/未完成体与时位之间的关系，过于笼统。本文通过分析完成体/未完成体变体意义与时位之间的关系，以期揭示时位与体范畴之间的语义联系。

[关键词] 俄语；时间定位性；时间非定位性；完成体；未完成体

❶ 引言

时位（временная локализованность）即时间定位性，很早就受到了语言学家们的关注。譬如：科什米德尔（Э. Кошмидер）在多部专著中论及了事实在时间中的定位性/非定位性，并且首次把时间定位性和时间非定位性（временная нелокализованность）这组对立确定为具有某种语言表达形式的内容范畴（参见Кошмидер, 1962:140-141）。

在俄罗斯语言学界，对时位语义范畴研究最为全面的当属彼得堡功能语法学派的代表邦达尔科（А.В. Бондарко）。由他主编的六卷本系列论著“功能语法理论”的第一卷——《功能语法理论导论 · 时体 · 时位 · 时序》(«Теория функциональной грамматики. Введение. Аспектуальность. Временная локализованность. Таксис»)（1987）就对时位进行了论述。而在他的集大成之作《功能语法系统中的意义理论》（«Теория значения в системе функциональной грамматики»）（2002）中则把时位作为体—时综合体的成分进行论述。

基于邦达尔科的观点，斯米尔诺夫（И.Н. Смирнов, 2000, 2001, 2008, 2010, 2011）重点研究了时间定位性，他确定了定位性的具体类型，即点状定位和线性定位。

* 作者简介：高晓茹，四川师范大学外国语学院俄语系讲师，博士。研究方向为：俄语功能语法，俄语语篇语言学。Email：fnola@126.com。通信地址：610101 四川师范大学外国语学院俄语系。

时位语义范畴与体范畴之间关系密切。在彼得堡功能语法学派的研究中指出，体范畴在时位的表现中起到关键作用。虽然邦达尔科并未把体范畴列为时位功能语义场的核心成分，但也指出了它对于时位语义所起的关键作用（参见Бондарко, 2012:322–323）。斯米尔诺夫更是认为，正是动词体范畴和时范畴的相互结合共同表现了时位语义范畴（参见Смирнов 2010：186-194）。我国俄语界学者在对时位进行研究时也注意到了体范畴对时位的重要作用。进行过俄汉时位对比研究的学者姜宏，在分析俄汉语时位的表达手段时重点关注了体范畴在表现时位方面所起的重要作用（参见姜宏, 2013:147–150）。

然而，时位与体范畴之间的语义联系并没有得到明确的解析，大部分已有研究仅概括性地指出：未完成体有表现时间定位性和时间非定位性两种标志的能力，而完成体主要表现时间定位性。这种观点存在不足：仅概括地指出完成体/未完成体与时位之间的关系，过于笼统。完成体/未完成体的变体意义是其常体意义与各种环境成分的不同结合。针对时位与体范畴间语义联系研究的不足，笔者通过具体分析每一种完成体/未完成体的变体意义与时间定位性/时间非定位性之间的关系，以期具体化时位与体范畴之间的语义联系。

❷ 时位与体范畴

2.1 时位

邦达尔科对时位的定义是："时位（情景在时间中的定位性/非定位性）是以下语义成分的对立：行为及情景在时间轴上位置的具体性和确定性，即与一个时点或者时段的连接；非具体性和非确定性，即重复性、平常性或者时间概括性"（Бондарко, 1999:168）。

基于邦达尔科对时位的定义，本文认为时位是所描述行为和情景在时间轴上的两种对立的定位情况：第一，在时间轴上占据某个具体的时点或者时段；第二，在时间轴上不占据某个具体的时点或者时段。因此，时位是一个一体化的术语，它包含了两个对立的成分术语：时间定位性和时间非定位性。以图1表现时位及其组成部分之间的关系。

时间定位性表现时间的一维性、非对称性和不可逆性，它是过程和事件在单向并且不可逆的时间流中的具体位置的语言语义表现。

时间非定位性指的是过程和现象有规律的或者无规律的重复性。这些过程和现象可能具有包含惯用性(узуальность)和格言性(гномичность)意义的成分。时间非定位性主要可以划分为三种：简单重复性(простая повторяемость)、平常性(обычность)和时间概括性(временная обобщенность)（参见Бондарко, 2002: 443）。简单重复性指的是发生在具体时间片段内无规律的重复性，即"行为非惯常不受限制的重复性(неузуальная неограниченная повторяемость действия)"（Бондарко, 1999: 181）。平常性指的是行为超出某个具体时间片段仍然可以被观察到的重复性。

"平常性的基础——说话人经验的概括或者是以说话人为代表的一群人的经验的概括"(Бондарко, 1999:181-182)。时间概括性常出现在格言、谚语以及有关于规律的判断中，它表现了最高程度的"情景泛化"(Бондарко, 1999:182)。说话人的观点具有普遍意义，说话人是"所有人"经验的代言人。

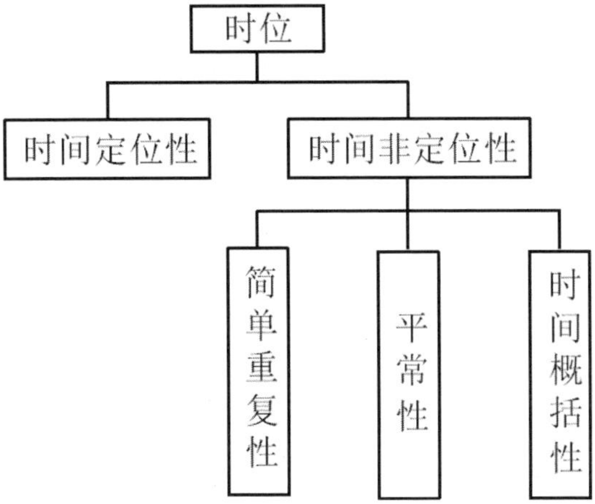

图1　时位系统

2.2　体范畴

苏联科学院1980年出版的《俄语语法》对动词体的常体意义的表述是："体的范畴是由两列相互对立的动词形式构成的系统，一列形式表示受界限限制的完整动作(完成体)，另一列则不具备受界限限制的完整动作的特征(未完成体)"(《Русская грамматика》, 1980：581)。

由于研究目的和分类基础的不同，完成体/未完成体变体意义的具体分类和名称方面存在着较大的差别。无论是俄罗斯学者还是中国学者对于完成体/未完成体变体意义的划分并不完全一致。本文关于完成体/未完成体变体意义划分的观点，主要来源于邦达尔科以及我国对俄语体学有过深入研究的张家骅教授的著作。

基于邦达尔科[①]和张家骅[②]关于完成体变体意义划分的观点，结合本文研究客体的特征，我们划分了六种完成体变体意义：具体事实意义、直观示例意义、可能行为意义、总和一体意义、结果存在意义和有限持续意义。

---

① 邦达尔科划分了如下类型的完成体变体意义：具体事实意义(конкретно-фактическое значение)；直观示例意义(наглядно-примерное значение)；可能行为意义(потенциальное значение)；总和意义(суммарное значение)(参见Бондарко, 2002: 382)。

② 我国学者张家骅划分了以下类型的完成体变体意义：具体事实意义；结果存在意义(перфектное значение)；不定过去时意义(аористическое значение)；有限持续意义(ограниченно-длительноезначение)；可能行为意义；总和一体意义(суммарно-интегративное значение)；直观示例意义(参见张家骅, 2004：29-40)。

基于邦达尔科[③]和张家骅[④]关于未完成体变体意义划分的观点，结合本文研究客体的特征，我们划分了五种未完成体变体意义：具体过程意义、无限次数意义、限制次数意义、恒常持续意义以及概括事实意义。

❸ 时位与体范畴的语义关系分析

在俄语中并不存在专门用于表现时间定位性/非定性区别的语法形式系统，但是一些语法形式对时位语义范畴的表现起着关键作用。其中，最为重要的当属动词的体范畴。本文拟通过分析时位与完成体/未完成体的变体意义之间的关系揭示时位与体范畴之间的语义联系。

3.1 时间定位性与体范畴

斯米尔诺夫尤其关注时间定位性的语义特征。他对定位性意义进行了细分，划分了“定位的点状性 / 线性(точечность/линейность локализации)”（Смирнов, 2010: 191），即划分了点状定位性和线性定位性(точечная и линейная локализованность)。为了更深入地展现时间定位性与体范畴之间的语义联系，本文在分析完成体/未完成体的变体意义与时间定位性的联系的同时，还将考量时间定位性的具体类型（点状定位性或者线性定位性）。

3.1.1 完成体与时间定位性

①完成体具体事实意义+时间定位性

作为完成体的基本变体意义，具体事实意义是界限限制性和整体性系统标志与源自语境的定位性标志相互作用的结果。含有完成体具体事实意义的完成体动词形式可以表现时间定位性。

[1] ***Вошел*** *секретарь. (*Толстой, Воскресение*)*
秘书进来了。（托尔斯泰，《复活》）

例中完成体动词过去时形式“вошел”表现的是一次具体的有界限限制的行为，并且这个行为具有整体性特征（不能划分为起始、持续和结束阶段），它展现了具体事实意义。正是因为“вошел”具有的这些特征体现了该行为在时间中的定位性。就时间定位性的具体类型而言，完成体具体事实意义与点状定位性相联系。

②完成体有限持续意义+时间定位性

---

③ 邦达尔科对未完成体变体意义的划分是：具体过程意义(конкретно-процессное значение)；无限次数意义(неограниченно-кратное значение)；概括事实意义(обобщенно-фактическое значение)；限制次数意义(ограниченно-кратное значение)；关系意义(реляционное значение)；潜在性质意义(потенциально-качественное значение)；中性“不可分割”意义(нейтральное“неквалифицированное” значение)（参见Бондарко, 2002: 383）。

④ 我国学者张家骅划分了以下类型的未完成体变体意义：具体过程意义；恒常持续意义(постоянно-непрерывноезначение)；无限次数意义；概括事实意义；结果存在意义(перфектное значение)；结果取消意义(значение аннулированного результата)（参见张家骅，2004：41–55）。

完成体有限持续意义表现两端受到时间限制的、具体的、一次的持续行为。含有有限持续意义的完成体动词形式可以表现时间定位性。

[2] *Она была в обмороке. Он осторожно поднял ее и положил на постель и* ***просидел*** *возле нее минут десять, пока она очнулась. (Чехов, Три года)*
她昏迷了。他小心翼翼地抱起她，把她放到了床上，然后在她旁边**坐了**大约十分钟，直到她清醒过来。（契诃夫，《三年》）

例中完成体动词过去时形式“просидел”表现了完成体有限持续意义（该行为持续的时间为“минут десять”），并且表现了时间定位性（在时间轴上占据一个确定的时段）。完成体有限持续意义表现的时间定位性类型较为特殊。大部分完成体变体意义表现的定位性属于点状定位，在时间轴上占据一个确定的时点，而完成体有限持续意义表现的时间定位性则属于线性定位，在时间轴上占据一个确定的时段（如上例中的“просидел”持续的时间段为“минут десять”）。

③完成体可能行为意义＋时间定位性

完成体可能行为意义“表现原则上的可能性（不可能性）、现实事实的必要性以及主体对于实现某个行为的准备性（无准备性）”（Смирнов, 2010：188）。该意义表现可能发生的一次行为，或者可能发生的多次行为。常用于表达可能行为意义的是完成体动词的将来时和不定式形式。

当完成体可能行为意义表现可能发生的一次具体行为时，可以表现时间定位性。

[3] *– I, милая...– я* ***брошу*** *все,* ***забуду*** *все– и* ***уйдем*** *с тобою туда, за Стену. (Замятин, Мы)*
“I，亲爱的”……“我将**抛弃**所有，**忘记**所有”，“和你一起**去**那里，去围墙之外”。（扎米亚金，《我们》）

例中使用了三个完成体动词将来时形式：“брошу”“забуду”及“уйдем”。表达可能行为意义的完成体动词形式可以由“мочь/немочь, возможно/невозможно+动词不定式”同义结构替换，因此“брошу”“забуду”及“уйдем”分别可以被替换为“могу бросить”“могу забыть”及“можем уйти”。这三个完成体动词将来时形式表现行为在将来某个时刻发生的可能性，进而表现行为在时间中的定位性。就时间定位性的具体类型而言，完成体可能行为意义与点状定位性相联系。

④完成体总和一体意义＋时间定位性

在俄语语言学研究中，时间定位性/非定位性这组对立起初被看作是行为单次性/非单次性（единичность/неединичность）的对立，即单次的行为在时间轴上具有定位性，多次的行为在时间轴上具有非定位性。但是本文并不完全认同这种观点，因为单次行为可以表现时间非定位性，多次行为也可以表现时间定位性。

关于单次行为可以表现时间非定位性，斯米尔诺夫写道："时间定位性/非定位性的对立并不等同于单次性/非单次性的对立，它们只是部分交叉……单次的行为在时间轴上可以是定位的，同时也可以中立于时间定位性/非定位性的对立"（Смирнов, 2011：80）。

关于重复的行为可以表现时间定位性，邦达尔科指出："时间定位性/非定位性的对立不等同于行为唯一性/重复性(единичность/повторяемость)的对立，虽然这两组对立之间有部分交叉。行为虽然是重复的，同时也可以是具体的，具有时间定位性"（Бондарко, 1999: 197）。邦达尔科的这种观点，是本文认为完成体总和一体意义可以表现时间定位性的理论支撑。

完成体动词形式表达总和一体意义受到两个因素的限制：第一，完成体动词表达的界限限制性和整体性。完成体过去时、将来时、副动词、形动词等多种形式可以参与表达总和一体意义；第二，上下文表达的有限重复性，例如在上下文中出现дважды, 两次 три раза, 三次 пять раз五次等状语时。完成体总和一体意义可以表现时间定位性。可以把完成体总和一体意义与时间定位性的联系理解为，完成体动词表现的行为进行有限次数的重复，行为的每一次重复都具有界限限制性和整体性，行为的每一次重复在时间中都具有定位性。

[4] *Вдруг часы **ударили** два раза.(Булгаков, Мастер и Маргарита)*
突然，钟敲了两次。（布尔加科夫，《大师与玛格丽特》）

例中完成体动词过去时形式"ударили"结合"два раза"表现了总和一体意义，同时表现了行为在时间中的定位性。在此类表述中，状语表现重复的次数，而完成体动词形式表现重复行为的界限限制性和整体性。重复的次数并不会消除具体的定位性，它们在时间轴上表现为重复的时点。就时间定位性的具体类型而言，完成体总和一体意义与点状定位性相联系。

⑤完成体结果存在意义+时间定位性

完成体结果存在意义是否能够表现时间定位性，这是一个存在争议的问题。它表现的是过去的行为结果或者行为结果引起的状态，在后来的时间范围内依然存在。如果从行为发生时刻的角度看，该意义可以表现时间定位性。而从行为结果持续的角度看，由于持续的时间并不确定，该意义并不一定能够表现时间定位性。本文选择第一个角度，即认为行为结果实现的时刻可以准确地定位于时间轴上，从这个角度看它可以表现时间定位性。

[5] *На Пасхе Модест Алексеич **получил** Анну второй степени. Когда он пришел благодарить, его сиятельство отложил в сторону газету и сел поглубже в кресло. (Чехов, Анна на шее)*
复活节那日，莫杰斯特·阿列克谢伊奇得了一枚二级安娜勋章。当他前往

道谢时，大人把报纸放到一边，在圈椅里坐得更舒服一些。（契诃夫，《脖子上的安娜》）

例中，阿列克谢伊奇获得勋章这个行为结果实现的时刻可以准确地定位到时间轴上，即“复活节那日”，它可以表现时间定位性。

3.1.2　未完成体与时间定位性

未完成体具体过程意义＋时间定位性

含有具体过程意义的未完成体动词形式既可以表现时间定位性，也可以表现时间非定位性，它用于表现时间定位性时对上下文的依赖程度较高，主要受到以下两个因素的限制：第一，动词语义，不能使用不具有具体时间定位性的动词，如静态动词、展现稳定状态的动词(любить爱，ревновать嫉妒，верить相信，знать知道，желать希望)、概括状态的动词(царствовать掌权，странствовать漫游，голодать饥饿)以及多次行为方式动词(сиживать坐几次，хаживать走几次)等；第二，需要与表现具体时间的时间状语搭配。

尽管未完成体动词形式结合特定的上下文可以表现时间定位性，然而这种定位性与完成体动词形式表现的定位性存在着明显的区别。因为完成体具有的常体意义——界限限制性和整体性，所以使用完成体各种形式（完成体有限持续意义表现的线性定位性除外）表现的时间定位性属于点状定位，在时间轴上占据一个时点。而未完成体具有的常体意义——对于界限限制性和整体性持中立态度，未完成体各种形式结合特定上下文表现的时间定位性属于线性定位，在时间轴上占据一个时间段。具有具体过程意义的未完成体动词形式，结合特定上下文（如时间状语）表现的时间定位性就属于线性定位，以时间段的形式定位于时间轴上。

[6]　*Они* ***провожали*** *товарища, много* ***пили*** *и* ***играли*** *до двух часов... (Толстой, Воскресение)*

他们为朋友送行，喝了很多酒，一直玩到两点钟……（托尔斯泰，《复活》）

例中的未完成体动词过去时形式“провожали”“пили”及“играли”表现了具体过程意义。同时，这些未完成体动词形式结合时间状语“до двух часов”表现行为持续至两点结束，因此表现了行为在时间中的定位性。

通过以上分析得出，与时间定位性相联系的完成体变体意义有：具体事实意义、有限持续意义、可能行为意义、总和一体意义以及结果存在意义；而与时间定位性相联系的未完成体变体意义是具体过程意义。其中，未完成体具体过程意义和完成体有限持续意义展现的时间定位性具有线性特征，而其余几种完成体变体意义展现的时间定位性具有点状特征。

3.2 时间非定位性与体范畴

3.2.1 时间非定位性与未完成体

①未完成体具体过程意义 + 时间非定位性

如上文所述，与确定时间状语搭配的情形下，未完成体具体过程意义可以表现时间定位性。而不与确定时间状语搭配的情形下，该意义则可以表现时间非定位性。

[7] *В комнатах моих **<u>играл</u>** патефон. (Булгаков, Мастер и Маргарита)*
在我的房间里播放着留声机。(布尔加科夫,《大师与玛格丽特》)

例中未完成体动词过去时形式“играл”除了表现具体过程意义之外，还展现了行为在时间中的非定位性。

②未完成体概括事实意义 + 时间非定位性

未完成体概括事实意义旨在概括指出行为是否发生过、是否将要发生或者是否应该发生。“就其搭配特点而言，上下文常常出现十分概括、不确定的状语成分 вообще, когда-нибудь, когда-то, хоть раз, как-то 等”（张家骅 2011 ：33）。未完成体形式具有概括事实意义时，表现泛指和抽象行为，这些行为在时间中具有非定位性。

[8] *Он вообще **<u>вел</u>** себя странно...(Булгаков, Мастер и Маргарита)*
他总是举止奇怪……（布尔加科夫,《大师与玛格丽特》)

在上例中未完成体动词过去时形式“вел”除了表现概括事实意义之外，还表现了行为在时间中的非定位性。

③未完成体无限次数意义 + 时间非定位性

具有无限次数意义的未完成体动词形式，表达不受次数限制的重复发生的行为。未完成体无限次数意义与时间非定位性紧密联系，它们对于时间非定位的表现起重要作用。在俄语中，表现行为瞬间实现的动词(приходить 来到, приносить 拿来)以及不定向动词(ходить 走, летать 飞, бегать 跑)更容易展现出无限次数意义。

依据重复行为对于具体时间段的抽象程度，未完成体的无限次数意义可以划分为以下四种类型：“具体重复意义、一般重复意义、概括重复意义和性质说明意义”（张家骅 2011 ：29）。

具体重复意义表现主体在一次行为语境中，在较短时间范围内，有限次数的重复，常表现时间非定位性——简单重复性。

[9] *Весь вечер он был сам не свой: то **<u>входил</u>** к тетушкам, то **<u>уходил</u>** от них к себе и накрыльцо и думал об одном, как бы одну увидать ее.(Толстой, Воскресение)*
整个黄昏他都感到心神不宁，一会走到姑妈们屋里，一会回到房间，一会

又走到台阶上，心里只盘算着一件事，怎样同她单独见面。（托尔斯泰，《复活》）

未完成体过去时形式“входил”和“уходил”表现了具体重复意义（聂赫留道夫时而走进姑妈们的房间，时而走进自己的房间，时而走到台阶上）。从时位观点看“входил”和“уходил”表现了时间非定位性——简单重复性。

一般重复意义的时间抽象程度较高，表现具体行为主体在较长一段时间内有规律性的重复行为，常表现时间非定位性——平常性。

[10] *Поезд **проходил** ночью, в два часа.(Толстой, Воскресение)*
火车在夜里两点钟经过。（托尔斯泰，《复活》）

例中未完成体过去时形式“проходил”具有一般重复意义，“火车在夜里两点钟经过”这个行为无限次数的重复。从时位观点看“проходил”表现了时间非定位性——平常性。

概括重复意义的时间抽象程度最高，表现概括主体具有泛时间性质的重复行为，常表现时间非定位性——时间概括性。

[11] *Вот, говорят, на ловца зверь **бежит**! (Гончаров, Собрание сочинений в шести томах)*
这就是人们说的，野兽也有撞上猎人的时候！（冈察洛夫，六卷本文集）

未完成体动词现在时形式“бежит”在谚语“на ловца зверь бежит!”（野兽也有撞上猎人的时候）中做谓语，“бежит”表现了概括重复意义。未完成体动词现在时形式表现概括重复意义对上下文的依赖程度较高，一般需要搭配概括性主体（如例中的“зверь”）以及概括性客体（如例中的“ловца”）。“бежит”表现的行为具有较高程度的抽象性，表现了时间非定位性——时间概括性。

性质说明意义表现主体完成某个行为的能力，它同时间非定位性相联系。性质说明意义既可以表现具体主体的性质和能力，也可以表现概括主体的性质和能力。因此，性质说明意义和时间非定位性之间的关系需要具体分析。

在说明具体主体的情况下，承载性质说明意义的未完成体动词形式表现时间定位性——平常性。

[12] *Он давно уже оставил флейту и **играет** теперь только на скрипке.(Чехов, Скрипка Ротшильда)*
他放下长笛已经很久了，现在只拉小提琴。（契诃夫，《罗特希尔德的小提琴》）

在说明概括主体的情况下，则表现时间非定位性——时间概括性。

[13] *Например, когда говорят мне, что Москве нужна канализация или что клюква **растет** не на дереве, то я с изумлением спрашиваю:—Неужели? (Чехов, В Москве)*
比如别人对我说，莫斯科需要下水道，蔓越橘不长在树上，我会惊讶地问："真的吗？"（契诃夫，在莫斯科）

鉴于未完成体无限次数意义与时间非定位性之间的关系较为复杂，我们以图2展现它们之间的关系。

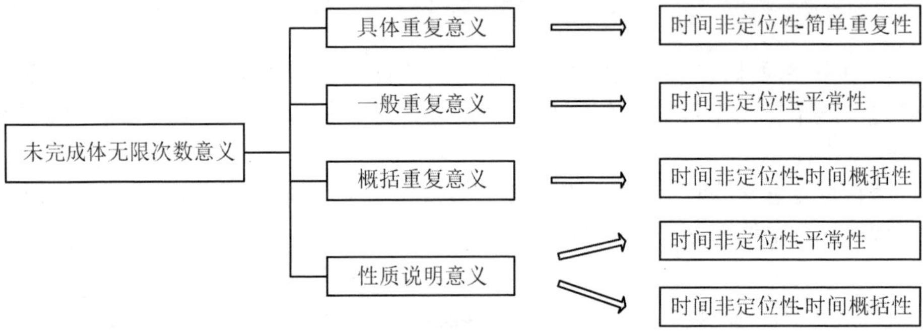

图2 未完成体无限次数意义与时间非定位性之间的关系

④未完成体限制次数意义+时间非定位性

未完成体限制次数意义派生于未完成体具体过程意义。"限制次数意义，在某些情况下可以被看作是派生于具体过程意义(Я сегодня **трижды поднимался** по этой лестнице)（今天我<u>爬了三次</u>楼梯）……这受到动词和上下文的限制"（邦达尔科，2002: 387）。从邦达尔科所举例子可以看出，未完成体动词形式需要结合表示行为次数的状语（"трижды"）才能表现限制次数意义。时间非定位性——简单重复性指的是发生在具体时间片段内无规律的重复性，这正契合了未完成体限制次数意义的特征。因此，可以认为未完成体限制次数意义可以表现时间非定位性——简单重复性。

[14] *Два раза расстроенный директор **клал** руку на трубку и дважды ее **снимал**. (Булгаков, Мастер и Маргарита)*
失魂落魄的财务经理两次伸手去拿电话听筒，但又两次都把手缩了回来。（布尔加科夫，《大师与玛格丽特》）

例中未完成体动词过去时形式"клал"结合"два раза""снимал"结合"дважды"表现了限制次数意义，并且表现了时间非定位性——简单重复性。

⑤未完成体恒常持续意义＋时间非定位性

未完成体动词形式表现恒常持续意义时，表现不受时间跨度限制的连续呈现的事物关系、行为及状态，或者在某个时间范围内持续存在的事物关系、行为及状态。换言之，具有这种意义的未完成体动词形式表现的事物关系、行为及状态具有泛时间性质。因此，这些事物关系、行为及状态在时间中不具有定位性。更确切地说，具有恒常持续意义的未完成体动词形式表现了时间非定位性——时间概括性。

[15] *...вода **шумит** день и ночь.(Чехов, Ариадна)*

……白天和黑夜河水哗哗响。(契诃夫,《阿里阿德娜》)

“шумит”表现了恒常持续的状态，这种状态在时间中不具有定位性。

3.2.2 完成体与时间非定位性

①完成体直观示例意义＋时间非定位性

完成体直观示例意义表现一次具体的受界限限制的整体行为，该行为是系列重复行为的例子，它使人们对系列重复的行为产生直观的印象。该意义以独特的方式结合了具体性和典型性，看似表现一次具体的行为，实际上以一次具体行为为例来展现重复发生的行为。含有直观示例意义的完成体动词形式表现的行为隐性地包含着一定的规律性，因此从时位语义角度看它表现的是非定位性。

[16] *Приготовление пищи, как и сама еда, для большинства нас просто элемент жизни, который должен действовать, как сказать, автоматически: пришло время еды, сходил в столовую, **поел** и опять за работу. Не в столовую, как дома – **поел** и работаешь или отдыхаешь. (Похлебкин, Тайны хорошей кухни)*

做饭和吃饭一样，于我们大多数人而言只是生活的一个环节，应该自然而然地进行：到了吃饭的时间，去一趟食堂，吃完了再次工作。如果不去食堂，就在家中，吃完了继续工作或者休息。(巴赫列普金,《好厨房的秘密》)

完成体动词过去时形式“поел”表现了直观示例意义，以一次行为为例表现重复发生的行为（去食堂吃完饭再上班，在家吃完了再工作），表现了时间的非定位性。

②完成体可能行为意义＋时间非定位性

上文中曾指出，完成体可能行为意义在表现可能发生的一次具体行为时，表现时间定位性。而当完成体可能行为意义在表现可能重复发生的行为时，则表现时间非定位性。

[17] *Всякий сразу* ***заметит*** *это, только глянув на их новенькие, чистенькие спецовки, на их робкий, цыплячий вид...(Горбатов, Донбасс)*
仅仅看一眼他们崭新且干净的工作服，看一眼他们怯懦而干瘦的样子，任何人都会马上注意到这点……(戈尔巴托夫，《顿巴斯》)

❹ 结语

关于体范畴与时位语义之间的关系，在俄罗斯语言学研究传统中一般认为，未完成体有实现时间定位性和时间非定位性两种标志的能力，而完成体主要与时间定位性联系。这种观点过于笼统，并没明确指出完成体/未完成体在何种情况下表现时间定位性，而又在何种情况下表现时间非定位性。本文通过分析完成体/未完成体变体意义与时间定位性/时间非定位性间的关系，明确了体范畴与时位之间的语义联系，具体如下：

同时间定位性相联系的未完成体变体意义为：具体过程意义；同时间非定位性相联系的未完成体变体意义为：具体过程意义、概括事实意义、无限次数意义、限制次数意义以及恒常持续意义，它们可以表现不同类型的时间非定位性；

同时间定位性相联系的完成体变体意义是：具体事实意义、有限持续意义、可能行为意义、总和一体意义和结果存在意义；同时间非定位性相联系的完成体变体意义是：直观示例意义和可能行为意义。就完成体直观示例意义而言，时间非定位性主要来源于该意义具有的潜在非限制重复性；而完成体可能行为意义，只在表现行为多次重复可能性的情况下才能表现时间非定位性。

通过以上分析可以看出，动词体范畴是时位最为重要的表现手段之一。然而，完成体/未完成体作为时位表现手段，其功能界定并不十分明确（例如，在某些情况下完成体也可以表现时间非定位性），因此体范畴需要结合其他手段才能表现时位语义。能否确定时间非定位性的具体类型（简单重复性、平常性和时间概括性）与体范畴之间的关系？这是本研究可以继续深入的方向。

参考文献

- Бондарко А.В. 1987. *Теория функциональной грамматики. Введение. Аспектуальность. Временная локализованность. Таксис*. Л., Наука.
- Бондарко А.В. 1999. *Основы функциональной грамматики: Языковая интерпретация идеи времени*.СПб., СПбГУ.
- Бондарко А.В. 2002. *Теория значения в системе функциональной грамматики*. М., язык славянской культуры.

- Кошмидер Э. 1962. Очерк науки о видах польского глагола. Опыт синтеза., *Вопросы глагольного вида*. М., Изд-во иностр. лит-ры, С.105-166.
- Смирнов И.Н. 2000. Простая повторяемость как переходная зона между локализованностью и нелокализованностью действия во времени. // *Язык. Функции. Жизнь: Сборник статей в честь профессора А.В. Бондарко*. СПб., Изд-во РГПУ им. Герцена, С.134–144.
- Смирнов И.Н. 2000. *Категория временной локализованности действия в современном русском языке*. СПб., Изд-во РГПУ им. А.И. Герцена.
- Смирнов И.Н. 2001. *Категория временной локализованности действия в современном русском языке*. СПб., Изд-во РГПУ им. А.И. Герцена.
- Смирнов И.Н. 2008. *Выражение повторяемости и обобщенности действия в современном русском языке*. СПб., Наука,САГА.
- Смирнов И.Н. 2010. Категория временной локализованности / нелокализованности действий и ее взаимодействие с темпоральностью и аспектуальностью. // *Известия Российского государственного педагогического университета им. А.И. Герцена*. СПб., №126, С.186–194.
- Смирнов И.Н. 2011. Противопоставление действий по признаку локализованности/ нелокализованности во времени: спорные случаи истолкования. // *Вестник Ленинградского государственного университета им. А.С. Пушкина*.СПб., №1, С.75–83.
- Шведова Н.Ю. (гл. ред.)1980. Русская грамматика. Т. 1. М., Наука,С.581.
- 邦达尔科著，杜桂枝译，2012，《功能语法体系中的意义理论》。北京：北京大学出版社。
- 姜宏，2013，《俄汉语义范畴的多维研究：空间和时间范畴之对比》。北京：北京大学出版社。
- 张家骅，2004（2008重印），《现代俄语体学》（2版修订本）。北京：高等教育出版社。
- 张家骅，2011，《俄语动词体的语法意义》。载《张家骅集》：19–36。哈尔滨：黑龙江人民出版社。

The Semantic Relation between Temporal Localizability and Aspect in Russian

Abstract: Temporal localizability and aspect in Russian are closely related. Aspect plays a key role in the expression of temporal localizability. However, the semantic relation between them has not been clearly analyzed. Most studies have shown that the imperfective aspect has the ability to show temporal localizability and temporal nonlocalizability, and the perfective aspect mainly shows temporal localizability. Such a view is insufficient, as its conceptualization of the relation between perfective and imperfect aspect is too general. This paper analyzes the relationship between perfective/imperfective aspect and temporal localizability in Russian in order to reveal the semantic relation between them.

Key words: Russian; temporal localizability; temporal nonlocalizability; perfective aspect; imperfective aspect

（责任编辑：王辛夷）

语言对比研究

汉日对比视角下往返型「V て来る」语义特征及语用功能发微

日汉语光杆 NP 主 / 宾语的语义属性对比研究

汉日对比视角下往返型「Vて来る」语义特征及语用功能发微

复旦大学　杨晓敏*

［提　要］　结合说话人及对象物的移动路径、移动方向来看，往返型「Vて来る」还可细分为获得对象物的往返型「Vて来る」、获得体验的往返型「Vて来る」和放置对象物的往返型「Vて来る」；与汉语"V来/去V来"对应的仅为获得对象物的往返型「Vて来る」，这与汉日语言的视点差异相关；"心理回归"是往返型「Vて来る」的重要语用功能，与表短时量的副词共现、与表短时量的汉语结构对应，均为该功能的句法体现。

［关键词］　往返型「Vて来る」；V来；语义用法；语用功能；汉日对比

❶ 引言

往返型「Vて来る」指形成"离开说话人所在地，随后又返回说话人所在地"这样一个往返行为的「Vて来る」（張麟声，2013；彭广陆，2014）。往返型「Vて来る」与汉语的趋向补语"V来"在很多时候语义对应，存在互译的可能。如：

[1]　喉が乾いたと緑が言って、僕は近所の菓子屋でコーラを二本買ってきた。/绿子说口渴，我去附近点心铺买来两瓶可乐。（CJCS：村上春树『ノルウェイの森』①）

[2]　你告诉我，你爱的人在哪里，就是到天边，我也要把他找来。/あなたの

---

*　作者简介：杨晓敏，复旦大学外国语言文学学院日文系讲师、博士。研究方向：日语语言学、汉日对比语言学及二语习得研究。Email：yangxiaomin@fudan.edu.cn。通信地址：200433上海市邯郸路220号复旦大学文科楼228C。
本文的主要内容曾在第八届汉日对比语言学研讨会上口头发表，得到了张麟声教授、张佩霞教授等与会专家的诸多宝贵意见，论文修改过程中还得到复旦大学外文学院熊学亮教授的悉心指点，在此一并感谢！本文为2015年上海市哲学社会科学规划立项课题《中高级日语学习者词汇回避现象的实证研究》（批准号：2015EYY004）和2019年国家社会科学基金一般项目《基于纵向语料库的日语学习者产出性词汇能力发展实证研究》（批准号：19BYY202）的阶段性研究成果。

①　文中引自《中日对译语料库》（第一版，北京日本学研究中心，2003）的例句标记为（CJCS：作者《作品名》），引自『少納言KOTONOHA「現代日本語書き言葉均衡コーパス」』的例句表示为（少納言：作者《作品名》）。除了引自《中日对译语料库》的例句，其他译文均为笔者翻译。

愛する人がどこにいるか言ってくれたら、たとえ天の果てだろうと、私が連れて来てあげるわ。(CJCS：张海迪《轮椅上的梦》)

在例[1]中，「買って来る」与“买来”完全对应，在例[2]中，“找来”虽被译作「連れて来る(带来)」，但换成「探して来る(找来)」也极为自然。然而，往返型「Vて来る」和“V来”也存在诸多无法对应的情况。如：

[3] 「いいや、結構でこれから上野へさくらを見に行こうと思うんです。今日が満開だと新聞に書いてありました。久し振りで上野の夜ざくらでも見て来ましょう」/“不不，可以了。我想现在去上野看看樱花。报纸上说今天樱花开齐。上野夜晚的樱花好久没看到了，这就去观赏一下。”(CJCS：井上靖『あした来る人』)

[4] 君たち新人は義務だよ。そこで毎年、カラオケ大会をするんだから。歌う曲も考えて来てくれ。/你们新员工是义务啦，而且每年那会儿还会搞卡拉OK大赛，唱什么歌也回去好好想想。(『日本語口語表現辞典』: 601)

直译例[3]的「上野の夜ざくらでも見て来ましょう」和例[4]的「歌う曲も考えて来てくれ」将为“看来上野夜晚的樱花”“唱的歌也想来”，但很显然这样的“看来”“想来”均不符合汉语的表达习惯，②自然的汉语表达应为“去看上野夜晚的樱花”“唱什么歌也去好好想想”。即较之“V来”，此处的「Vて来る」更接近汉语的“去V”。

从说话人和听话人的位置关系来看，上述「買って来る(买来)」、「探して来る(找来)」、「見て来る(去看看)」、「考えて来る(去想想)」都属于張麟声(2013)指出的往返型「Vて来る」,但如上所述，与汉语“V来”的对应情况不尽相同。

值得关注的是，日语学习者对「買って来る(买来)」和「考えて来る(去想想)」的认识也存在差异。笔者曾请日语专业三年级学生(均通过日语专业四级考试、日本能力测试N1考试)用日语表述“我去买包烟，你等我一下”和“下周卡拉OK比赛，你回去想想唱什么”，结果显示「タバコを買って来る」的使用率接近20%，而「考えて来る」的使用率为0%。③可见，学习者整体上对往返型「Vて来る」的认知度不高，且不同类型的习得情况之间还存在差异。

❷ 有关往返型「Vて来る」的相关论述

「Vて来る」首先可分为空间性用法和时间性用法两大类，这一点毋庸置疑，在

② 汉语也有“看来”“想来”等表达，但此时的“来”已由移动义演变为情态义，表示“估计或着眼于某一方面”(《现代汉语八百词(增订本)》，1999：346)，因此不属于本文的讨论范畴。

③ 笔者曾于2015年以复旦大学日文系三年级学生为对象开展一个中译日的小测试，此处参考该测试结果。

森田良行（1977）、『日本語文型辞典』（1998）、庵功雄（2000；2005）、高橋太郎（2005）等诸多研究中都有一致论述。针对空间性用法，各个研究的表述则有所不同，如森田（1977）认为其表示移动，移动进而包括1）依次性移动、2）平行性、状态性、复合性移动；『日本語文型辞典』（1998）将其分为1）移动时的状态、2）由远及近的移动、3）相继发生、4）出现、5）朝向这边的动作；庵（2000）则将其先分为1）主体的空间移动、2）客体的空间移动，之后将主体的空间移动再分为a.移动的状态、b.穿着的状态、c.相继发生、d.知觉类四类；高橋（2005）则指出空间性用法可表示1）做完某动作后由远及近地移动、2）在某个动作或状态到来、3）朝这边靠近的移动或影响。

而将汉日对比纳入视野对「Vて来る」进行研究的有張麟声（1992；2013）、荒川清秀（2005）、王学群（2006）、鲁晓琨（2010）等，其中張麟声（2013）在接受王学群（2006）、鲁晓琨（2010）的质疑基础上对張麟声（1992）进行修正，将空间性用法细分为1）态度指向型、2）主体单向移动型、3）主客体单向移动型、4）客体单向移动型、5）主体往返移动型、6）主客体往返移动型、7）同时移动型，并指出3）、4）和7）下的「Vて来る」对应汉语“V来”，1）、2）、5）的「Vて来る」不对应汉语“V来”，而6）则可对应“V来”也可对应“去V”。

虽然張麟声（2013）的结论可极大地助力于日语教学，但依然存在以下问题：

首先，5）主体往返移动型和6）主客体往返移动型界限不明，如上文例[4]的「歌う曲も考えて来てくれ（唱什么歌也去好好想想）」，主体出现往返移动无疑，但抽象的客体「曲（歌曲）」是否可认为出现移动？显然与典型的主客体往返移动型（如「買って来る（买来）」）存在差异。

其次，文中指出主客体往返移动型的「Vて来る」既可对应“V来”也可对应“去V”，然而该结论针对「今水を持ってくる（我去拿水/我拿水来/我去拿水来）」成立，针对「ちょっと荷物を届けてくる（我去送行李/*我送行李来/*我去送行李来）」却难以成立，因此对该类型的探讨需进一步细化。

再次，文中指出主体客体往返移动型「Vて来る」与汉语“V来”是「半分対応する（一半对应）」，「半分（一半）」这一表述也较为模糊。

而要重新探究这几个问题，首先需要退出主体往返移动型和主客体往返移动型这一现有的归类模式。本文将借助图式对往返型「Vて来る」进行细分，并对其语义特点、语用功能进行深入思考。

❸ 基于图式的往返型「Vて来る」语义细分

如上文所述，往返型指离开说话人所在地、随后又返回说话人所在地的一个往返行为。严格来说，应为“说话人和听话人一方或双方离开共同所处的位置（P1），到他处（P2）实施某事（V）之后又返回原先位置的行为”（图1）。

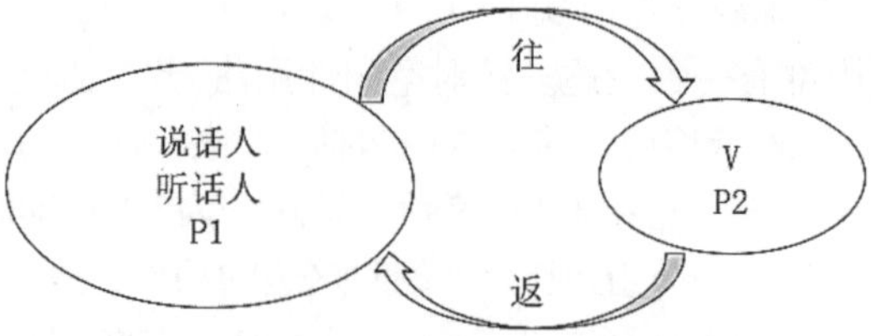

图1　往返型「Vて来る」的基本图式

限于篇幅原因，本文只讨论说话人自身移动的情况。基于说话人和对象物的移动路径、移动方向，往返型「Vて来る」可细分为以下三类。

3.1　类别1：获得对象物的往返型「Vて来る」

获得对象物的往返型「Vて来る」是指：说话人离开P1前往P2，在P2获得对象物后返回P1，对象物通常为具体物。如：

[5]　ウム、なるほどな、まちな、今水を持ってきてやるんだから。/嗯，确实如此。你等下，我去给你拿水来。　（張麟声，2013：例（6））

[6]　煙草がきれそうだから、買ってくる。/香烟快没了，我去买一下。（少納言：清水義範『短篇ベストコレクション』）

[7]　体が冷えてきただろう。タオルを取ってくる。/感觉冷了吧？我去拿毛巾来。　（少納言：カレン・キエフスキー『キャット・ウォーク』）

听话人位于P1，说话人前往P2实施V并携带对象物返回P1（图2）。

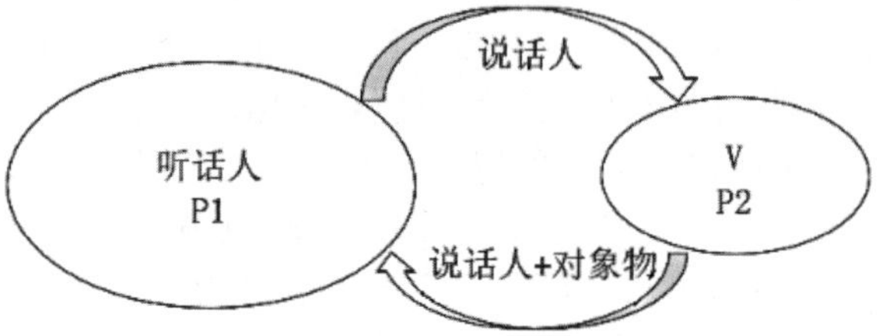

图2　获得对象物的往返型「Vて来る」

这一用法下的动词多见语义结构为<动作主体が对象を>的二价动词。

3.2　类别2：获得体验的往返型「Vて来る」

获得体验的往返型「Vて来る」是指：说话人离开P1前往P2，在P2获得某种体验后返回P1。如：

[8]　部屋に戻って、みんなと話し合いを続けてください。おれは何をもめ

てるのか、ちょっと外を見て来るから。/您到屋里再领着他们讨论讨论。我看看外边吵吵什么。（CJCS：浩然《金光大道》）

[9] 食べ物がおいしくて。ベトナム料理を堪能してきました。/东西太好吃了，越南菜美美地吃了个够。（『日本語口語表現辞典』：595）

[10] あの店で道を聞いてくるよ。事務室に聞きに行ってくれますか。/我去那家店问个路，你能去事务所问下吗？

（少納言：向井京子『とっさに使える英会話』）

听话人位于P1,说话人前往P2并在经历某种体验后返回P1（图3）。

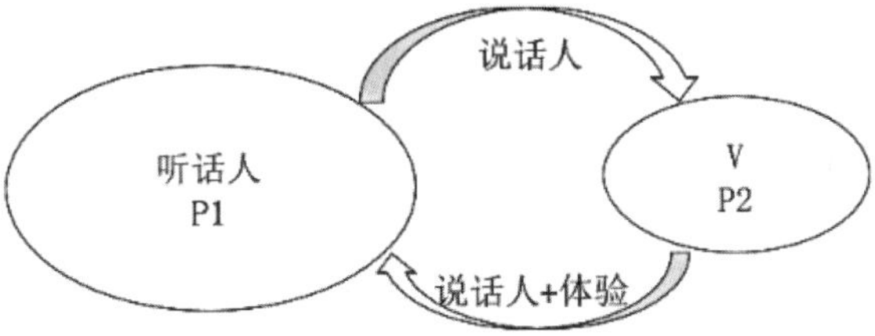

图3 获得体验的往返型「Vて来る」

在这一用法下，动词常见「見る（看）」、「聞く（问）」等指向动作主体的及物动词，[④]或「（シャワーを）浴びる（冲澡）」等一般意义上的再归动词。[⑤]由于这些动词的特点在于动作作用于动作主体自身，因此对象物的移动义减弱，比如在上述例句中我们很难认为「外（外边）」、「ベトナム料理（越南菜）」、「道（路）」发生了移动；其次，宾语可由「ベトナム料理（越南菜）」等具体物扩大到「外（外边）」等抽象物；再次，基于这些动词本身他动性减弱，故此时动词可由及物动词扩大到不及物动词。如下述例中的「お湯に入る（泡澡）」、「遊ぶ（玩儿）」、「旅行する（旅行）」：

[11] それじゃ、僕は湯に入ってくるよ。/那我去泡澡喽。

（張麟声，2013：例（5））

[12] 両親は心配そうだったが、気分転換に遊んでくる。/虽然父母有些担心的样子，但还是准备去玩一玩，换个心情。

（少納言：大迫純一『ウリエルの娘』）

[13] 女学校時代の友人四、五人と北海道を旅行してくる。/和女子学校时期的四五个朋友一起去趟北海道。（少納言：宮本輝『宮本輝全集』）

④ 杉村泰(2011)称「見る（看）」「聞く（问）」等动词为「動作主指向の他動詞（指向动作主体的及物动词）」。

⑤ 村木新次郎(1991)称其为「再帰動詞（再归动词）」，另有研究称其为“再归态”（王忻，2000：8）或“再归表现”“反身表达”（杜君林、张正军，2015：100）。

当说话人在P2实施的动作V被省略或“去”本身成为目的时，便形成「行って来る（去一下）」这一说法：

[14] いや、実は教え子の結婚式でベトナムに行って来たんですよ。/嗯，去了趟越南参加学生的婚礼呢。（『日本語口語表現辞典』：595）

3.3 类别3：放置对象物的往返型「Vて来る」

放置对象物的往返型「Vて来る」是指：说话人离开P1前往P2，在P2放置对象物后返回P1，对象物通常为具体物。例如：

[15] 先生がいないときを見計らって飛び込みをしてさ、ともかく名刺を置いてくる。/瞅准了老师不在的时机冲进去放张名片再说。

（少納言：青田吉弘『情報化社会対話集』）

[16] で、とうとう逃がしてしまったのですが、そうなると怪しいのはこのケース。何か秘密があるのだろうと、警視庁へ届けてきたのです。/最后还是让他给跑了，不过这样一来可疑的就是这个箱子。我怀疑是不是有什么秘密，就把它送到警察局去了。（少納言：横溝正史『怪獣男爵』）

[17] もうすぐ職場復帰の為来週1歳になる息子を保育園へ預けてきたのですが…/因为要重新开始工作，所以把下周满周岁的儿子送去了托儿所。

（少納言：Yahoo!知恵袋）

听话人位于P1，说话人携带对象物前往P2，在P2实施V并放下对象物后独自返回P1（图4）。

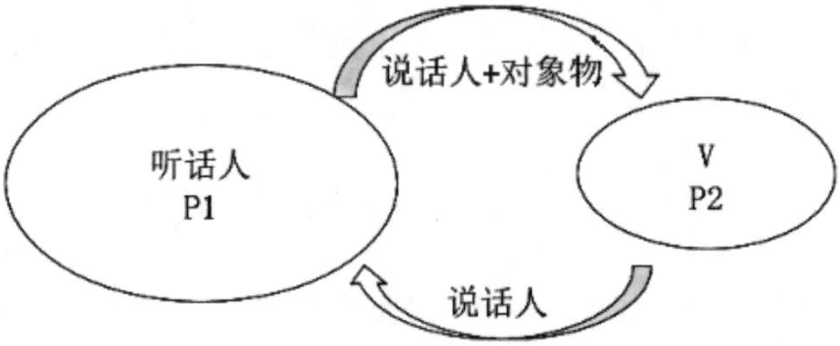

图4 放置对象物的往返型「Vて来る」

在这一用法下，动词多见语义结构为＜动作主体が对象を场所に（へ）＞的三价动词。

❹ 往返型「Vて来る」与“V来”的对应与汉日的视点差异

基于上述分类，我们再来观察往返型「Vて来る」与汉语的对应问题。

获得对象物的往返型「Vて来る」所对应的汉语形式较为灵活，可对应“V来”（包括“V+NP来”“V来+NP”等形态）、“去V来”（包括“去V来NP”“去V+NP来”等形态）、[⑥]“去V”（包括“去V+NP”等形态）以及不出现“来”“去”的“V”（包括“VV”、“V+NP”等形态）。

表1　获得对象物的往返型「Vて来る」与汉语的对应

	V来	去V来	去V	V
水を持ってくる	○拿水来	○去拿水来	○去拿水	○拿点儿水
煙草を買ってくる	○买包烟来	○去买包烟来	○去买包烟	○买包烟
タオルを取ってくる	○拿条毛巾来	○去拿条毛巾来	○去拿条毛巾	○拿条毛巾

可以认为，張麟声（2013）指出的“可对应‘V来’也可对应‘去V’”类型即获得对象物的往返型「Vて来る」。

再看获得体验的往返型「Vて来る」，不论动词是及物动词还是不及物动词，「Vて来る」不对应汉语“V来”“去V来”，只对应“去V”或“V”。[⑦]

表2　获得体验的往返型「Vて来る」与汉语的对应

	V来	去V来	去V	V
外を見て来る	×看外面来。	×去看外面来	○去看看外面	○看看外面
ベトナム料理を堪能してきた	×吃越南菜来	×去吃越南菜来	○去吃了越南菜	○吃了越南菜
道を聞いてくる	×问个路来	×去问个路来	○去问个路	○问个路
湯に入ってくる	×泡澡来	×去泡澡来	○去泡个澡	○泡个澡
遊んでくる	×玩来	×去玩来	○去玩	○玩一玩
旅行してくる	×旅行来	×去旅行来	○去旅行	○旅行
行って来た	×去来	×去去来	×去去	○去了

放置对象物的往返型「Vて来る」也不对应汉语“V来”“去V来”，只对应“去V”或“V”。

⑥ 陆俭明（2002）指出趋向补语和宾语的语序安排，受到动词性质、趋向补语性质以及宾语性质等制约，本文对这样的差异不另作探讨。

⑦ 由于「行く」本身语义为“去”，故不对应“去V”，只对应“V”。

表3　放置对象物的往返型「Vて来る」与汉语的对应

	V来	去V来	去V	V
名刺を置いて来る	×放名片来	×去放名片来	○去放名片	○放张名片
ケースを警視庁へ届けて来た	×送箱子来到警察局	×去送箱子来到警察局	○去送箱子到警察局	○送箱子到警察局
息子を保育園へ預けて来る	×送儿子来到托儿所	×送儿子来到托儿所	○去送儿子到托儿所	○送儿子到托儿所

就以上三种类型来看，汉语“V来”与“去V来”的成立情况一致，而在往返型「Vて来る」中，只有获得对象物的往返型「Vて来る」才可能与汉语“V来/去V来”对应。从这一现象我们可以窥见：在往返行为的成立过程中，汉日语言的“视点”似乎存在差异。

所谓“视点”，是指在词、短语、句子、语篇等不同的语言单位上表现出来的语言主体对事件的把握方式（彭广陆，2008：100）。针对往返型「Vて来る」与汉语“去V”的对应，彭广陆（2014）认为这与空间视点相关，即汉语“去V”是语言“像似性”的表现，而日语「Vて来る」是日语在空间上重视「ここ（这里）」的表现（彭广陆，2014：40）。

而当我们把视线投向「Vて来る」与“V来/去V来”的对应情况时，我们发现：日语的视点在说话人与听话人的位置关系上，只要说话人最终向听话人趋近，往返型「Vて来る」即可成立。与此相对，汉语的视点在对象物与听话人的位置关系上，只有对象物最终向听话人趋近，“V来/去V来”才成立。换言之，「Vて来る」与说话人向听话人的趋近（趋回）相关，与对象物的趋近、趋远无关；“V来/去V来”则与对象物向听话人的趋近相关，与说话人的趋近、趋远无关（表4）。

表4　往返型「Vて来る」与汉语“V来/去V来”的视点差异

日语 视点：说话人向听话人趋近		汉语 视点：对象物向听话人趋近	
获得对象物 ○水を持ってくる	○	○	获得对象物 ○拿水来　○去拿水来
获得体验 ○外を見てくる	○	×	获得体验 ×看外面来　×去看外面来
放置对象物 ○ケースを届けてくる	○	×	放置对象物 ×送箱子来　×去送箱子来

❺ 往返型「Vて来る」中说话人对P1的“心理回归”

往返型移动实际上包含说话人先趋远、再趋近（趋回）的过程，然而往返型移动被编码为「Vて来る」(返程),从视点角度可解释为上述“空间视点”或“听话人视点”,而从语用角度我们则发现这与说话人对P1的“心理回归”相关。杨晓敏(2011)在探讨「Vて行く」时指出:「Vて行く」有表示“心理回归”的语用功能,即说话人暗示自己以客人的身份出现在这个环境、并将在之后的某个时间返回所属环境。如在例[18]中,「食べて行く(尝尝)」便隐含了说话人在「浅草(浅草)」的客人身份:

[18] せっかく浅草に来たのだから、舟和の芋ようかんを食べていきたい。/
难得到浅草,舟和家的红薯羊羹是一定要尝尝的! (杨晓敏,2011:42)

“心理回归”这一语用功能的成立基于:1)说话人身处临时环境;2)说话人在临时环境里实施某一动作;3)说话人有自己的应属环境,并对此有归属感(杨晓敏,2011:43)。

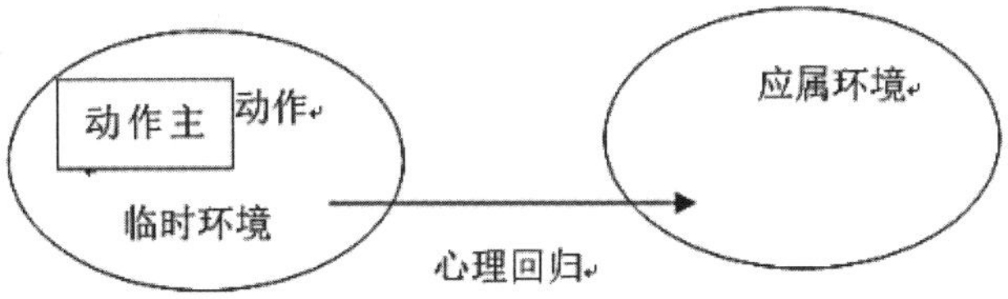

图5 “心理回归”之语用功能下的「Vて行く」

往返型「Vて来る」也拥有相似的语用功能。这一语用功能首先使得P1、P2内外有别,即对于说话人来说P1是应属环境(内),P2是临时环境(外)。使用「Vて行く」时,说话人位于临时环境,而使用「Vて来る」时,说话人位于应属环境。再看例句[8]、[9]:

[8] おれは何をもめてるのか、ちょっと外を見て来るから。
[9] 食べ物がおいしくて。ベトナム料理を堪能してきました。

在[8]中,发话时说话人位于房间内,将赴临时环境「外(外边)」实施「見る(看)」这一动作,动作结束后返回房间内;在[9]中,发话时说话人位于日本,已赴临时环境「ベトナム(越南)」,并在「ベトナム料理を堪能する(吃越南菜)」这一动作结束后返回日本。

因此,往返型「Vて来る」中的“心理回归”具体包含以下特点:1)说话人身处应属环境(P1);2)说话人将赴或已赴临时环境(P2)并实施某一动作;3)说话人对应属环境(P1)有归属感(图6)。

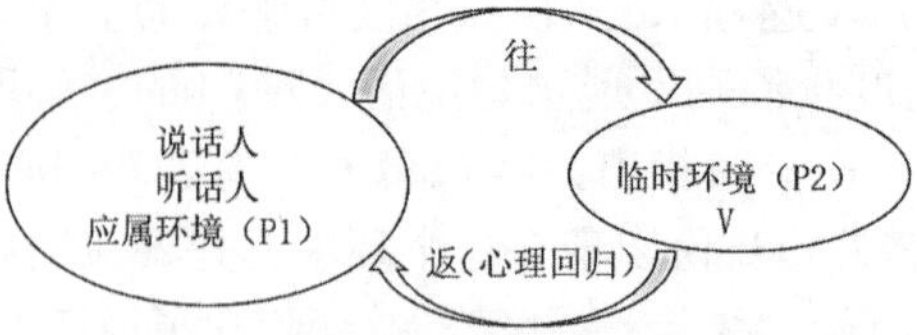

图6 「Vて来る」中的“心理回归”

再以杨晓敏（2011）所举的例子来看，「Vて行く」、「Vて来る」在具体的语用含义上存在差异，但“心理回归”这一语用功能是相同的。

[19]（日本人）上海蟹を食べて行きたい。/想吃大闸蟹。
（身处临时环境上海，将返回应属环境日本）

[20]（日本人）上海蟹を食べてくる。/去吃大闸蟹。
（身处应属环境日本，将赴临时环境上海）

[21]（日本人）上海蟹を食べて来た。/去吃了大闸蟹。
（身处应属环境日本，已赴临时环境上海）

“心理回归”还使得说话人往往将往返型移动中的去程以及在P2中实施的动作短暂化、临时化，在句中常体现为：往返型「Vて来る」常与表短时量的副词「ちょっと（稍微）」共现。如：

[22] ここで待ってて。ちょっと先を見てくる。/你在这里等着，我去看一下。
（少納言：トンケ・ドラフト/西村由美(訳)『王への手紙』）

[23] ちょっとお化粧直してくるから待ってて。/我去补个妆你等我一下啊。
（少納言：青山七恵『文藝』）

在与汉语的对应上，说话人将去程以及在P2中实施的动作短暂化、临时化也有迹可循。在《中日对译语料库》中，与往返型「Vて来る」对应的“去V”“V”常呈现为“去V（一）V”“去V（一）下”“V（一）V”“V（一）下”等形态，如：

[24] 一会儿我借辆车子，把几个村串串。/あとでおれが自転車借りて、その辺の村ひとっ走りしてくるから。（CJCS：浩然《金光大道》）
→汉语“VV”对应日语往返型「Vて来る」

[25] 我去看看后面什么东西挨了炮弹，好像墙坍了似的。/砲弾にやられたのはなんだろう？俺裏へ行って見て来る。壁が崩れたみたいだな。
（CJCS：巴金《家》）
→汉语“去VV”对应日语往返型「Vて来る」

[26] 久し振りで上野の夜ざくらでも見て来ましょう。/上野夜晚的樱花好久没看到了，这就去观赏一下。（同例[3]）

→汉语“去V一下”对应日语往返型「Vて来る」

针对“VV”结构，赵元任（1979）认为其由“V一V”来，表示动词的尝试态，《现代汉语描写语法》（2015）认为其语法意义为“时量短和动量少”；而针对“V一V”“V一下”的语义用法，马庆株（2005：124）指出“VV”“V一V”“V一下”可统一视作“V+数量”结构，该结构表示短时量。

「Vて来る」与汉语“V+数量”结构的对应恰恰反映出：「見て来る（去看看）」、「ひとっ走りしてくる（去串串）」等往返型「Vて来る」强化了「見る（看）」、「ひとっ走り（串）」等动作的“短时量”特征，说话人短时离开、尽快返回的这一言外之意也由此得以表达。

❻ 结语

针对现有研究对往返型「Vて来る」的论述不足及日语教学过程中碰到的实际问题，本文以说话人自身移动的情况为例，首先基于图式将往返型「Vて来る」细分为获得对象物的往返型「Vて来る」、获得体验的往返型「Vて来る」和放置对象物的往返型「Vて来る」；其次观察各个类型与汉语的对应情况，指出只有获得对象物的往返型「Vて来る」才可能对应汉语“V来/去V来”，并认为这反映了“对象物视点”和“听话人视点”之汉日差异；最后指出说话人对P1的“心理回归”是往返型「Vて来る」的重要语用功能，这一功能使得P1、P2呈现出内外之分，也使得往返型「Vて来る」常与表短时量的副词共现或与表短时量的汉语结构对应。

篇幅所限，本文只探讨了往返型「Vて来る」，有关其他类型的研究将留作今后的课题继续展开。

参考文献

- 荒川清秀，2005，“買回来”と“寄回来”—中国語における他動詞＋方向補語の構造.『中国語学』(252)：127–143.
- 庵功雄・松岡弘・中西久実子・山田敏弘，2000，『初級を教える人のための日本語文法ハンドブック』. 東京：スリーエーネットワーク.
- 庵功雄・高梨信乃・中西久実子・山田敏弘，2005，『日本語文法ハンドブック』. 東京：スリーエーネットワーク.
- 王学群，2006，日本語の「Vてくる」と中国語の“V来”. 日中対照言語学会

『中国語の補語』。東京：白帝社.
- グループ・ジャマシイ，1998，『日本語文型辞典』. 東京：くろしお出版.
- 佐藤友子・松岡洋子・奥村圭子，2013，『日本語口語表現辞典』. 東京：研究社.
- 杉村泰，2011，日本語の複合動詞「～慣れる」「～飽きる」と中国語の複合動詞“～惯”“～腻”のV1＋V2結合について.《日语学习与研究》(5)：10–16.
- 高橋太郎，2005，『日本語の文法』. 東京：ひつじ書房.
- 張麟声，1992，「クル・イク」フォームに見る日本語の性格——中国語と比較して。林四郎編『応用言語学講座4』. 東京：明治書院.
- 張麟声，2013，再び「V来、V去」と「Vてくる、Vていく」について.『日中言語研究と日本語教育』(6)：25–36.
- 村木新次郎，1991，『日本語動詞の諸相』. 東京：ひつじ書房.
- 森田良行，1977，『基礎日本語』. 東京：角川小辞典.
- 杜君林、张正军，2015，浅议汉日语法现象中的“再归表现”。《现代语文》(11)：100–101。
- 陆俭明，2002，动词后趋向补语和宾语的位置问题。《世界汉语教学》(1)：5–17。
- 鲁晓琨，2010，一种与“来”不对应的日语“来る”解析。《汉日语言对比研究论丛》(1)：71–82。
- 吕叔湘主编，1999，《现代汉语八百词（增订本）》。北京：商务印书馆。
- 马庆株，2005，《汉语动词和动词性结构》。北京：北京大学出版社。
- 彭广陆，2008，日语研究中的“视点”问题。载池上嘉彦、潘钧主编《认知语言学入门》：98–117。北京：外语教学与研究出版社。
- 彭广陆，2014，“视点”纵横谈。《语言学研究》(2)：35–44。
- 王忻，2000，关于日语动词的“态”——以被动・使役・相互・再归态为中心。《日语学习与研究》(1)：3–8。
- 杨晓敏，2011，论表示心理回归“～ていく”的基本特征及使用条件。《外语研究》(2)：40–45。
- 张斌主编，2015，《现代汉语描写语法》。北京：商务印书馆。
- 赵元任著，吕叔湘译，1979，《汉语口语语法》。北京：商务印书馆。

Semantic Features and Pragmatic Functions of the Bi-Directional 「Vtekuru」: A Chinese-Japanese Comparative Perspective

Abstract: Based on the moving path and direction of the speaker and the object, the bi-directional「Vtekuru」can be further divided into three subtypes: for obtaining an object, for obtaining experience, and for placing an object. The Chinese “V来/去V来” corresponds only to the bi-directional「Vtekuru」for obtaining an object. This can be explained by the differences of viewpoints in Chinese and Japanese. "psychological return" is an important pragmatic function of the bi-directional「Vtekuru」, which often makes「Vtekuru」co-occur with short-duration adverbs, and also makes「Vtekuru」correspond to Chinese short-durationVP structures.

Key words: bi-directional「Vtekuru」; V来; semantic feature; pragmatic function; Chinese-Japanese comparison

（责任编辑：赵华敏）

日汉语光杆NP主/宾语的语义属性对比研究

中南大学　郭蓉菲*

［提　要］本文探讨日汉语光杆NP主/宾语的语义属性。在日语和汉语中，光杆NP无论做主语或宾语，当为恒常谓语时，均表示类指；当为阶段谓语时，均表示定指，日语光杆NP还可以表示不定指，汉语光杆NP则需要添加“一量”来实现不定指的指称义。这是由于日语光杆NP的抽象性和具体性还未分化，而汉语光杆NP的抽象性和具体性已经开始分化，但还未分化彻底，光杆NP中还保留了一些具体性的特征。

［关键词］光杆NP；主语；宾语；语义属性；日汉对比

❶ 引言

光杆NP（bare NP）可以是单个的名词，但不限于单个名词。它是指不带与指称和量化有关的成分，即不带指示词、数量短语、“所有、每”等，而可以带形容词定语、名词属性定语、关系从句定语等（刘丹青，2002）。日语的光杆NP可以表示类指，我们这里所说的类指亦指通指（generic）。如：

[1]　<u>象</u>は鼻を使って水を吸いあげるが、吸いあげた水をそのまま飲みこんでしまうのではなく、鼻の中に十分に吸いこんでためておいてから、鼻の先を口にいれてそそぎこむ。（大象用鼻子吸水，但不是把吸上来的水直接吞下，而是在鼻子里充分吸入积蓄后，再将鼻尖放入口中注入。）①

（野村真木夫，1985：64）

*　作者简介：郭蓉菲，中南大学外国语学院日语系副教授、博士。研究方向：日语语言研究、日汉语言对比研究。Email：feifeixi0602@163.com。通信地址：410083中南大学外国语学院日语系。
本文为2017年度湖南省哲学社会科学基金一般项目“汉日数量名结构的对比研究”（项目批准号：17YBA423）和2019年度教育部人文社会科学研究青年基金项目“语言类型学视阈下的汉日语名词性成分指称功能对比研究”（项目批准号：19YJC740014）的阶段性研究成果,项目主持人：郭蓉菲。

①　本文除例[30]、3.1.3和3.2.3的《中日对译语料库》部分，其余日文译文均为笔者所译。

例[1]的「象」不是指某头具体的大象，而是指「象」这个类或者集合中所有成员，作类指义解读。汉语的光杆NP也可以表示类指，刘丹青（2002）指出，汉语类指的典型形式是光杆NP。如：

[2] 学生就该好好学习。（刘丹青，2002：411）

此时，“学生”也不指具体的某个学生，而是表示类指，即作为一个类或者指集合的“学生”。因此我们可以认为，日汉语光杆NP都具有类指的语义属性。但有时也有下面这种情况。

[3] 「小川さん、今日のおつげはどんなでしょうか」男の子がふざけていった。（“小川，今天又要传达什么神的旨意呢？”男孩玩笑着说道。）

（中納言現代日本語書き言葉均衡コーパス通常版）

[4] 土豆从袋子里滚了出来。（王秀卿、王广成，2008：135）

此时的「男の子」和“土豆”并非表示类指，而是表示定指，分别指前文中已经出现过的人物和事物。如上所示，尽管日汉语光杆NP主语都可以表示类指或定指，是否二者的语义属性完全相同？当居于宾语位置时各自的语义属性又如何？鉴于上述情况，本文对现代日汉语光杆NP展开讨论，全面考察光杆NP主/宾语的语义属性，比较二者之间语义属性的差异并分析存在这种差异的具体原因。

❷ 目前的研究现状及本文要解决的问题

日语学界，野村真木夫（1982）分别讨论了格成分、任意成分和状况成分等对现代日语类指性的影响。该文认为「太郎は犬をさがしている。」（太郎在找一只狗。）中的「犬」既可以作定指解读，也可以表示任意的一只狗，即作不定指解读；而「犬は主人に忠実だ。」（狗对主人很忠诚。）和「犬はかわいい。」（狗很可爱。）中的「犬」究竟表示定指还是类指无法确定，在出现前后语境或者和其他事物形成对照的前提下可以理解为定指；如果没有任何语境提示，则只能理解为类指。另外，野村真木夫（1985）对类指句的类型进行了考察。他指出「クモはふつう眼を八つもっている。」（蜘蛛有八只眼睛。）中划线部分的「クモ」是指全体的蜘蛛，并不是表示个体。因此，此时的「クモ」表示类指。金田一春彦（1998）指出，与英语相比，日语的光杆NP没有单复数的区别，如英语中区分「an egg」（一个鸡蛋）和「eggs」((一个以上）鸡蛋），而日语不论单复数都是「タマゴ」（鸡蛋）。

汉语学界，刘丹青（2002）指出，谓语表示状态，光杆NP主语常常是类指的；谓语表示事件，光杆NP主语常常是单指的。该文还进一步指出，原型类指通常是以主语/话题为常规位置。王秀卿、王广成（2008）指出光杆NP的基本语义：类指性和个体性，并将谓语性质、句法位置对光杆NP语义的影响进行了概括，即光杆NP主语可以表示类指和定指。当表示类指时，是恒常性谓语；当表示定指时，是瞬时性谓语；光杆NP宾语与恒常性谓语同现时，表示非类指；与瞬时性谓语同现时，表示无定。董秀芳（2010）从历时的角度考察了主语和宾语位置上光杆NP指称性质的演变，指出古代汉语中主语和宾语位置上的光杆NP都可以表示类指、定指和不定指。

如上所示，日语学界主要偏向于对现代日语类指句类型等的考察，对不同句法位置上光杆NP的语义属性没有进行过深入的研究。另一方面，汉语学界对光杆NP主语和光杆NP宾语的语义属性有所谈及，在光杆NP主语表示类指和定指的问题上，看法比较一致，但未对原因进行解释，而对于光杆NP宾语的语义属性，说法不一，有待进一步探讨。因此，鉴于上述研究的不足，本文拟从日汉对比的角度，试图解决下面三个问题：

1）分别对日汉语光杆NP主语进行分析，探讨除类指和定指外，是否具有其他语义属性；

2）分别对日汉语光杆NP宾语进行分析，探讨各自的语义属性；

3）比较日汉语光杆NP主/宾语的语义属性差异并分析具体原因。

❸ 日汉语光杆NP主/宾语的语义属性

在这一节中，笔者将根据刘丹青（2002）划分的“谓语表示状态”和“谓语表示事件”这两种不同的谓语性质对日汉语光杆NP主语和宾语的语义属性进行探讨。“谓语表示状态”指谓语表示的是一种长期稳定的、恒常不变的状态，以下简称“恒常谓语”；“谓语表示事件”指谓语表示的是某个阶段上的偶然状况或者事态，以下简称“阶段谓语”。

3.1 日汉语光杆NP主语的语义属性

3.1.1 日语光杆NP主语的语义属性

一般说来，当后续恒常谓语时，日语光杆NP主语表示类指，如例[1]的「象」表示“**大象**”这个类中所有成员，并非是指个别的大象，此时的谓语表示大象这个群体长期的习性状态，是稳定且持续的。再如：

[5] 何が難しいですか。（什么很难？）
助詞が難しいです。（助词很难。）
（彭广陆、守屋三千代《综合日语》第一册修订版）

[6] 春になると、花が咲きます。（一到春天，花儿就开放。）
（彭广陆 、守屋三千代《综合日语》第二册修订版）

此时「助詞」「花」也是表示类指，例「5」后续的「難しい」表示「助詞」这个类别所具有的一种长期稳定的、持续不变的性质特征；例[6]「花」后续的「咲きます」则表示“春天到来，花儿盛开”的恒常规律。除了表示类指，也可以表示定指，但一般后续阶段谓语，如例[3]「男の子」，是回指前文的旧信息，读者能够从前文中了解其具体的指称对象，属于定指。再如：

[7] 慎重に、女の人がまた背中から転げ落ちてもう片方の足をくじいたりしないよう気をつけて、白い象は森のはずれに向けて出発しました。（担心女人又从背上摔下去扭伤另一只脚，白象小心翼翼地向森林的尽头出发了。）　（中納言現代日本語書き言葉均衡コーパス通常版）

例[7]的「女の人」指前文中从象背上摔下来扭伤脚的那个女人，属于回指，此时也应该理解为定指。此外，当后续阶段谓语时，日语的光杆NP有时也可以理解为不定指。如：

[8] 庭に男の子と女の子がいます。（院子里有一个男孩子和一个女孩子。）
（彭广陆、守屋三千代《综合日语》第一册修订版）

[9] ドアが開き、男が現れた。（门开了，出现了一个男人。）
（彭广陆、守屋三千代《综合日语》第一册修订版）

在以上两例中，「男の子と女の子」表示任意一名男孩和一名女孩，「男」表示“男人”这个集合中的任意一人，读者无法确定他们具体指谁，应该理解为不定指。由此可以看出，日语的光杆NP主语后续恒常谓语时，表示类指；后续阶段谓语时，表示定指或不定指。

3.1.2 汉语光杆NP主语的语义属性

和日语一样，汉语中的光杆NP主语后续恒常谓语时，表示类指，如例[2]的“学生”表示的是“学生”这个类别和群体，而非具体的某个个体。再如：

[10] 鱼生活在水里。

[11] 兔子有四条腿。

此时的“鱼”和“兔子”也是表示类指，后续的谓语表示“鱼”持续稳定的生活习性和“兔子”的某种生理属性特征。除了类指，也可以表示定指，此时后续阶段谓语，如例[4]的“土豆”不是表示类指，而是作定指义解读。再如：

[12] 猴子在爬树。

[13] 小鸟飞走了。

上述的“猴子”和“小鸟”不表示类指，而是说话者能够根据上文语境确定的某只“猴子”或某只“小鸟”，也表示定指。董秀芳（2010：13）指出：“现代汉语光杆名词在主语位置上基本不具备不定指的用法。”笔者赞同董的观点，汉语光杆NP主语不能表示不定指。笔者认为如果要实现不定指的指称义，必须在光杆NP前添加“一量”。如：

[14] 一只猴子在爬树。

[15] 一只小鸟飞走了。

张伯江（2010）指出，“这个”等是表示有定的限定词，“一个”等是表示无定的限定词。因此，在上述例[14]和例[15]中，通过添加“一只”等限定词，使其语义属性由定指转化为不定指，读者无法明白“一只猴子”和“一只小鸟”的具体所指对象，可以表示任意一只，因此属于无定。

刘丹青（2002：419）指出“‘一个NP’表无定时，该NP不能带具有话题标记作用的语气词或曰提顿词。”这个观点也适用于其他“一量NP”。如：

[16] 一只猴子（*么）在爬树。

[17] 一只小鸟（*么）飞走了。

此时的“一量NP”表示的“猴子”或“小鸟”这个类或集合中的任意一只，是未知的新信息，因此不能与起话题提示作用的词语共现。若接在有定的光杆NP主语后，句子则可以成立。如：

[18] 猴子么，在爬树。

[19] 小鸟么，飞走了。

3.1.3 日汉语光杆NP主语语义属性的差异

当后续恒常谓语时，日汉语光杆NP主语均表示类指；当后续阶段谓语时，二者均表示定指，日语光杆NP主语还可以表示不定指。汉语光杆NP主语不具备不定指的指称义，若要表示不定指，必须添加“一量”。当然，日语光杆NP主语前添加“一量”也可以表示不定指（加藤美纪2003）。如：

[20] 「今から百年くらい前の話だ。一人の男がこの近くの海で座礁して村人に命を救われた。」（“这是迄今大约一百年前的事情。一个男人在这附近的海域触了礁被村民们救起。”）

（浦沢直樹・勝鹿北星『MASTER KEATON』）

此时读者无法确定「一人の男」的具体指称对象，可以理解为任意一个男人，因此作不定指解读。我们可以用提示助词「は」来测试一下。例[20]中的「が」不能置换成「は」。

[21] 「今から百年くらい前の話だ。*一人の男はこの近くの海で座礁して村人に命を救われた」。

此时「一人の男」表示的是不定指，读者无法确定具体指谁，而「は」起话题提示作用，表示谈话双方都了解的信息，因此二者不能共现。如果是表示有定的光杆NP，则可以置换。如：

[22] ドアが開き、男は現れた。（门开了，男人出现了。）

此时的「男」则是指上文中出现过的旧信息，读者能从前面的语境中具体明白「男」的所指对象，属于定指，可以和「は」共现。

尽管如此，日语还是倾向于直接用光杆NP表示不定指。以下是我们通过检索《中日对译语料库》(2002)②得到的例句。如例句所示，汉语原文部分的主语均以“一量+光杆NP”形式出现，但是对应的日语译文中，主语却仅仅以光杆NP的形式出现，二者均表示不定指。

[23] 一个十七、八岁的小伙子，很机灵地把一个绿帆布的挎包递给了县委书记。（十七、八の若者が、キビキビした動作で緑のズック地の雑嚢を県委員会書記に手渡した。）

[24] 其中有一个小伙子，戴着蛤蟆镜，留着大鬓角，那份相儿和赫家二臭一个模样儿，也想来老韩头儿这儿撞运气。（その中に、トンボ眼鏡をかけ、もみあげを長くのばした、赫家の二臭そっくりの若者がいて、そいつもあわよくば切符を手に入れようと韓爺さまに追いすがる。）

[25] S提着一桶湿衣服回来，有一个小脚的女工，从厨房里出来，接过，晾在绳子上。（Sが洗濯物をかかえて入ってくると、纏足をした女中が台所から出てきて、うけとってロープにかけた。）

另外，通过对《中日对译语料库》(2002)中汉语原文的存在句进行调查我们发现，主语以“一量+光杆NP”形式出现的一共有859例。具体对译情况如表1所示：

② 《中日对译语料库》是由北京日本学研究中心于2002年所开发的一个中日双语平行语料库。由一个中文原文子库、一个日文原文子库、一个中文译文子库和一个日文译文子库构成。

表1 《中日对译语料库》汉语原文中主语为“一量+光杆NP”存在句的汉日对译情况

主语为“一量+光杆NP”的汉语存在句	汉语原文主语为“一量+光杆NP”日语译文主语为“光杆NP”	汉日主语都为“一量+光杆NP”	汉语原文主语为“一量+光杆NP”日语译文意译	合计
汉日对译情况	597	138	124	859
	69.50%	16.07%	14.44%	100%

如表1所示，在859个主语为“一量+光杆NP”的汉语存在句中，汉日主语都以“一量+光杆NP”形式出现的仅有138例，而汉语原文主语为“一量+光杆NP”，日语译文主语为“光杆NP”的却有597例，占69.50%。由此我们可以看出，日语的光杆NP主语除了表示类指或定指，通常还可以表示不定指。与此相对，汉语的光杆NP一般只能表示类指或定指。如果要表示不定指，必须在光杆NP前添加“一量”。

3.2 日汉语光杆NP宾语的语义属性

3.2.1 日语光杆NP宾语的语义属性

日语光杆NP宾语的语义属性也分为两种情况：恒常谓语的宾语和阶段谓语的宾语。我们先来看看恒常谓语的情况。

[26] ネコがネズミを捕る。（猫捉老鼠。）（『日中辞典』）

[27] 母親はときどき子供をしかります。（母亲有时会训斥自己的孩子）

（彭广陆、守屋三千代《综合日语》第二册修订版）

上述两个例子中的「ネズミを捕る」和「子供をしかります」都是恒常谓语，表示「ネコ」和「母親」长期且持续的某种行为，此时光杆NP宾语「ネズミ」和「子供」均为类指解读。

[28] 突然水しぶきがあがり、くまが水の中にざぶざぶ入っていった。川の中ほどで立ち上がると右掌をさっと水にくぐらせ、魚を掴み上げた。（突然溅起水花，熊哗啦哗啦地进入水中，在河的中间站起来，右掌轻轻地在水里游动，抓起一条鱼来。）

（彭广陆、守屋三千代《高年级综合日语》上册）

[29] 式部は998（長徳3）年に親子ほど年の差のある藤原宣孝と結婚し、翌年に娘をもうける。（紫式部于998年（长德3年）与可以做自己父亲的藤原宣孝结婚，第二年生下一个女儿。）

（彭广陆、守屋三千代《高年级综合日语》下册）

上述两例均为阶段谓语，表示某个阶段偶然的状况或者事态，并不是一种稳定持续的长期行为特征。此时，「魚」指该集合中无法确定的任意一条鱼，「娘」也指无法确定的任意一个个体，二者均为不定指解读。但是，如果回指上文中提到过的旧信息，光杆NP宾语则表示定指。如：

[30] 女に、何か一言、言いおいていくべきだろうか？……しかし、女を起すのは、かえって恥をかかすようなものだ。（应该和女人打个招呼再走吧？……他想。可是把女人叫醒，反而会让她觉得羞耻。）

（《中日对译语料库》）

例[30]中的「女」回指前句出现过的人物，即文章的主人公“砂女”，为定指解读。由此我们可以认为，当在恒常谓语句中时，日语的光杆NP宾语表示类指；当在阶段谓语句中时，日语的光杆NP宾语表示不定指或定指。

3.2.2 汉语光杆NP宾语的语义属性

首先在恒常谓语句中，汉语光杆NP宾语一般表示类指。

[31] 熊猫吃竹子。

[32] 兔子爱吃萝卜。

该两例表示“熊猫”这个类别和“兔子”这个类别所拥有的某种习性特征，这种特征是稳定、长期且持续的。因此，光杆NP宾语“竹子”和“萝卜”均表示类指。当光杆NP充任阶段谓语的宾语时，表示定指。如：

[33] 三月二十三日下午，郑州市桐柏路铁路立交桥道轨上，一小学四年级女孩推着自行车横过道轨时，忽见奔驰而来的火车，顿时吓愣了。……白书增救了女孩，没留姓名就走了。（北京大学中国语言学研究中心现代汉语语料库）

在例[33]中，读者能够确定“女孩”的指称对象，即上文中出现的“一小学四年级女孩”，因此应该判断为定指。

前面讲到，王秀卿、王广成（2008）指出光杆NP宾语与恒常性谓语同现时，表示非类指。但是通过上述分析我们发现，恒常谓语的宾语表示的是类指。该文还指出，与瞬时性谓语同现时，表示无定。董秀芳（2010：17）认为“光杆名词在宾语位置表不定指的只限于存在句。在其他情况下，宾语位置上的光杆名词或者是表示定指，或者是表示类指或者无指，而一般不能解释成不定指”。我们更倾向于董的观点，光杆NP宾语一般不能理解为“无定”，笔者认为如果要表示不定指，需要添加“一量”来实现，即便存在句也是如此。

[34] 他掏出一条纸片，从口袋里捏了一撮烟叶，迅速卷起一支烟棒，点着抽了

儿口，说："那你不愿意，不就算了？"

（路遥《平凡的世界》）

[35] 窗棂下不是有一盆素兰吗？（许地山著，崔钟雷主编《落花生》）

例[35]为存在句，两个例句中光杆NP宾语前面均添加了"一量"，此时为不定指。石毓智（2002）的"句法结构赋义规律"认为，没有任何修饰语的光杆名词，以谓语中心动词为参照点，谓语动词之前的被赋予有定，之后的被赋予无定。并且指出，高及物性的动词才可以通过语序来赋义，标志谓语动词前后名词有定和无定的语法范畴。但是通过上述讨论我们发现，在恒常谓语句如"熊猫吃竹子"中，光杆NP可以自由地出现在主语和宾语位置，都倾向于作类指解读；在阶段谓语句中，汉语的光杆NP宾语表示定指，不能表示不定指。

3.2.3 日汉语光杆NP宾语语义属性的差异

在充任恒常谓语的宾语时，日汉语光杆NP均表示类指；当充任阶段谓语的宾语时，二者均表示定指，此外，日语光杆NP宾语还可以表示不定指。汉语如果要表示不定指，同样需要在光杆NP宾语前面添加"一量"。以下是我们检索《中日对译语料库》（2002）得到的例句，如例句所示，汉语原文部分的宾语位置上均是"一量+光杆NP"形式，但是对应的日语译文中的宾语仅为光杆NP，二者均为不定指解读。

[36] 罗汉大爷有一只鸟枪，乌红的托子，牛皮的枪带。（羅漢大爺は猟銃を持っていた。赤黒い銃床、牛皮の背負いベルト。）

[37] "也不见得，"恂少奶奶随口应着，从桌子上那四只高脚玻璃碟子里抓些瓜子和糕点放在婉小姐面前，又拣一个小苹果给了小引儿。（「さあ、どうかしら」答えながら、宝珠は、卓上に並んだ高足つきのガラス皿から婉卿のために瓜子とケーキを取りわけ、引弟にも小さめなリンゴを持たせてやった。）

[38] 我震动了一下，不再说话。递给他一个烟灰缸。（私はショックを受けて黙った。彼に灰皿を渡した。）

另外，通过对《中日对译语料库》（2002）中汉语原文的双宾语句进行调查我们发现，宾语以"一量+光杆NP"形式出现的一共有93例。具体对译情况如表2所示：

表2 《中日对译语料库》汉语原文中宾语为"一量+光杆NP"双宾语句的汉日对译情况

宾语为"一量+光杆NP"的汉语双宾语句	汉语原文宾语为"一量+光杆NP"日语译文宾语为"光杆NP"	汉日宾语都为"一量+光杆NP"	汉语原文宾语为"一量+光杆NP"日语译文意译	合计
汉日对译情况	67	18	8	93
	72.04%	19.35%	8.60%	100%

如表2所示，在93个宾语为“一量+光杆NP”的汉语双宾语句中，汉日宾语均为“一量+光杆NP”仅有18例，而汉语原文宾语为“一量+光杆NP”，日语译文宾语为“光杆NP”的却有67例，占72.04%。由此可以看出，汉语倾向于在光杆NP宾语前面添加“一量”来表示不定指，而日语的光杆NP宾语则可以直接表示不定指。

❹ 日汉语光杆NP主/宾语语义属性差异的具体原因

通过上述分析我们发现，无论是做主语或宾语，当为恒常谓语时，日汉语光杆NP均表示类指；当为阶段谓语时，二者均表示定指，此外，日语还可以表示不定指。也就是说，日语光杆NP的语义属性可以归纳为类指、定指或不定指，汉语光杆NP的语义属性则为类指或定指。若要表示不定指，汉语需在光杆NP前添加“一量”。日汉语之间为何存在这种差异呢？奥津敬一郎（1986）指出，日语名词无论单数、复数都不需要特定的标记，无标记的名词往往理解为单数。中川正之·李浚哲（1997）也阐述道，日语的名词，倾向于作单指义理解。既然作单指义理解，那为何可以表示类指？因此，比起这种“单指”的说法，笔者更倾向于大河内康宪（1988：11）的解释：“日本语的名词不是可数的，即对日本语来说，其抽象性和具体性还未分化”。笔者认为其抽象性的特征赋予了日语光杆NP类指的语义属性，其具体性的特征赋予了日语光杆NP定指和不定指的语义属性。我们再来看看汉语。Chierchia（1998）指出，汉语光杆NP的性质如同不可数名词，只有加上量词等之后才能获得个体性，因此，用没有个体性的光杆NP表示类指最符合汉语的类型特点。虽然Chierchia（1998）能够解释为何汉语光杆NP可以表示类指，但是不能解释为何同时具有定指的语义属性。笔者认为汉语光杆NP之所以在表示类指的同时，还可以表示定指，是因为汉语光杆NP的抽象性和具体性有了一定程度的分化，因此需要借助数量词等手段才能使事物实体化、个体化，从而实现不定指的语义特征。但是由于这种分化还不是很彻底，也就是说具体性还未完全从光杆NP中脱离出来，因此光杆NP在表示抽象类指义的同时，还保留了一部分具体性的特征。从而，光杆NP既可以是抽象的类名，也可以表示定指。由此，笔者认为汉语光杆NP在具有不可数名词性质的同时，也具有可数名词的性质，因此可以用数量词直接修饰名词，如“一个人”“三个苹果”等。另一方面，日语光杆NP则是纯粹的不可数名词，因为日语光杆NP一般不被数量词直接修饰。

这也从一定程度上解释了为何汉语“*学生们四个（人）”“*四个（人）学生们”均不成立，而日语「社長たち五人」（社长们五个（人））和「五人の社長たち」（五个（人）社长们）均为自然的表达方式。汉语光杆NP的抽象性和具体性由于已经开始分化，因此使名词具体化范畴得以形成的数量词自然而然受到关注。此时确数数量词“四个人”和「五人」均表定量，复数形式“们”和「たち」均表不定量，由于汉语关注使事物实体化得以实现的数量词，因此具有定量特征的确数数量词不能与具有不定量特征的“们”共现，“*学生们四个（人）”“*四个（人）学生们”均不成立。另一方面，日语名词的抽象性和具体性还未开始分化，使名词具体化范畴得以形成的数量词也自然被忽视。浅見吏郎(2006)指出，比起数量，日语最先关注的是名词所表示的是什么。因此，尽管确数数量词「五人」表定量，仍然可以与表示不定量的「たち」共现，「社長たち五人」「五人の社長たち」均为自然的表达方式。这也间接地告诉我们，为何在汉语中，数词、量词是与名词、动词等并行的独立词类，而在日语传统的词类划分中，数词和量词只是名词的下位分类。汉语由于关注事物的实体化和个体化，因此在词类的划分上将使事物个体化得以实现的数词和量词划为独立的类，证明数词、量词与名词等其他词类具有同等重要的地位，而日语则将其归入名词一类，这种划分方式也体现了数词和量词在两种语言中受重视程度的差异。

❺ 结语

本文从对比的角度，对日汉语光杆NP主/宾语的语义属性进行了探讨。在日语和汉语中，无论是做主语或宾语，光杆NP均可以表示类指或定指。此外，日语光杆NP还可以表示不定指。汉语由于光杆NP的抽象性和具体性已经开始一定程度的分化，因此常常需要借助数量词等手段来体现事物的实体性和个体性。日语由于光杆NP未得到分化，单单凭借光杆NP本身便可以表示抽象性或具体性的特征。因此，光杆NP既可以是抽象的“类指”，也可以是具体的“定指”或“不定指”。石毓智（2002）将汉语光杆NP的语义属性归纳为：“有定”和“无定”。准确地说，汉语光杆NP的语义属性应该归纳为：“类指”和“定指”，日语光杆NP的语义属性应该归纳为：“类指”“定指”和“不定指”。

参考文献

- Chierchia, G.1998. Reference to kinds across languages. *Natural Language Semantics* 6:339–405.
- 浅見吏郎，2006，日英語間の複数表現—名詞にどのように関わるか—.『札幌大学総合論叢』(22)：15–31.
- 奥津敬一郎，1986，日中対照数量表現。『日本語学』(5)：70–78.
- 加藤美紀，2003，もののかずをあらわす数詞の用法について.『日本語科学』(13)：33–57.
- 金田一春彦，1998，『日本語』新版（下）. 東京：岩波新書.
- 大河内康宪，1988，量词的个体化功能（崔健译）.《汉语学习》(6)：8–13.
- 中川正之、李浚哲，1997，日中両国語における数量表現.『日本語と中国語の対照論文集』: 95–116. 東京: くろしお出版.
❑ 野村真木夫，1982，現代日本語の総称性をめぐって.『国語国文研究』(8): 32–44.
❑ 野村真木夫，1985，日本語総称文の語用論的考察—総称性の度合いと文連続の型—.『国語国文研究』(3): 55–69.
❑ 董秀芳，2010，汉语光杆名词指称特性的历时演变.《语言研究》(1): 11–20.
❑ 刘丹青，2002，汉语类指成分的语义属性和句法属性。《中国语文》(5): 411–422。
❑ 石毓智，2002，论汉语的结构意义和词汇标记之关系—有定和无定范畴对汉语句法结构的影响。《当代语言学》(1): 25–37。
❑ 王秀卿、王广成，2008，汉语光杆名词短语的语义解释。《现代外语》(季刊)(2): 131–140。
❑ 张伯江，2010，汉语限定成分的语用属性。《中国语文》(3): 195–207。

A Contrastive Study of Semantic Properties of the Bare NP Subject/Object in Japanese and Chinese

Abstract: This paper examines semantic properties of the bare NP subject/object in Japanese and Chinese. In both Japanese and Chinese, whether as subject or object, the bare NP denotes generic when it is a constant predicate and denotes definiteness when it is a stage predicate. In addition, the Japanese bare NP can denote indefiniteness, while in Chinese "1+classifier" needs to be added. This is due to the fact that the abstractness and concreteness of the Japanese bare NP have not yet been differentiated, while those of the Chinese bare NP have begun to be differentiated, but the differentiation is not completely yet; some features of concreteness are still retained in the Chinese bare NP.

Key words: bare NP; subject; object; semantic properties; contrast between Japanese and Chinese

（责任编辑：赵华敏）

语言应用研究

基于语料库的语用学研究——国际前沿与热点

调解会话中的立场表达与中立性建构

听译任务产出时停顿离散与语言流利度的耦合性研究

全球化背景下广州人语言使用与粤语传播传承

基于语料库的语用学研究
——国际前沿与热点

北京航空航天大学　安　毅
对外经济贸易大学　向明友*

［提　要］　本文梳理了近10年基于语料库的语用学国际前沿研究，发现其呈现如下特征与发展趋势：1）重视语言的概率属性，基于频数信息考察最常用的语言型式和最典型的语用功能，强化研究的实证性；2）汇聚两条脉络朝纵深展开：经典语用学理论的修正与充实；具体语用现象的系统考察与分析；3）探究语用相对性、变异性和文化专有性，剖析语用与词汇、句法、语篇、韵律的内在联系，深层解释人类交际。其局限主要体现在语用单位提取的规约性、文本数据的单一性以及研究课题的微观语用偏向。未来研究将进一步朝宏观语用学领域拓展，多模态语料库和语用标注语料库将发挥更大作用。

［关键词］　语料库语用学；形式-功能映射；语用变异；语用界面研究；宏观语用学

❶ 引言

随着当代语用学的蓬勃发展，其研究视域从指示、预设、言语行为、会话含义等源于分析哲学的传统议题逐渐扩大到人类言语交际的方方面面。纷繁复杂的现实交际给传统语用学理论提出挑战，促使语用学者不再局限于坐而论道式的哲学思辨，积极探索更加适合自身目标与任务的研究方法，以对真实交际的动态性、复杂性与多样性做出更为系统的概括和解释。语料库方法的迅猛发展，自然也引起了语用学者的关注。20世纪80年代以来，以Karin Aijmer为代表的学者尝试融合两种视角，将语料库方法拓展至语用学疆域（如Aijmer, 1996, 2002），基于大规模真实语料探究

---

*　作者简介：安毅，北京航空航天大学外国语学院博士研究生。研究方向：语用学、应用语言学。Email：alananyi@163.com。通信地址：100191北京航空航天大学外国语学院。
向明友，对外经济贸易大学英语学院教授、博士生导师。研究方向：语用学、英语语法研究。Email：xiangmingyou@163.com。通信地址：100029对外经济贸易大学英语学院。

*　本文在写作中得到四川外国语大学外国语文研究中心苏杭教授的帮助，《语言学研究》匿名审稿专家和编辑部提出了细致、中肯的修改意见。谨此一并致谢！

语用规律和机理，有力推动了语用学研究的方法论创新。历经30年跋涉，这一新型研究范式逐渐形成汇流成川之势：研究队伍不断壮大，著述层出不穷（如Adolphs, 2008; Romero-Trillo, 2008; Taavitsainen et al., 2014; Aijmer & Rühlemann, 2015），创办了国际性学术刊物（*Corpus Pragmatics*）。与之相比，国内学界对该研究范式缺乏足够重视，介绍亦不充分。为帮助国内同行了解、跟踪本领域国际前沿，更好地参与国际对话，本文梳理近10年相关的国际核心期刊论文、重要专著与文集，归纳其核心议题及最新进展，探讨其贡献与不足，并展望其未来走势。

❷ 基于语料库的语用学研究方法

基于语料库的语用学研究是语料库语言学和语用学结合而生的新兴研究范式，其研究方法也呈现出互补融合特征。众所周知，语用学植根于语言哲学。哲学家从语言的外部共性出发，高度概括出人类交际的普遍语用原则。因此，传统语用学在研究方法上呈现两个特征：一是由某种理论驱动，采用自上而下的方法对少量语言数据进行“横向阅读”（horizontal reading）（Rühlemann & Aijmer, 2015: 3），突出地使用支持或反对某个理论的证据；二是由于缺乏系统的自然语料，依赖语言学家的直觉，偏重于探究可能的语言使用，在一定程度上忽视真实的语言使用。与之不同，语料库语言学采用诸如“索引行分析”之类的“纵向阅读法”（vertical reading），基于频数考察复现的型式、意义和功能，继而进行概括和解释（Rühlemann & Aijmer, 2015: 7-8）。基于语料库的语用学研究采用融合横向分析与纵向阅读的综合分析法（integrated reading），有效弥补传统语用学在实证性方面的某些不足：利用大规模语料考察真实的语言使用，探究高频的语言型式和典型的语用功能，并结合相关理论对发现的语用型式进行适当概括和解释；使用专门语料库（specialized corpus）考察语用行为的地域和社会变异性，探究社会、文化、语境等因素与语言使用的互动和制约。在具体操作层面，有两种方法。一种是基于形式考察功能，从形式出发，利用语料库工具获取特定形式（如词或结构）的索引行，分析、归纳其语用功能。另一种则以语用功能为切入点，考察其实现形式。由于功能无法被直接检索，只能通过提取相关的语言线索（linguistic cues）进行考察（如Adolphs, 2008）；或者利用人工或计算机辅助手段对目标语用现象进行标注（Weisser, 2018），从而对形式-功能映射做出较为全面、彻底的调查。

❸ 前沿研究与热点议题

基于语料库的语用学研究关涉多个议题，研究领域宽广。但从研究定位和目标来看，现有研究汇聚、形成两条基本脉络：1）经典语用学理论的修正与充实；2）具体语用现象的系统考察与分析。

3.1 经典语用学理论的修正与充实

言语行为理论、合作原则、关联论等经典语用学理论是对言语交际的高度抽象和归纳，描述的是理想交际而非纷繁复杂的现实话语。基于语料库的研究一方面依托真实交际对这些理论模型进行修正和充实，另一方面注重探讨语用行为与规律的相对性、变异性和文化专有性。本节重点介绍言语行为研究和有关语用原则的探究。

3.1.1 言语行为研究

言语行为理论由英国哲学家John Austin开创，并由其学生John Searle进一步发展和完善（Austin, 1962; Searle, 1969）。传统言语行为研究偏重理论探索，缺乏对实际语言的广泛调查，对言语行为的细化分类以及对言-行关系的描述，在不同程度上偏离语言实际，经不起复检。正如John Searle所说，他们只能提供言语行为的骨架，具体言语行为的血和肉有赖于实证研究者的工作（转引自顾曰国，2017）。基于语料库的言语行为研究大致可分三类：第一类以言语行为程式语为切入点，探究言语形式和功能之间的关系。比如，Adolphs（2008）利用语料库考察建议类言语行为表达式的搭配和语境分布模式，指出话语形式和意义存在复现关系，言语行为表达具有习语性（idiomatic）特征。这一发现对间接言语行为的必要性提出挑战，可视为修正言语行为理论的代表性研究。第二类研究考察不同地域、体裁、言语社区（speech community）、情景类型中的言语行为策略及其实现型式（如Merrison et al., 2012; Jautz, 2013; Garcia, 2015; Barron, 2017），助推变异语用学的发展。第三类研究借助历史语料库追溯言语行为演变（如Kohnen, 2017; Jucker, 2018）。例如，Jucker（2018）利用COHA（the Corpus of Historical American English, 1810–2009）语料库考察道歉类言语行为在这一阶段的变化。结果表明，道歉频次显著增多，其形式愈加简化（如“sorry”）。从道歉策略来看，行事语力标示手段（illocutionary force indicating devices）增多，而承担责任（taking on responsibility）和解释（explanation）减少。Jucker指出，道歉逐渐演变为一种规约化言语行为：从诚挚请求原谅演化为规约性歉意表达。这是依靠内省或实验方法难以发现的趋势。此外，也有研究考察不同语言、文化中的言语行为（Shariati & Chamani, 2010），探讨言语行为的适切条件（Ancarno, 2015），助推言语行为研究的实证化。

3.1.2 语用原则探究

言语使用和理解受到诸多语用原则制约，如关联原则、礼貌原则、合作原则等。一方面，语用原则为基于语料库发现的语言事实提供理论解释；另一方面，语料分析为检验、修补相关理论假设提供系统语言证据。

基于语料库方法的关联理论研究，既有对理论假设的检验，也有对语言现象的分析。Larrivee和Duffley（2014）利用语料库分析“some”的等级含义机制，提出支持语境论（contextualist approach）的证据。Jary（2008）、Andersen（2015）、Albu（2017）、Yus（2017）等学者则借助语料库方法拓展关联论应用研究，进一步彰显该理论对话语标记语、句法-语用界面、言语幽默等现象的解释力。

礼貌作为重要的语用原则，也是国际研究热点之一。基于语料库的礼貌研究呈现出三个特点：1）Brown和Levinson（1987）的面子维护模型影响最为广泛，研究者探究该模型在不同文化和语境中的适用性（如Partington, 2008; Hatfield & Hahn, 2011; Tang, 2016），并尝试对其进行修补；2）不礼貌研究日渐兴盛，发展了不礼貌理论（如Culpeper, 2011）；3）研究视域日益拓展，关注的新议题包括虚假礼貌（mock politeness）（Taylor, 2016）、礼貌与韵律（prosody）（Astruc & Vanrell, 2016）、礼貌与身份建构（Blitvich et al., 2013）等。

有关会话合作原则的语料库研究主要关注特定句法结构或语用现象，解释其成因或机制。譬如，Liao（2009）以格赖斯会话准则为框架，分析刑事审判中的话语打断现象（interruption），揭示其背后的法律文化和意识形态问题。De Cesare和Garassino（2015）基于新格赖斯会话含义理论研究英语和意大利语分裂句，认为其穷尽性（exhaustiveness）含义属于规约性会话含义。总体而言，该领域研究相对零散，还存在较大发展空间。

3.2 具体语用现象的考察与分析

采用语料库方法研究的语用现象主要包括话语标记语、身份建构、指示语、会话组织（conversational organization）等。本节概述这些议题。

3.2.1 话语标记语研究

话语标记语不影响话语命题内容，但具有组织语篇、标示言者态度等重要语用功能。其形式相对固定，非常适合语料库检索，因而成为语料库方法运用最多的议题。研究者广泛探究不同年龄、性别、社会阶层交际者的话语标记语使用，以及话语标记语在不同地域和交际类型中的用途和功能变异（如Tagliamonte, 2005; Camiciottoli, 2010; Aijmer, 2013）。研究呈现了话语标记语的地域变异、语境变异和多功能性，对语言教学具有重要启示。也有研究者关注话语标记语的历时演化，揭示其通过语法化获得语用和语篇功能的机制（Brinton, 2008; Lutzky, 2012）。研究语种从英语扩展到西班牙语、汉语、法语、希伯来语等，研究对象从"well""you know"等典型话语标记语延伸到感叹词（interjection）等非典型标记语。

3.2.2 身份建构研究

身份建构逐现于近年关键词，正在形成不可忽视的新前沿。基于语料库的研究主要关注身份在话语中的动态建构、管理与磋商，交际语境对身份建构的制约，以及身份建构在交际中的作用（Ho, 2010）。探讨的身份类型包括职业身份、文化身份、性别身份、社会身份等，考察多种交际语境，如商务会议、社交媒介、电视广告、职场交际、学术发表等（Handford, 2014; Clark, 2016; Del Saz-Rubio, 2018; Isik-Tas, 2018）。Handford（2014）研究国际商务会议中人称代词"we"建构的不同文化身份。Clark（2016）基于飞行事故报告分析乘务员的职业身份建构。Del Saz-Rubio（2018）讨论化妆品电视广告中建构的女性身份及其对消费者购买欲的刺激。Isik-Tas（2018）以土耳其学者国内外学术论文发表为例，探讨学术发表环境对作者身份建构的影响。专门语料库在身份建构研究中发挥了重要作用。

3.2.3 指示语研究

指示语彰显语言和语境的密切关系，是语用学的经典议题之一。基于语料库的研究主要集中于人称指示，考察不同语言中人称代词的指称性用法及其非指称性语篇、语用功能（如Posio, 2012; De Cock, 2014; de Hoop & Tarenskeen，2015; Liu & Xue, 2018）。譬如，de Hoop和Tarenskeen（2015）利用荷兰口语会话语料分析第二人称代词“je”的使用。结果表明，“je”在交互性话语（疑问句）中通常指示听者，在陈述性话语（陈述句）中则用于类指（generic use）。听者通过自我归属（self-ascription）优先解读其指示义，如与语境相悖，则选择其类指义。Liu和Xue（2018）研究汉语第一人称单数代词“我”的用法，发现它并不局限于自我指称，可表达一系列非人称意义（如转换视角、强调对比），同时，许多非人称指示语也可表达自我指称。因此，人称代词“我”的语篇意义产生于语法、语义和语用互动。此外，也有少数研究者关注其他指示类别，比如Rühlemann和O’Donnell（2015）讨论指示词“this”使用的影响因素，不仅包括指示距离远近，还包括指示对象信息地位、交际双方关系等。

3.2.4 会话组织研究

鉴于会话组织对语用学研究的重要价值，Levinson（1983）早在语用学成立之初便将其纳入语用学六大核心议题。会话分析强调基于真实的自然会话探究交际互动的组织结构及其实现的社会行为，从而揭示互动会话（talk-in-interaction）的内在秩序（Heritage, 2001）。语料库的独特贡献在于：1）它提供空前广泛的自然言语数据；2）可集中提取会话组织资源（如词汇、搭配、语法型式），将大量特征放在一起进行观察，有助于揭示掩盖于个体会话差异之下的重复性秩序和规律。研究者利用语料库方法考察会话中的话轮转换和序列组织（sequence organization）等机制，关涉的议题包括话语重叠（overlap）、填充词（fillers）、反馈语（backchannels）、共建话轮（co-constructed turn）、问-答序列等（如Gardner, 2010; Rühlemann, 2010; Tottie, 2015; Clancy & McCarthy, 2015），取得了更具普适性的结论。比如，Rühlemann（2010）考察BNC会话子库，发现其中约三分之一的话轮均出现话语重叠。如此高的频率表明：重叠并非是对话轮规则的违反，而是话轮的构成性特征。为考察填充词的话轮功能，Tottie（2015）利用SBCSAE（the Santa Barbara Corpus of Spoken American English）语料库对“uh”和“um”两个填充词进行研究，发现话轮开头和结尾位置的填充词具有变更话轮作用，这与早期研究结论一致；但话轮中间的多数填充词是为组织措辞内容，避免说话中断，并非同其他参与者竞争话轮。

3.3 小结

就研究议题而言，基于语料库的语用学研究承袭言语行为、礼貌、话语标记语、会话结构等传统语用学话题。若系统观察围绕各议题展开的研究，不难发现，它在语用哲学观、研究取向以及如何看待语用学和其他语言学分支的关系等方面，已发生一系列重要转变。不再局限于传统的普遍语用学（universal pragmatics），即认为人类交际受普遍语用原则制约，转向探寻语用行为的相对性、变异性和文化专有性，考察不同语言、地域、言语社区、语域中的语用现象和规律。从强调语用和非语用之分、凸显语用学学科独立性，转向积极探索语用与词汇、句法、语篇、韵律、语言变化的内在联系，推进语用学界面研究，全息呈现言语交互的动态协调，深层解释人类交际。

4 基于语料库的语用学研究简评

现代语言学研究方法的总体发展呈现出从注重抽象思辨到注重实例分析（姜望琪，2010），以及从依赖内省转向依靠语料（冯志伟，2011）的趋势。语用学同语料库方法的结合是语用学研究方法的重大进展之一，也是理性主义与经验主义两种哲学观进一步融合的体现。本节讨论语料库语用学研究的贡献与不足。

4.1 贡献

语料库语用学研究的贡献可从以下三方面加以概括。首先，它强调研究的科学性与实证性。语言学研究的科学性离不开语料的真实性和代表性。传统语用学研究较为普遍地采用内省法、实验法或基于少量数据的定性分析。这些方法各有优势：哲学思辨在语用学发展初期较为普遍，语言哲学家诉诸直觉构建大量理论学说，奠定语用学理论的基石；实验法便于通过控制相关变量获取目标语用数据，弥补语用直觉的缺陷；基于少量言语素材的定性分析胜在对语境因素的全面、细致考察。同时，这些方法各有局限：坐而论道式的哲学思辨过于依赖研究者直觉，缺少充分、客观、系统的语言证据；实验语境毕竟不同于自然语境，也不排除实验设计和数据分析的倾向性；个案分析受限于语料证据的规模和代表性，影响研究结论的普遍性。基于语料库的语用学研究强调对大量真实言语数据进行科学、系统的分析，为研究提供较为可靠的量化依据，有助于克服研究者的主观性和片面性。当然，上述方法各有优劣，重要的是根据研究对象和目的选取合适的方法。

其次，扩展并深化了语用学研究内容。传统研究受言语材料和技术方法所限，无法或难以对一些重要语用现象（如话语重叠）展开系统研究。采用语料库方法能够便利地对这些语用现象进行大规模调查，使语用研究范围大为扩展。更为重要的是，语言系统具有一种内在的概率属性（Halliday, 1991），高频出现的语言形式、意义和功能往往代表着交际过程中最经常使用的结构、"最经常实现的意义和功能"，对它们进行观察分析有利于揭示"语言使用的核心和典型要素"（卫乃兴，2009：36–37）。基于语料库的语用学研究将大量相似语用现象放在一起进行分析，不仅有利于发现掩盖于个案差异之下的事实和规律，还可从搭配、分布、功能等多维度对高频使用型式进行全面、系统的考察，形成新的理论假设，推动研究朝纵深展开。

再者，推动跨语言及历时研究。多语种和历时语料库的使用，有助于推进跨语言和历时语用学研究。多语种语料库为考察不同语言中特定语用现象的形式-功能映射，揭示语用原则的普遍性和变异性提供了有利条件。就历史语用学而言，研究者既无法直接观察历史中的交际模式，也不能通过内省法将语料信手拈来，必须依靠大量历史语料来归纳分析；研究语用现象的历时变化，也需要不同时期的语料支持。历时语料库的建立为其提供了必要的言语素材。此外，基于语料库的语用学研究也有助于语料库语言学的发展，语用理论的引入增强了对相关语言现象的解释力。

4.2 局限

基于语料库的语用学研究在过去30年中取得了令人瞩目的成就，但其研究方法和研究内容仍存在一定局限。就研究方法而言，其局限有三。第一，语用单位提取的规约性。采用语料库方法进行研究的瓶颈之一是语用单位的提取。由于缺少大型语用标注语料库（pragmatically annotated corpus），研究多半聚焦于单个词或固定搭配（如Adolphs, 2008）。这些词和结构的选择很大程度上依赖直觉或经验，这意味着，研究仍聚焦于规约化语用表达。换言之，利用语料库检索出的只是研究者已识别的功能-形式映射，难以发现新的型式。第二，文本数据的单一性。当前研究所用语料库多由文本数据构成，语料库提供的信息更多是上下文语境而非交际语境，难以检查言语交际发生的情景语境。虽然语料库中的语料都是人们实际运用的语言，但事实上，交际是动态的过程，语料是静态的“产品”。动态的交际一旦变成静态的文本，许多鲜活的内容随即不复存在。当前，大型多模态语料库仍不多见，且鲜有理论模型能将多种交际模态纳入分析。第三，历史语料的局限性。由于历史会话语料难以获取，不少历史研究所用语料取自小说、戏剧等，这在多大程度上能够还原或反映真实历史交际模式，仍有待考证。如何理解异于当代的言语形式及语用原则，也对研究者的语言语用解读能力提出挑战。

就研究内容而言，研究议题偏微观、欠宏观，理论建树少。当代语用学蓬勃发展，研究领域不断拓展，从分相论到视角观，从微观层面分析到宏观社会、文化、认知研究，几乎涵盖语言使用的方方面面。基于语料库的语用学研究，仅有少部分围绕言语行为、关联、礼貌、语用能力发展的研究涉及社会、文化、认知因素的考察。其他研究多局限于微观层面分析，主要关注即时语境对语言使用的限定作用。坦诚地说，当前基于语料库的语用学研究，无论微观层面，还是宏观视角，尚未取得突破性理论成果。采用语料库方法的研究不能仅局限于语用型式的描述或对现有理论的修补和应用，基于大量语言事实在理论建树上有所突破才是其真正意义所在。最后，从研究涉及的语言来看，尽管语料库建设在世界范围内已经比较普遍，多语种、多语言变体的语料库纷纷建立起来，但当前研究明显偏重于英语语言，这不利于发现语用行为的多样性和变异性。

综上，尽管基于语料库的语用学研究已取得不少成果，我们不应忽视其局限性，也不能过高估计其在语用学领域的影响。不过，该研究范式对语用学的贡献及其发展前景均值得肯定，语料库方法在语用学研究中的应用将日趋广泛。

❺ 结语

本文系统梳理了基于语料库的语用学前沿研究与热点议题，分析了已取得的成绩和面临的问题，使我们对该领域有更为清晰的认识。文献分析表明，未来研究可能显现如下走势：第一、随着微观话题的深入和推进，研究将进一步朝宏观语用学领域拓展。近5年的文献表明，语料库方法在宏观语用学领域的应用呈显著增长态势。这些领域主要包括：中介语语用学（如Scibetta, 2016; Buysse, 2017; Black & Barron, 2018）、变异语用学（如Aijmer, 2013; Barron et al., 2015; Wilson et al., 2017）、历史语用学（如Kohnen, 2017; Constantinescu, 2018; Jucker, 2018）、跨文化语用学（如Pérez-Hernández, 2016; Taylor, 2016; Hasselgård, 2017）等，语料库方法以其真实的语料来源和对大规模数据的细致描述，在这些领域体现出较强的应用价值。第二、多模态语料库和语用标注语料库将发挥更大作用。多模态语料库包括音频、视频和文字语料等多种信息集成，克服了传统文本语料库的单一性和静态性局限，在揭示语言和非语言符号系统的相互作用上展示出广阔前景（Knight, 2011; Adolphs & Carter, 2013）。此外，随着语用标注技术的发展和应用，以研究目标为导向的大型语用标注语料库也将建立起来，取代通用语料库的主导地位。有些研究者已经取得可喜的成果，比如Martin Weisser的“对话标注与分析工具”（dialogue annotation and research tool）使得对大规模语料库的（半）自动化语用标注成为可能（Weisser, 2018）。这将使原本难以大规模研究的语用现象（如会话含义）变得容易提取和分析，有助于进一步拓展语料库方法在语用学研究中的应用。第三、研究涉及的语种和语言变体将更加多样化。随着学界对语料库方法愈加重视，可以预见，未来研究将涵盖更多语言和语言变体。在这方面，中国学者应充分利用汉语的丰富资源，为推动语用学多语言、跨语言研究做出贡献。

参考文献

- Adolphs, S. 2008. *Corpus and Context: Investigating Pragmatic Functions in Spoken Discourse*. Amsterdam/Philadelphia: John Benjamins.
- Adolphs, S. & Carter, R. 2013. *Spoken Corpus Linguistics: From Monomodal to Multimodal*. London: Routledge.
- Aijmer, K. 1996. *Conversational Routines in English: Convention and Creativity*. London: Longman.
- Aijmer, K. 2002. *English Discourse Particles: Evidence from a Corpus*. Amsterdam/Philadelphia: John Benjamins.
- Aijmer, K. 2013. *Understanding Pragmatic Markers: A Variational Pragmatic Approach*. Edinburgh: Edinburgh University Press.
- Aijmer, K. & Rühlemann, C. (eds.), 2015. *Corpus Pragmatics: A Handbook*. Cambridge: Cambridge University Press.

- Albu, E. 2017. Description versus rejection in the analysis of negation: Evidence from Romanian and English. *Lingua* 191: 22–41.
- Ancarno, C. 2015. When are public apologies 'successful'? Focus on British and French apology press uptakes. *Journal of Pragmatics* 84: 139–153.
- Andersen, G. 2015. Relevance. In K. Aijmer & C. Rühlemann (eds.), *Corpus Pragmatics: A Handbook*. Cambridge: Cambridge University Press. 143–167.
- Astruc, L. & Vanrell, M. M. 2016. Intonational phonology and politeness in L1 and L2 Spanish. *Probus* 28(1): 91–118.
- Austin, J. 1962. *How to do Things with Words*. Oxford: Oxford University Press.
- Barron, A. 2017. The speech act of 'offers' in Irish English. *World Englishes* 36(2): 224–238.
- Barron, A., Pandarova, I. & Muderack, K. 2015. Tag questions across Irish English and British English: A corpus analysis of form and function. *Multilingua* 34(4): 495–525.
- Black, E. & Barron, A. 2018. Learner pragmatics at the discourse level: Staying "on topic" in a telecollaborative eTandem task. *System* 75: 33–47.
- Blitvich, P. G., Bou-Franch, P. & Lorenzo-Dus, N. 2013. Identity and impoliteness: The expert in the talent show idol. *Journal of Politeness Research* 9(1): 97–121.
- Brinton, L. J. 2008. *The Comment Clause in English: Syntactic Origins and Pragmatic Development*. Cambridge: Cambridge University Press.
- Brown, P. & Levinson, S. C. 1987. *Politeness: Some Universals in Language Usage*. Cambridge: Cambridge University Press.
- Buysse, L. 2017. The pragmatic marker *you know* in learner Englishes. *Intercultural Pragmatics* 121: 40–57.
- Camiciottoli, B. C. 2010. Discourse connectives in genres of financial disclosure: Earnings presentations vs. earnings releases. *Journal of Pragmatics* 42: 650–663.
- Clancy, B. & McCarthy, M. 2015. Co-constructed turn-taking. In K. Aijmer & C. Rühlemann (eds.), *Corpus Pragmatics: A Handbook*. Cambridge: Cambridge University Press. 430–453.
- Clark, B. 2016. Flight attendant identity construction in inflight incident reports. *Pragmatics and Society* 7(1): 8–29.
- Constantinescu, M. 2018. A perspective on "impoliteness" in early modern Romanian court and diplomatic interactions. *Journal of Historical Pragmatics* 19(1): 92–121.
- Culpeper, J. 2011. *Impoliteness: Using Language to Cause Offence*. Cambridge: Cambridge University Press.
- De Cesare, A. & Garassino, D. 2015. On the status of exhaustiveness in cleft sentences: An empirical and cross-linguistic study of English *also-/only*-clefts and Italian *anche-/solo*-clefts. *Folia Linguistica* 49(1):1–56.

❑ De Cock, B. 2014. Register, genre and referential ambiguity of personal pronouns: A cross-linguistic analysis. *Pragmatics* 26(3): 361–378.

❑ de Hoop, H. & Tarenskeen, S. 2015. It's all about *you* in Dutch. *Journal of Pragmatics* 88: 163–175.

❑ Del Saz-Rubio, M. M. 2018. Female identities in TV toiletries ads: A pragmatic and multimodal analysis of implied meanings. *Journal of Pragmatics* 136: 54–78.

❑ Garcia, P. 2015. Speech acts: A synchronic perspective. In K. Aijmer & C. Rühlemann (eds.), *Corpus Pragmatics: A Handbook*. Cambridge: Cambridge University Press. 29–51.

❑ Gardner, R. 2010. Question and answer sequences in Garrwa talk. *Australian Journal of Linguistics* 30(4): 423–445.

❑ Halliday, M. A. K. 1991. Corpus studies and probabilistic grammar.In K.Aijmer&B. Altenberg(eds.), *English Corpus Linguistics: Studies in Honour of Jan Svartvik*. London: Longman. 30–43.

❑ Handford, M. 2014. Cultural identities in international, interorganisational meetings: A corpus-informed discourse analysis of indexical *we*. *Language and Intercultural Communication* 14(1): 41–58.

❑ Hasselgård, H. 2017. Adverbial clauses in English and Norwegian fiction and news. In K. Aijmer & D. Lewis (eds.), *Contrastive Analysis of Discourse-pragmatic Aspects of Linguistic Genres*. Dordrecht: Springer. 119–139.

❑ Hatfield, H. & Hahn, J. W. 2011. What Korean apologies require of politeness theory. *Journal of Pragmatics* 43(5): 1303–1317.

❑ Heritage, J. 2001. Goffman, Garfinkel and conversation analysis. In M. Wetherell, S. Taylor & S. Yates (eds.), *Discourse Theory and Practice*. London: Sage. 47–56.

❑ Ho, V. 2010. Constructing identities through request e-mail discourse. *Journal of Pragmatics* 42(8): 2253–2261.

❑ Isik-Tas, E. E. 2018. Authorial identity in Turkish language and English language research articles in Sociology: The role of publication context in academic writers' discourse choices. *English for Specific Purposes* 49: 26–38.

❑ Jary, M. 2008. The relevance of complement choice: A corpus study of 'believe'. *Lingua* 118: 1–18.

❑ Jautz, S. 2013. *Thanking Formulae in English: Explorations Across Varieties and Genres*. Amsterdam/Philadelphia: John Benjamins.

❑ Jucker, A. 2018. Apologies in the history of English: Evidence from the Corpus of Historical American English. *Corpus Pragmatics* 2: 375–398.

❑ Knight, D. 2011. *Multimodality and Active Listenership: A Corpus Approach*. London: Bloomsbury.

- Kohnen, T. 2017. Non-canonical speech acts in the history of English. *Zeitschrift für Anglistik und Amerikanistik* 65(3): 303–318.
- Larrivee, P. & Duffley, P. 2014. The emergence of implicit meaning: Scalar implicatures with *some*. *International Journal of Corpus Linguistics* 19(4): 530–547.
- Levinson, S. C. 1983. *Pragmatics*. Cambridge: Cambridge University Press.
- Liao, M. 2009. Study of interruption in Chinese criminal courtroom discourse. *Text and Talk* 29(2): 175–199.
- Liu, F. & Xue, B. 2018. Representing the cognitive construal of Chinese first-person singular reference in discourse. *Language Sciences* 67: 1–13.
- Lutzky, U. 2012. *Discourse Markers in Early Modern English*. Amsterdam/Philadelphia: John Benjamins.
- Merrison, A. J., Wilson, J. J., Davies, B. L. & Haugh, M. 2012. Getting stuff done: Comparing e-mail requests from students in higher education in Britain and Australia. *Journal of Pragmatics* 44: 1077–1098.
- Partington, A. 2008. Teasing at the white house: A corpus-assisted study of face work in performing and responding to teases. *Text and Talk* 28(6): 771–792.
- Pérez-Hernández, L. 2016. A cross-cultural gender analysis of the pragmatic functions of conceptual metaphor in Spanish and English newspapers. *Text and Talk* 36(5): 541–563.
- Posio, P. 2012. Who are 'we' in spoken peninsular Spanish and European Portuguese? Expression and reference of first person plural subject pronouns. *Language Sciences* 34(3): 339–360.
- Romero-Trillo, J. (ed.). 2008. *Pragmatics and Corpus Linguistics: A Mutualistic Entente*. Berlin/New York: Mouton de Gruyter.
- Rühlemann, C. 2010. What can a corpus tell us about pragmatics? In A. O'Keeffe & M. McCarthy (eds.), *The Routledge Handbook of Corpus Linguistics*. London: Routledge. 288–301.
- Rühlemann, C. & Aijmer, K. 2015. Corpus pragmatics: Laying the foundations. In K. Aijmer & C. Rühlemann (eds.), *Corpus Pragmatics: A Handbook*. Cambridge: Cambridge University Press. 1–26.
- Rühlemann, C. & O'Donnell, M. 2015. Deixis. In K. Aijmer & C. Rühlemann (eds.), *Corpus Pragmatics: A Handbook*. Cambridge: Cambridge University Press. 331–359.
- Scibetta, A. 2016. Chinese university students' development of pragmatic skills in L2 Italian: A corpus-based study. In J. Romero-Trillo (ed.), *Yearbook of Corpus Linguistics and Pragmatics 2016: Global Implications for Society and Education in the Networked Age*. Dordrecht: Springer. 243–271.
- Searle, J. 1969. *Speech Acts: An Essay in the Philosophy of Language*. Cambridge:

Cambridge University Press.
- Shariati, M. & Chamani, F. 2010. Apology strategies in Persian. *Journal of Pragmatics* 42: 1689–1699.
- Taavitsainen, I., Jucker, A. H. & Tuominen, J. (eds.), 2014. *Diachronic Corpus Pragmatics*. Amsterdam: John Benjamins.
- Tagliamonte, S. 2005. *So* who? *Like* how? *Just* what? Discourse markers in the conversations of Young Canadians. *Journal of Pragmatics* 37: 1896–1915.
- Tang, C. 2016. Managing criticisms in US-based and Taiwan-based reality talent contests: A cross-linguistic comparison. *Pragmatics* 26: 111–136.
- Taylor, C. 2016. Mock politeness and culture: Perceptions and practice in UK and Italian data. *Intercultural Pragmatics* 13(4): 463–498.
- Tottie, G. 2015. Turn management and the fillers *uh* and *um*. In K. Aijmer & C. Rühlemann (eds.), *Corpus Pragmatics: A Handbook*. Cambridge: Cambridge University Press. 381–407.
- Weisser, M. 2018. *How to Do Corpus Pragmatics on Pragmatically Annotated Data*. Amsterdam/Philadelphia: John Benjamins.
- Wilson, G., Westphal, M., Hartmann, J. & Deuber, D. 2017. The use of question tags in different text types of Trinidadian English. *World Englishes* 36(4): 726–743.
- Yus, F. 2017. Incongruity-resolution cases in jokes. *Lingua* 197: 103–122.
- 冯志伟，2011，论语言学研究中的战略转移。《现代外语》(1)：1–11。
- 顾曰国，2017，意向性、意识、意图、目的(标)与言语行为——从心智哲学到语言哲学。《当代语言学》(3)：317–347。
- 姜望琪，2010，再论当代语言学的发展趋势。《外国语文研究》(1)：1–7，14。
- 卫乃兴，2009，语料库语言学的方法论及相关理念。《外语研究》(5)：36–42。

Directions and Focuses of Development in Corpus Pragmatics

Abstract: This paper reviews corpus pragmatic studies that have been conducted in the past decade or so, with the aim of revealing the current status and emerging trends in the field. The results show that current corpus-based pragmatics 1) highlights recurring linguistic patterns and typical pragmatic functions, thereby grounding pragmatic studies in observations of authentic texts; 2) centers on investigating specific pragmatic phenomena as well as supporting or challenging classic pragmatic theories; 3) shows a growing interest in pragmatic relativity, variation and culture-specificity, and the association between pragmatics and the lexicon, syntax, discourse and prosody. However, existing research is restricted to conventionalized forms or phrases, text-based monomodal corpora, and micro-pragmatic topics. It is therefore suggested that future research will need to be further extended to macro-pragmatic areas, where multi-modal and pragmatically annotated corpora play a central role.

Key words: corpus pragmatics; form-function mapping; pragmatic variation; pragmatic interfaces; macro-pragmatics

（责任编辑：苏祺）

调解会话中的立场表达与中立性建构

华东师范大学　竹旭锋
华东师范大学　何　刚*

［提　要］　本文从立场表达理论出发，以“立场互动—叠加模型”为分析框架并结合真实的中国家庭调解会话语料分析，揭示调解者中立性的话语建构过程。研究表明，双方当事人在会话过程中通过评价共同的立场客体实现立场表达与互动，从而形成认识立场或道义立场上的对立关系。在此基础上，调解者主要采用单向回应式或双向回应式评价这两种方式来表达自我立场，并与一方或双方当事人通过立场互动而形成特定的立场关系。多组立场关系之间通过互动叠加，最终达到一种主体间的平衡关系，从而实现中立性建构。

［关键词］　调解；中立性；立场表达；立场互动—叠加

❶ 引言

调解是指在第三方调解者介入和协助下，纠纷当事人之间通过平等沟通与协商，自愿达成协议，从而解决纠纷的活动。作为当前社会矛盾纠纷化解的有效途径之一，调解早已成为了法学、社会学以及语言学等众多学科共同关注的研究课题。

中立性是调解活动的属性特征，也是该研究领域内一个颇具争议的热点话题。首先，何为中立性？相关定义不少，但学界一直众说纷纭。例如，Rifkin等（1991）提出，中立性应当包括公正性（impartiality）与等距性（equidistance）。前者是指调解者与当事人保持一种不偏不倚的关系；后者指调解者平等地支持与鼓励双方当事人进行陈述，从中创造出一种对称性。Astor（2007）则更为详细地阐述中立性的多重内涵：首先，它指调解者只提供一种程序性框架，并不对调解内容与结果进行干

* 作者简介：竹旭锋，华东师范大学外语学院博士研究生。研究方向：语用学、会话互动研究。Email: zxf668283@aliyun.com。通信地址：200241 华东师范大学外语学院。
何刚，华东师范大学外语学院教授、博士。研究方向：语用学。Email: hegman2@163.com。通信地址：200241 华东师范大学外语学院。

涉，而由当事人自行协商决定如何解决彼此争议；其次是调解者在调解过程中应做到不偏不倚，平等地对待当事各方；第三，调解者不与任何一方当事人存在经济上的利益关系，不对任何一方心存偏见等。尽管上述定义在内涵及表述上各有侧重，但核心思想无外乎要求调解者在当事人之间保持一种“不偏不倚”的平衡关系，不偏袒任何一方。因此，中立性本质上是调解者与当事人在会话互动过程中通过立场表达与互动所建构起来的一种主体间关系。

语言是调解者实施调解的重要手段，同时也是表达自我立场、建构与他者关系的重要方式。以往已有不少研究试图揭示调解者的话语行为、立场表达与中立性之间的关系。例如，Greatbatch和Dingwall（1997）通过对英国离婚调解过程的会话录音进行分析后发现，调解者对于某种解决方案的偏好以及对当事人立场的评价会严重影响其中立性。Garcia（1995）在其研究中也发现，调解者如果为一方当事人“代言”，支持或反对另一方当事人的立场，也会损害其中立性。除此之外，还包括调解者如何回应当事人的抱怨，如何转述或复述当事人的立场观点以及如何提出建议等等（Jacob, 2002；Garcia et al., 2002; Garcia, 2013; Heisterkamp, 2006; Stokoe & Sikveland, 2016）。尽管这些研究所关注的具体话语类型有所不同，但基本观点大同小异，即一旦调解者实施这些话语行为、表明个人立场则意味着可能会与其中一方当事人的立场之间结成某种立场关系，从而影响中立性，由此认为调解者应当尽量回避这些话语行为。然而，该结论至少存在两大问题。其一，如果调解者在调解过程中始终保持一种“置身事外”的态度，回避表达个人立场、不与当事人发生立场关系，这既不现实也不可能，而且这种消极、回避的做法也容易落下不积极调解之嫌（王钢, 2012）。其二，认定调解者与当事人之间一旦发生立场关系就一定无法保持中立性的观点也是一种片面误解，研究者忽视了立场表达的互动性以及多组立场关系之间的叠加性。

鉴于此，本文从立场表达理论出发，以“立场互动—叠加模型”为框架，通过对真实的中国家庭纠纷调解语料进行分析，揭示在调解会话互动过程中调解者与双方当事人之间如何通过立场表达与互动形成立场关系，以及这些立场关系如何相互叠加发生作用，最终实现中立性建构。本研究所使用的语料均来自某省级卫视播出的一档家庭调解纪实类节目转写而成，其中的人物事件均真实。调解场所主要是在当事人家中或当地政府设置的调解工作室中进行。另外，为了保护当事人的隐私及相关权利，在分析时已对姓名及面部等个人信息进行了特殊化处理。

❷“立场互动—叠加模型”

立场（stance）作为一个语言学研究概念被引入大致起始于20世纪70、80年代，最初是指说话者或作者对于信息命题内容的态度、情感、判断或承诺的词汇或语法表达（Biber & Finegan, 1989；Biber等, 1999）。早期的立场研究大多是借此来探讨语言的主体性问题（例如Benveniste, 1971；Lyons, 1977；Palmer, 1986; Biber & Finegan,

1988；1989等），而20世纪初掀起的一波新的研究热潮，不但将研究范围辐射至语言学众多分支领域，包括语料库语言学、系统功能语言学、话语功能语言学、认知语言学、语用学、社会文化语言学、互动社会语言学与会话分析等，而且研究重心也逐渐从主体性转向了主体间性维度（Englebretson, 2007），并形成了一种新的理论视角，即立场互动观。

秉持这一理论观点的研究者们主张，在会话互动过程中，参与交际的各方主体不仅仅只是通过话语来表达自我立场，同时也在建构与他者的关系。立场也不再是对知识的"内在状态"进行的语言包装，而是在交谈者的对话互动中生成的，因而立场表达是一项参与者之间的共同活动（Kärkkäinen, 2003；2006）。Du Bois（2007: 163）则将立场重新定义为是"社会主体在会话过程中通过外显化的交际手段（语言、身势以及其他符号资源）所表达出来的一个公共行为"。而且，他认为立场并不是孤立的、静止的；一个主体所表达的立场往往会与其他主体的立场产生互动与共鸣。为了进一步解释交际主体之间是如何发生立场互动的，他提出了一个"立场三角"分析模型。参见下图1：

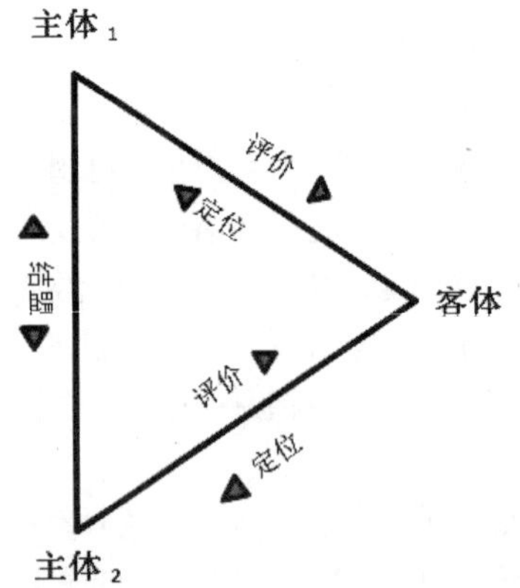

图1 立场三角模型（Du Bois, 2007: 163）

在该模型中，三个节点所代表的分别是立场关系中的三个实体，即立场主体$_1$、立场主体$_2$以及（共同的）立场客体。三条边所代表的是立场表达过程中的三类不同指向的子行为，即评价（evaluation）、定位（position）和结盟（alignment），三者共同串起三大实体间的关系。简单来说，通过评价共同的立场客体，多个立场主体既定位了自我，又相互（不）结盟，从而形成一致（convergent）或不一致（divergent）的立场关系（Du Bois, 2007: 164）。请看下面的例子：

[1] (圣芭芭拉语料库 SBC011: 444.12-446.30)
1 SAM: I don't like those.（山姆：我不喜欢那些。）

2 (0.2)
3 ANGELA: I don't either. （安吉拉：我也一样。）

（Du Bois, 2007: 165）

在例[1]中，首先，SAM的话语中明确出现了“*I*”作为立场主体、“*those*”作为立场客体，以及评价值“*don't like*”。而ANGELA的话语中同样表明了“*I*”作为立场主体，但缺省了作为立场客体的宾语“*those*”以及部分谓词“*like*”。为了更清楚地呈现，我们对这两个话语进行了还原与对齐，如下表所示：

表1 两大主体的一致立场关系

说话者	立场主体	定位/评价	立场客体	结盟
SAM:	I_1	don't like	those	
ANGELA:	I_2	don't {like}	{those}	either

可见，立场主体$_1$（SAM）与立场主体$_2$（ANGELA）都是对同一立场客体（“*those*”）进行了评价，而且都使用了负面的评价值（“*don't like*”），实现了自我定位。而且，这两个相邻话语使用了相同、相近、相关的词语、结构等共鸣资源（高彦梅，2015；2018），并且ANGELA话语中的“either”一词更是一个显性的结盟标记词（alignment marker）（Du Bois，2007）。由此，这两大主体通过评价共同的立场客体既自我定位，同时相互结盟，实现了立场表达与互动，最终形成了一致的立场关系。

评价话语是立场表达的最主要、最显著的形式（Du Bois，2007）。“立场三角”模型正是以评价作为分析切入点，兼顾了立场表达的主体性与主体间性特质，揭示了立场表达的内在过程以及不同主体之间通过立场互动而形成特定的立场关系，尤其突出了立场的互动性（主体间性）。然而，该模型中也存在着一些不足。例如，立场三角模型中只涉及了两个立场主体，侧重分析会话双方如何发生立场互动的过程，由此形成的立场关系作为自然结果并无太多论述。这对于分析双人会话形式固然没有太大问题。然而，就多方会话形式而言，立场主体增多，彼此之间通过立场互动会形成多组立场关系，而且这些立场关系之间并非是相互孤立的，相反，它们之间存在着相互关联性。具体来说，当其中两方主体通过评价共同的客体而产生立场互动，并且形成某种立场关系。而后续加入的主体如果也对该客体实施评价，与先前的主体之间发生立场互动，进而形成新的立场关系。这些具有关联性的立场关系之间会相互叠加，最终产生一种整体综合效果。

由此，我们认为，在分析多方会话交际过程时，不但需要考虑不同主体之间的立场表达的互动过程，同时也要关注多组立场关系之间的叠加效应。为此，我们对原“立场三角模型”加以补充修正，提出更新的“立场互动—叠加模型”。见图2：

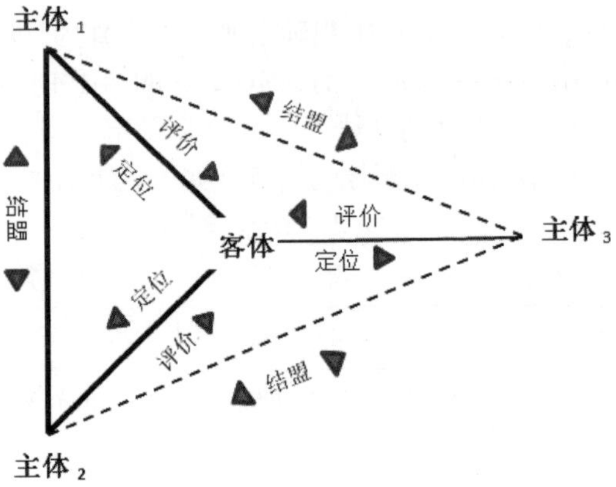

图2 立场互动—叠加模型

一方面，该模型延续了“立场三角”模型中的立场互动思想，即多个立场主体如何通过评价共同的立场客体来定位自我，同时与其他主体结盟，形成某种立场关系；另一方面，它纳入了更多数量的立场主体，旨在分析各个立场主体之间（先后）结成的立场关系属性以及相互叠加所可能产生的综合效应。

如引言中所述，调解者的中立性问题不能简化成只是判断调解者与其中一方当事人之间是否形成立场关系，而应该是一个动态的、整体的话语建构过程。因此，下文将以该模型为分析框架，首先考察当事人之间如何通过评价共同的立场客体形成立场关系；之后再分析调解者如何采用特定的评价方式进行立场表达，并与当事一方或双方形成某种立场关系，以及多组立场关系之间如何互动叠加，最终实现中立性建构。

❸ 当事人之间的立场互动与关系形成

作为调解活动的主要参与主体，当事人之间因价值观念、物质利益等分歧而产生的矛盾冲突会在调解过程中通过话语的形式得以重现。譬如，当事一方会针对现状或对方行为、态度等发表大量的评价性言辞，而另一方也可能会做出反驳、辩解等，由此双方形成针锋相对的立场关系。具体而言，这种对立主要表现在认识立场（epistemic stance）和道义立场（deontic stance）这两种类型上。

3.1 认识立场对立

在调解中，当事人之间经常会就某一“事实”各执一词，一方认为“是这样”，而另一方却可能认为“不是这样”。这类分歧就属于认识立场范畴。这是因为话语所包含的命题内容反映出言说者对某一事态的描述，而认识立场所表达的正是他对该命题的确定性、现实性、准确性或局限性，以及信息来源（Biber等, 1999: 973）。认识立场的语言表现形式有很多，包括语法手段，如情态（可能、一定等）、副词（也许等）、从句（我认为）等，以及带有价值判断的词汇，如喜欢、讨厌、美好的、混蛋等（Lyons, 1977；Biber等, 1999；龙满英、许家金，2010；高彦梅，2012；方梅、乐耀，2017）。

在例[2]中，丈夫（H）与妻子（W）因为孩子户口归属问题发生了争执，调解者（M）介入调解。

[2]

1 M：什么事？
2 H：我想她回去，回到自己家去，我们生了两个小孩，
3 户口一人一个-=
4 M：=他是上门女婿是吧？
5 H：我不是上门女婿
6 W：我们家是要这样的，当时因为他家有两个儿子，
7 一开始他跟我舅妈开玩笑，他说‘我愿意出来的，
8 做上门的’
9 M：他愿意出来的是吧？
10 W：我舅妈是这么说的，后来又说不同意[了=

在以上会话片段中，调解者通过提问来引导当事人陈述矛盾事因（第1行）。之后，根据丈夫陈述话语中出现的一些关键信息词，如“回到自己家”“两个孩子，户口一人一个”等（第2-3行），以及相关的文化语境信息，调解者做出推论——“他（指丈夫）是上门女婿”——并向妻子方提问进行求证（第4行）。从话语中使用的人称代词“他”可以看出，调解者意图将话轮权交由妻子进行陈述，但丈夫抢先进行了否认，说“我不是上门女婿”（第5行），其中的否定词“不是”对命题内容进行了否定，也表明了自己的认识立场。在第7、8、10行中，妻子通过引述丈夫当时原话的方式，陈述了信息的来源（“我舅妈这么说的”），反驳了丈夫的立场，也间接表明了自己的认识立场，即认为丈夫是“愿意”做上门女婿的。

在此过程中，当事双方（丈夫与妻子）对“丈夫是上门女婿”这一命题实施了评价，分别给出了“是”和“不是”这两种截然不同的评价值，从而在认识立场上形成了对立关系。

3.2 道义立场对立

除了认识立场之外，当事人之间还会就某些涉及“权利”“义务”“责任”等问题产生分歧，这些则属于道义立场范畴。与前者有所不同，道义立场并不涉及命题

的真值问题，而主要是跟道义主体所实施的行为相关（Lyons, 1977；Palmer, 1986; Shoarps, 2017; 龙满英、许家金，2010）。具体来说，是指说话者或作者认为这个世界（包括其他主体）应该怎样，其背后隐含的依据标准包括特定文化规约、社会期待或个人意愿等。能够表达道义立场的语言标记形式有很多，包括语态（如祈使句）、情态动词（如应该，可以，能等），以及副词等。

在例[3]中，参与调解的夫妻双方（丈夫H，妻子W）因家庭责任的分担问题产生了矛盾。

[3]

1	H：	去年我妈妈在海盐，给我弟弟他们带小孩，就是
2		我弟他们的。她就说，你妈妈给你弟弟带小孩，
3		我们小孩也要你妈妈过来带。她就跟我吵，说不
4		公平。我逼着我妈妈，我妈妈其实是掉着眼泪过
5		来的。过来了，她也可以去上班，也可以去考
6		驾驶证，但是过来以后，去年今年，过完年过来的，
7		但她到现在也没去上过班，在家里面吃完饭就
8		拿着手机玩游戏。
9	W：	本来就是男人养家的嘛

在该会话片段中，丈夫在陈述事由时，认为妻子既然要求他妈妈过来带小孩（第1至4行），分担了家庭责任，那么她自己就“可以”去上班，或者“可以”去考驾驶证，而不是在家里玩游戏（第5、6、7、8行）。丈夫的话语中所使用的情态词“可以”是典型的道义立场标记，虽然在语气等级上要比“应该”、“必须”等稍缓和，但同样表达了说话者对对方的一种行为期待。由此，丈夫对妻子在道义维度上实施了隐性的负面评价，表明了立场，即妻子应当承担家庭责任。而妻子对此表示否定，并不认为自己失责，理由是“本来就是男人养家”（第9行）。可见，丈夫与妻子这两方立场主体通过对“妻子是否应当承担家庭责任”进行评价，表明了各自立场。而立场互动的结果是形成了道义立场上的对立关系。

总而言之，这两类对立构成了当事人之间立场关系的基本状态，也是双方矛盾冲突的缩影以及在话语层面上的体现。

4 调解者的评价方式、立场关系叠加与中立性建构

一旦当事双方形成对立立场关系后，调解者不可避免地需要扮演一种类似“裁判”的角色，就当事人共同关心的客体对象做出回应性评价，表明自己的立场，但同时又必须时刻警惕，因为如若评价方式不当，造成立场偏袒，便容易丧失中立性。为此，调解者在评价方式上需要一定策略性。其中一种方式是，调解者在实施评价

时会策略性地选择其中一方当事人或双方当事人作为回应对象，与之发生立场互动而形成某种立场关系。据此，可以分为单向回应式评价和双向回应式评价。

4.1 单向回应式评价

所谓单向回应式评价是指调解者所实施的评价行为直接指向或回应其中一方当事主体，并与之立场互动后形成某种立场关系。需要注意的是，通过这种单向式评价产生立场互动所形成的立场关系无论是一致还是不一致，本质上都具有偏向性。因此，调解者往往需要实施多次评价行为，所形成的多组立场关系相互叠加之后才能实现中立性。

在例[4]中，当事双方（妻子W和丈夫H）因家庭琐事而产生矛盾，调解者（M）介入。

[4]

W：他要开车，有时候我好心提醒他。我说你开车就早点睡觉，他玩着手机说，你自己睡就自己睡。有时候我说，小孩子睡觉你就睡觉好了，我都睡觉的，他每次提醒好像是我特意要管他的意思，脾气很硬的他这个人

H：她意思是，我没有按照她的要求做，有一部分那确实是，有时候=

M：=我打断一下、打断一下。你怎么说没有按照她的意思做？你在家里做的事情太少了？

W：他什么事情都是妈妈做的

H：小孩子洗澡、换尿不湿、垃圾、楼上搞卫生，我哪样没做？全部都在做，并不是没做。她是什么要求呢？我每次在外面-在外面干活的时候，她电话打来，你回来把垃圾倒掉，挂掉了。可能过一会儿，又想到什么，电话打来，你回来把床单换掉，小孩尿不湿-

M：什么事情呢？当她这样经常叫你，这些都是太小的事情，说明什么呢？说明你在这个事情中，在家里不会主动去倒垃圾，也不会主动什么样的，她才担心你这个样子。

W：对！

M：但她这种提醒的方式呢，我倒觉得也不是很好

在以上会话片段中，妻子先抱怨自己“好心提醒”丈夫早点睡觉（第1-5行），但丈夫却不领情。丈夫却认为妻子是在“要求”他做事（第6行）。其中，指令性话

语（directives）是典型的道义立场表达标记（Palmer, 1986: 150）。在言语行为理论中，“提醒”和“要求”同属于指令类，言外之力都是让对方去做某事，但在强加度上有所差异，“要求”行为的强迫程度更高，而“提醒”则较低（Searle, 1979）。妻子认为自己的“提醒”应当得到丈夫的接受，而丈夫对“要求”表达了抵触。对此，调解者并没有立刻做出任何回应性评价，而是通过提问的方式来对该话题进一步扩展（第8、9行）。随后，妻子提出“他（丈夫）什么事情都是妈妈做的”（第10行），而丈夫反驳（“全部都在做，并不是没做”）（第11、12行）。可见，当事双方对该命题的评价不同而形成了认识立场上的对立关系。

自第17行起，调解者才开始实施评价行为来表明立场。他通过身势转向（见下图3）及人称指示语（第二人称代词“你”）的使用，将丈夫作为评价的直接回应对象。并且，通过“不会主动”这一具有负面意义的评价词对丈夫的日常表现及态度进行了批评与否定，并与之形成了对立的立场关系。这组新的立场关系与当事双方先前存在对立立场关系相互叠加，其结果是调解者与妻子方间接地形成了一致立场关系，而与丈夫方形成了对立。可见，调解者的这次评价行为所产生的结果是偏向了妻子一方，而并没有达到中立。

随后，调解者又通过使用转折关系连词“但”字，转而将妻子“提醒的方式”作为立场客体再次进行评价（第22行）。此时，调解者仍然面朝着丈夫（见图4）并使用了第三人称代词“她”，将丈夫作为直接回应对象，但是话语中所用的具有负面评价意义的词“不是很好”事实上是对妻子的行为方式进行了否定，从而间接地赞同了丈夫先前的立场，与丈夫方形成了一致的立场关系。

从整体上来看，调解者先后两次评价的直接回应对象都是丈夫，但所形成的立场关系却截然不同。前者是直接批评丈夫（负面评价）而形成了对立的立场关系；后者是否定妻子（负面评价）而形成了一致的立场关系。这两组立场关系与当事人先前存在的对立立场关系相互叠加后，所产生的效果是调解者与当事双方保持了一种“模棱两可”的立场关系，既不完全肯定，也不完全否定，但让双方都感觉没有完全站在对方立场上，由此实现了中立。

图3

图4

4.2 双向回应式评价

双向回应式评价是指调解者所实施的单次评价行为同时回应双方当事人，并与之发生立场互动而形成同等的立场关系。这种评价方式具有双向性和等效性。换句话说，如果调解者实施的是负面评价，则意味着该评价值对当事双方都适用，其结果是与当事双方同时形成了对立的立场关系。

在例[5]中，丈夫（H）与妻子（W）为再婚夫妻，因为家庭责任产生矛盾，调解者（M）介入。

[5]

1 H： 刚开始在一起的时候，她家里的小孩子每个月，
2 我给她是三百块钱一个月，到后来是六百块钱
3 一个月，按照时间推移，逐步-逐步地往上升，
4 到现在=
5 M： 这也是应该的，她是你老婆呀
6 H： =到现在是变成三千块钱一个月生活费
7 W： 三千块钱也是生小孩的时候，也是村长叫他拿，
8 他才拿的，以前不拿的
9 M： 哦
10 W： 有一个是还没生小孩前，两千五是有过两年时间，
11 以前有时候拿一点，有的时候根本不拿
12 M： 你作为一个继父也应该承担这个责任=
13 H： 对对对对，是的
14 M： =这有什么怨言呢？
15 H： 我跟你讲，老娘舅，这些我都认了
16 M： 嗯
17 H： 既然大家在一起生活，那么就是一家人，[就不分
18 你我了]
19 M： [对对对]
20 H： 我跟他们在一起生活掏心掏肺，我是用心跟他们
21 过日子的，她们这样对我，我觉得对我很不公平
22 M： 其实你们，我可以告诉你们，我听到现在，你们
23 虽然十四年夫妻了=
24 H： 你想她两个孩子我都承担了
25 M： =听牢！虽然已经十四年夫妻了，生活上你们是
26 走到一起了，但你们思想上永远是独立的人。
27 ((面对妻子)) 你有你的想法，他有他的想法
28 ((面对丈夫)) 所以你的事情好像是我为了你们，

我付出为了你们。其实你们都忘记了你们是一家。
你们到目前为止，都不是夫妻=
W： [不是夫妻啊]
M： =没有尽到夫妻的责任，一点小事马上就想开了。
((转向妻子))同样包括你，你也不要责怪他，
同样包括你。在你的心里，你有没有想过，两个
孩子这么小，跟着他了，他对家庭的付出，你
有没有感恩之心？没有！你总认为他付出太少，
他没有按照你的要求在办，是不是啊？那他认为
他已经付出很多了，但他忘了，这是你们的家。
你们每一点付出都是应该的。家庭就是靠双方的
付出，双方毫无私心的付出，毫无保留的付出。
但你们呢？你们凭良心说一句，你们每一件事情
做出来，都记在心的，我已经付出了，一件一件
记得很清楚

在以上会话片段中，丈夫先陈述自己如何给孩子钱的这一“事实”细节（第1至4、6行），而妻子提出了质疑和反驳（第7、8和10、11行）。这其中涉及两个立场客体：“（丈夫）是否一直给钱”以及“（丈夫）是否主动愿意给”。显然，夫妻双方立场并不一致。对此，调解者先是实施了两次单向回应式评价，回应对象均为丈夫，而且两次都使用了同一道义立场标记词“应该”，（第5、12行），是将“（丈夫）是否愿意给钱”作为了客体对象。但是，调解者的这种单向式评价并未达到预期效果。之后尽管丈夫回应了“对对对”（第13行），但其实并未完全认同调解者的立场，而是继续抱怨“我跟他们在一起生活，掏心掏肺，我是用心跟他们过日子的，她们这样对我，我觉得对我很不公平”（第20、21行）。在此，丈夫将立场客体由自己单方的行为（“给钱”）变为双方行为的比较。

作为回应，从第22行起，调解者明显调整了评价方式：一方面，不再只将丈夫单方的行为作为评价的客体，而是改为双方的“思想/想法”；另一方面，在回应对象上，从单向变为了双向回应。后者可以从调解者身势朝向的来回切换与手势（见图5和图6），以及在话语中多次使用“你们”这一复数人称代词上得到印证。而且，在评价值上，使用了“没有尽到夫妻的责任”“没有感恩之心”等负面评价意义的否定词。可见，调解者对当事双方的行为表现与态度同时进行了批评与否定（负面评价），表明自己的立场，并与当事双方同时形成了对立的立场关系。这几组新的立场关系与当事人之间存在的对立立场关系相互叠加，所产生的综合效果使得调解者“疏离”于双方立场，没有与任何一方形成一致立场关系，由此实现了中立状态。

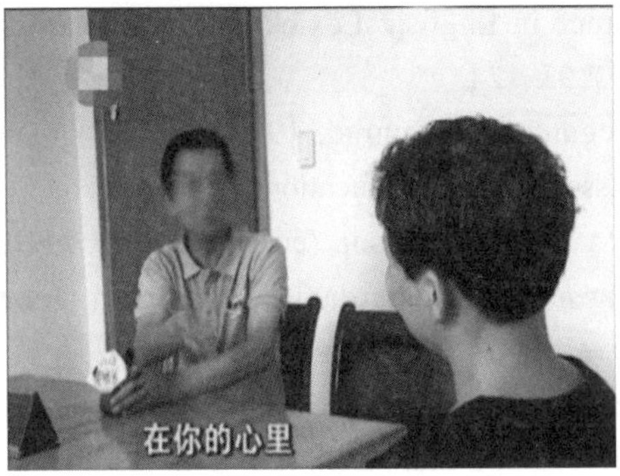

图5

图6

❺ 结语

中立性是调解研究中最为复杂、多维而又充满争议性的话题之一。从语言立场表达的理论视角出发，对调解者中立性的建构过程进行解读无疑是一种新的探索。相比较先前的研究，本文认为，调解者能否保持中立不能局限于通过简单判断调解者与当事人一方有无形成立场关系，而是应当完整、动态地考察多主体之间的立场互动过程。本质上，中立性是调解活动中的各方主体通过立场表达与互动所形成的多组立场关系相互叠加后所建构起来的一种主体间关系。

为此，本文在经典“立场三角模型”基础上，提出了新的“立场互动—叠加模型”，兼顾多个主体间的立场互动性以及多组立场关系之间的叠加性，以便更好地分析解释调解者的中立性话语建构过程。并以此为框架，对真实的调解会话语料进行分析后发现，当事人之间首先通过评价共同的客体形成认识立场或道义立场上的对立关系；之后，调解者也通过评价行为与一方或双方当事人发生立场互动而形成特定的立场关系。这些立场关系之间通过相互叠加后，最终达到一种主体间的平衡关系，从而实现中立性建构。

参考文献

- Astor, H. 2007. Mediator neutrality: Making sense of theory and practice. *Social and Legal Studies*16(2): 221–239.
- Benveniste, E. 1971. Subjectivity in language. In M. E. Meek (trans)., *Problems in General Linguistics*. Coral Gables: University of Miami Press. 223–230.
- Biber, D. & E. Finegan. 1988. Adverbial stance types in English. *Discourse Process* 11(1): 1–34.

❏ Biber, D. & E. Finegan. 1989. Styles of stance in English: Lexical and grammatical marking of evidentiality and affect. *Text* 9(1): 93–124.

❏ Biber, D., S. Johansson, G. Leech, E. Finegan, & S. Conrad. 1999. *The Longman Grammar of Spoken and Written English*. Essex: Pearson Education Ltd. 965–976.

❏ Du Bois, J. W. 2007. The stance triangle. In R. Englebretson (ed.), *Stancetaking in Discourse: Subjectivity, Evaluation, Interaction*. Amsterdam/Philadelphia: John Benjamins Publishing Company. 139–182.

❏ Englebretson, R. 2007. *Stancetaking in Discourse: Subjectivity, Evaluation, Interaction*. Amsterdam/Philadelphia: John Benjamins Publishing Company.

❏ Garcia, A. C. 2013. *An Introduction to Interaction: Understanding Talk in Formal and Informal Settings*. London/NY: Bloomsbury Academic.

❏ Garcia A. C., K. Vise & S. Whitaker. 2002. Disputing neutrality: A case study of a bias complaint during mediation. *Conflict Resolution Quarterly* 20(2): 205–230.

❏ Greatbatch, D. & R. Dingwall. 1997. Argumentative talk in divorce mediation sessions. *American Sociological Review* 62: 151–170.

❏ Heisterkamp, B. L. 2006. Conversational displays of mediator neutrality in a court-based program. *Journal of Pragmatics* 38: 2051–2064.

❏ Jacobs, S. 2002. Maintaining neutrality in dispute mediation: managing disagreement while managing not to disagree. *Journal of Pragmatics* 34: 1403–1426.

❏ Kärkkäinen, E. 2003. *Epistemic Stance in English Conversation*. Amsterdam/Philadelphia: John Benjamins Publishing Company.

❏ Kärkkäinen, E. 2006. Stance taking in conversation: from subjectivity to intersubjectivity. *Text & Talk* 26(6): 699–731.

❏ Lyons, J. 1977. *Semantics*, Vol. 2. Cambridge: Cambridge University Press.

❏ Palmer, F. R. 1986. *Mood and Modality*. Cambridge: Cambridge University Press.

❏ Rifkin, J., J. Millen, & S. Cobb. 1991. Towards a new discourse for mediation: A critique of neutrality. *Mediation Quarterly* 9(2): 151–164.

❏ Searle, J. 1979. *Expression and Meaning: Studies in the Theory of Speech Acts*. Cambridge: Cambridge University Press.

❏ Shoarps, R. A. 2017. Directives, Moral Authority, and Deontic Stance-Taking in Sakapultek Maya. *Anthropological Linguistics* 59(1): 24–70.

❏ Stokoe, E. & R. Sikveland. 2016. Formulating solutions in mediation. *Journal of Pragmatics* 105: 101–113.

❏ 方梅，乐耀，2017，《规约化与立场表达》。北京：北京大学出版社。

❏ 高彦梅，2012，主体、立场、结盟。钱军主编《语言研究与外语教学》论文集。北京：高等教育出版社. 137–149.

❏ 高彦梅，2015，Du Bois的对话句法。《语言学研究》(17)：71–76。

- 高彦梅，2018，对话共鸣与衔接和谐。《现代外语》(3)：320–332。
- 龙满英，许家金，2010，大学生英汉同题议论文中立场标记的对比研究。《外语与外语教学》(3)：21–24。
- 王钢，2012，论调解员中立。《北京科技大学学报（社会科学版）》(2)：120–124。

Stance-Taking and Neutrality Construction in Mediation Conversations

Abstract: This paper departs from the interactional sociolinguistics and proposes the "Stance Interaction—Superposition Model" (SISM) as the analytical framework to explore the construction of mediator's neutrality in mediation interactions. The data for analysis are drawn from videotaped Chinese family mediation conversations. Disputing parties take their stance by evaluating the shared object and thus establish a stance relationship of epistemic or deontic oppositions. Thereafter, the mediator tactically employs either the unidirectional or bi-directional responsive evaluating modes and then interacts with the single or both disputant(s) to establish a certain stance relationship. Finally, those sets of stance relationships interact and superpose with each other and generate the effect of neutrality.

Key words: mediation; neutrality; stance-taking; stance interaction-superposition

（责任编辑：高彦梅）

听译任务产出时停顿离散与语言流利度的耦合性研究

江西师范大学　柯于国*

[提　要]　本文参照离散耦合性架构，凭借inputlog 7.0和MATLAB软件探究24名中国英语学习者听译(汉译英，下同)任务产出的耦合性，识解停顿离散与语言流利度的耦合协调度及其时序耦合差异。研究结果显示：1)在听译任务产出时，高分组在停顿离散与语言流利度上呈现控制型耦合纠缠，耦合离散集聚于语丛截口；低分组则呈现非控制型耦合纠缠，主要集聚在句首截口、语丛截口与词间截口。2)不同听译层次存在不同时序耦合与空间耦合差异，停顿离散与语言流利度的耦合评估呈现低—较高—低—很高—低的"M"型趋向样态，两者的耦合性基于请求准备时间和支援准备时间的双重纠缠，并助推了听译产出质量与听译教学目标的局部完成。

[关键词]　听译任务产出；停顿离散；语言流利度；耦合纠缠

❶ 研究背景

耦合性(coupling)指两个(或两个以上)语域或运动形态通过多维纠缠而交互影响；耦合协调(coupling coordination)是两个(或两个以上)语域或要素之间一种良性的相互关联，是语域间或语域内要素和谐一致、良性循环的内在联结(Kuruvilla & Jordan 2012)。耦合度与协调度对语域或要素之间耦合协调在状态和程度上的描述和度量。停顿离散(pause discreteness，简称PD,下同)与语言流利度(language fluency,简称LF,下同)的耦合性指在任务产出过程中的停顿与语言流利度的相倚性关联，往往受任务复杂性(complexity of task,简称CT,下同)和耦合切换频率(frequency of switching,简称FS,下同)所限，具有震颤性、非线性和颠簸性(Cheon & Chung, 2014)。例如：

[1]　I am a student$_{[\text{-PD1;+LF}]}$.(-CT;-FS)

* 作者简介：柯于国，江西师范大学外国语学院。研究方向：外语教学，认知语言学。Email: why.2009@163.com。通信地址:330022 江西省南昌市高新区紫阳大道江西师范大学瑶湖校区。
本文是博士科研启动资金、2018年院级教改的阶段性成果。

[2] Whatever$_{[+PD1;-LF]}$ is$_{[-PD1;+LF]}$ worth$_{[-PD1;+LF]}$ doing$_{[+LF]}$ is$_{[-PD1;+LF}$ worth$_{[-PD1;+LF]}$ doing$_{[PD2]}$ well$_{[+LF]}$.(+CT;+SS)

[3] Frequently applied$_{[LF;+PD]}$, complicated structures$_{[-LF;+PD]}$ are$_{[+LF]}$,to some extent$_{[-LF;+LF]}$, simplified$_{[+PD]}$, hence urging translation$_{[-LF;+PD]}$ of such articles$_{[+PD]}$ difficult$_{[LF;-LF+PD].(+CT;+FS)}$

例(1)呈现了停顿离散弱化和流利度强化的过程,这主要由于CT较弱和FS较低所影响的，耦合性不明显。与例(1)相比，例(2)中CT增强，同时FS较高,句子明显出现了震颤性和颠簸性。二者交互影响的耦合性明显增强。同样，例(3)句式更复杂，CT显著增强，FS明显加快，原本归属于[LF]部分，形成耦合效应，转变成[-LF],甚至[+PD]，反之，良性交互的耦合形成耦合协调。在二者的耦合性对完整任务事件中多层语域间的关联方进行度量观测，其强弱取决于语域间接口的复杂性、语域调用的程式以及界面截口的切换速率(Whyatt & Stachowiak, 2016)。

目前国内外学者对该领域展开了若干研究，但尚存不足。首先，这些研究大多囿于对翻译任务产出时的停顿现象予以归因，对停顿离散发生的心理机制、停顿离散与CAF三联体(语言的复杂性、准确性与流利度，下同)的耦合性关注较少。譬如，张敏(2013) 运用Praa剖释双向视译中衍生的填充停顿和非填充停顿，并阐释停顿的三个积极作用，但尚未进一步考察填充停顿与非填充停顿离散与CAF三联体的关联方。其次，现有研究对停顿的动态切口转置及离散耦合样态缺乏形象客观的呈现。同样，de Guerrero 和 María (2018)主要从语言水平视角聚焦口译过程中停顿对译本质量的影响要素，而对停顿离散与CAF三联体的计量分析涉猎较少。再次，听译产出过程的聚焦点大多限于停顿的宏观测算，且缺乏相关理论和技术手段的支撑。正如冯佳和王克非(2016)所言，凭助键盘记录技术可深入探究翻译过程的不同层次、处理翻译进程中的停顿离散和认知切分。翻译停顿(时滞)涉及停顿环境、停顿离散的适应与选择、正停顿与负停顿等议题，如何把控好停顿时滞与CAF三联体的内在关联尚需进一步考察。

为此，针对前人研究所存在的局限，依据当前国内外听译任务产出实践以及中国英语学习者的听译水平差异，本文以耦合性为理论框限，借助inputlog7.0和MATLAB软件，以听译任务产出过程的四个层次(计划、注意、同时性加工和继时性加工)为视阈，探究不同听译水平者停顿离散与语言流利度的耦合性及其时序耦合嬗进轨迹，以促听译任务产出质量。

本研究拟回答以下两个具体问题：

不同听译水平者停顿离散与语言流利度的耦合协调程度如何？

不同听译水平者停顿离散与语言流利度的时序耦合嬗进轨迹有何表征？

❷ 停顿离散与语言流利度的耦合关联

在听译任务产出过程中，停顿离散与语言流利度的耦合性旨在通过(特定任务进程或特定任务类别)的协变量，统一阐释在听译任务产出时促进或抑制译本产出的交互作用。其中因某种因素触发启动压力而产生停顿，这种停顿促进或抑制任务产出的语言流利度(Kajzer & Whyatt，2016)。同时，任务语域间的耦合度呈现出语域间的相倚性联结(控制联结、调用联结、数据传递联结),任务语域间联结的纠缠程度越大，其耦合性则越强，同时表明其独立性越差(Moisik & Esling，2014)。

一般认为，听译任务产出过程中影响停顿离散的内在因素主要涵盖语言水平、注意偏向、心理波幅、元认知策略(聂玉景、李征娅，2016; Çakmak & Erçetin, 2018)，其中语言水平和元认知策略对停顿离散成像产生重要影响。Chmiel 和 Szarkowska (2017)在双向视译过程中探究了不同停顿截口类别的离散分布，并发现停顿触发机制主要来源于语言加工、记忆负荷和认知策略，同时对语言产出的流利度和准确度产生影响。正停顿促进任务产出的语言流利度，而负停顿抑制任务产出的语言流利度，故增强正停顿和抑制负停顿对任务产出的流利度而言极其重要。

而听译任务产出时语言流利度作为CAF三联体的维度之一，是衡量停顿离散和译本质量的重要指标之一(Kowal，2014)。Tavakoli 和Skehan(2007)强调，流利度作为多成分结构，可通过识别下一级维度，检测语言产出的停顿离散(停顿频次、停顿速率与停顿密度)、停顿分解(停顿数量、停顿长度和停顿分配)、停顿修复(话语错误启动与停顿重复数量)。另外，Korpi 和Farvardin (2016)发现，语言流利度指标主要指语义认知能力(语速、发音速度、发声时间比、平均语流长)、停顿语段重复(重复叠加、语段语块、同一重复频次)、自我停顿补缀(补缀次数、补缀波段、补缀反应心图)、停顿犹豫(犹豫频次、犹豫长度、犹豫心理表征)。

如前文所述，听译任务产出时停顿离散受制于语言水平、修改补缀、注意偏向、心理波幅和元认知策略；而语言流利度主要表征为停顿修改补缀、语言复杂度、停顿犹豫和语段重复。简言之，停顿离散的四个界面(注意偏向、语言水平、心理因素和元认知策略)与语言流利度形成纠缠关系；语言流利度的四个界面(犹豫迟疑、语言复杂度、语段重复和修改补缀)与停顿离散产生联结。因此，听译任务产出过程呈现四对内隐的纠缠关系：语言水平与语言的认知加工、注意偏向与犹豫迟疑、心理波幅与语段停顿重复、元认知策略与修改补缀策略(具体见图1)。这四对纠缠关系对停顿离散与语言流利度的耦合协调度有何关联？在听译任务过程中，其耦合纠缠是否具有时序性？其耦合独立性如何？目前这些问题在国内外研究文献中仍无法找到确切答案。故本文拟以听译任务产出时停顿离散与语言流利度的耦合性为视角，探究不同听译水平者在听译过程中二者的耦合协调性及其时序耦合差异性，以观测译本质量的微观动态因素，促进译本质量目标的局部完成。

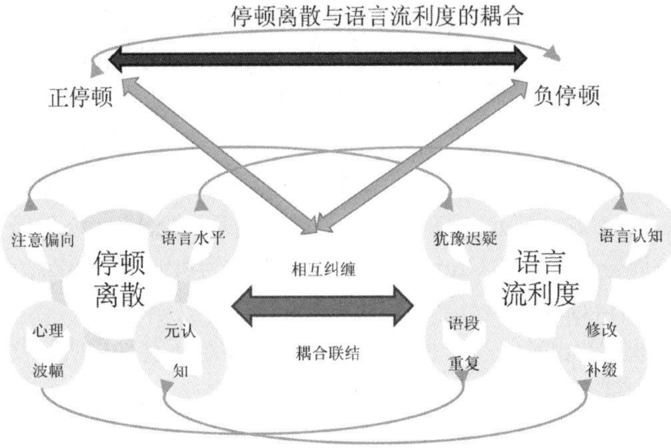

图1 听译任务产出时停顿离散与语言流利度的耦合关联

3 研究方法

3.1 受试

为了使最后的研究结果更准确地呈现停顿离散与语言流利度的耦合性，笔者依照不同听译水平(上海市高级口译考试第一阶段笔试，具体见表1)对英语学习者进行组别划分，力求所有受试代表某一特定领域的汉英听译能力，本次受试为某高校2014级英语专业某自然班24名大三学生，均通过大学英语六级测试。前期对随机抽取的8名受试者进行试测，试题难度相当于上海市高级口译考试(第一阶段笔试)听译(汉译英)部分，测试结果均在预期范围内。前期调查显示，所有受试均必修了计算机应用基础与实践技能课，且在学期初熟悉运用计算机进行英语在线输入练习，时间持续一个月，同时受试在inputlog 7.0操作流程方面接受必要集训。最后，依据写作文本(wordlog)成绩排序将所有受试分为高水平听译组和低水平听译组(简称高分组和低分组，下同)，每组12人(便于后续分析与讨论)，两个组别的平均分分别为25.2782分和11.0935分(满分30分)，具有相当大的区分度(表1)，可作为两个组别类型展开对比研究。

表1 两个组别前测成绩的描述性统计

水平	人数	平均分	均值标准误	标准差	极大值	极小值	差分的95%置信区间	
							下限	上限
高	12	25.2782	.75624	2.5082	29	20	21.4059	24.7759
低	12	11.0935	.73180	2.4271	16	4	7.4603	10.7215

3.2 工具

本研究工具源于美国佐治亚州立大学分析性评分标准(ARC,下同)(Wengelin, 2006)，该评分标准涵盖5个一级指标和20个二级指标。ARC经Wengelin等多次测评验证，具有较高信度和效度。笔者在此基础上进行修改，最终确定为内容(内容要点完整性、内容新颖度、内容可读性和内容科学性)、组织结构(结构完整性、结构连贯性、结构合理性和结构层次性)、语言流利度(迟疑犹豫、修改补缀、语段重复和语义认知)、语言复杂度(从属句比率、名言引用、哲学思辨和T单位长度)、语言准确度(语法错误、语法得体性、词汇选择和感情色彩)。同时，六位教学经验丰富的英语教师对8名试测文本打分，每份听译文本成绩均剔除最高分和最低分，再取四者平均分。六位评分员之间的Cronbachs α系数分别为0.926，0.974，0.891，0.824，0.951和0.988，具有较高的评分信效度。

另外，笔者通过Inputlog7.0① 和MATLAB② 软件对所有受试听译文本进行停顿离散与语言流利度的耦合化剖析。

3.3　测算方法

本文的测算方法结合Kuruvilla和Jordan (2012)③ 的综合评价方法和郭亚军(2016)④ 所研制的评价指标一体化体系，采取基于无量纲分析的综合评价方法，探究耦合性评估标准化和耦合协调计算过程。

1) 指标数据标准化核算

听译任务产出时停顿离散与语言流利度之间及其各语域内指标数据间存在量纲样态，为了规避指标量纲的差异性，需对各指标数据展开无量纲分析(郭亚军，2016)，公式(1)如下：

$$u_{ij}=\begin{cases} x_{ij}-\min(x_{ij})/\max(x_{ij})-\min(x_{ij})，u_{ij}\text{为正向指标} \\ \max(x_{ij})-x_{ij}/\max(x_{ij})-\min(x_{ij})，u_{ij}\text{为负向指标} \end{cases}$$

其中公式中：uij为其第i个语域的第j个指标；值为xij (i =1,2; j =1,2… n)；max(xij)、min(xij) 分别为指标xij 的最大值和最小值。

2) 指标权重厘定及其熵值化处理

第一，采取层级分析法(AHP)测算听译任务产出过程中停顿离散与语言流利度的各级指标权重系数Wj；第二，提升权重的可信度和准确度。采用熵技术对各级指标权重系数进行有效拟合修正；第三，利用几何平均法和线性加权法完成停顿离散与语言流利度各指标对总语域的相倚性，公式(2)如下：

$$U_{i=1,2}=\sum_{j=1}^{n}WijUij\ ;\ \sum_{j=1}^{n}Wij=1$$

---

① 研究人员基于该软件可在计算机上准确记录和重建撰写文本的写作和翻译过程。特别是用Microsoft Word、i-pad和基于Windows的程序记录（键盘、鼠标和语音）写作和翻译文本的实时数据。本研究基于程序记录的实时数据进行处理分析。

② MATLAB软件将数值分析、矩阵计算、科学数据可视化的建模和仿真等诸多强大功能集成视窗环境，为耦合研究以及数值计算等畛域提供了系统全面的解决方案。本研究基于数值分析、数据可视化对听译过程的停顿与语言流利度展开耦合性分析。

③ 从无量纲化方法自身计算公式出发，分析了评价模型的特征及对综合评价值的多维影响。

④ 在综合评价模型及权重系数给定的情况下，综合评价结果（或排序）遵循评价指标类型一致化、评价指标无量纲化方法。

式中：U1表示听译任务产出时停顿离散的耦合函数；U2表示听译任务产出时语言流利度的耦合函数；Wij为权重。

3) 耦合评估

基于上述分析，笔者拟构建听译任务产出时停顿离散与语言流利度的耦合评估，并测算二者之间的耦合关联以及耦合取效。凭借容量耦合度及容量耦合系数模态，构建多语域相互影响的耦合度模型，公式(3)如下：

$$C_n=\{(U1\times U2)\}/[(U_1+U_2)\times(U_1+U_2)]^{1/2}$$

一般认为，耦合度模态呈现了停顿离散与语言流利度的耦合性，需将耦合度与耦合协调度有机结合，进一步表征停顿离散与语言流利度的协调类型。故构建停顿离散与语言流利度的耦合协调度联结模型。公式(4)如下：

$$D=(C+T)^{1/2},\text{其中，}T=\alpha U1+\beta U2$$

其中，D为耦合协调度；T为停顿离散与语言流利度的耦合协调指数，主要呈现反映二者的四个要素对听译文本质量的贡献程度；α、β为待定系数，分别表示停顿离散与语言流利度对译本质量的贡献系数。

3.4 实验程序及数据采撷

实验全程共四个步骤。首先，实验前笔者在语音室的计算机上均安装inputlog 7.0软件，并确认该软件和汉语录音的正常运行；接着，准许所有受试进入语音室，对号入座，并向受试说明此次听译测评占《英语高级口译》这门课程期末总评成绩的30%，以确保测试效度；然后，测试开始，笔者播放汉语录音(录播者普通话达一级甲等水平)，体裁为名著散文(郁达夫散文节选)，文章长度约350词，时间为2分钟。学生须在草稿纸上速记所听汉语内容，结束后迅速在inputlog7.0软件上输入听译文本，时长限定为5分钟；最后，所有受试将听译文本保存为wordlog与idfx格式，发至指定邮箱，同时上交草稿纸速记文本，[⑤] 整场测试时长为7分钟。wordlog和idfx格式文档为停顿离散和语言流利度测算研究的主要数据来源。

实验结束后，笔者首先将所有受试的听译文本(wordlog)打印六份，评分规则与试测评分标准一致，仍由六位相同的英语教师评分。最后，笔者将运用inputlog 7.0和MATLAB软件对wordlog和idfx文本进行量化剖析，测算停顿离散与语言流利度的各项指标。

❹ 研究结果

4.1 停顿离散与语言流利度的耦合协调样态

依据式(1)和式(2)的公式测算以及inputlog7.0软件数据分析，笔者分析了听译任

⑤ 笔者及研究团队收齐学生在听译过程的速记草稿纸，并分析速记文本对译出文本的关联方。囿于篇幅，笔者在另一论文中专门探讨这个问题。另外，本文重点阐述听译过程，笔者认为，记忆容量速记文本与翻译产出文本是听译过程产出的两个阶段，本文重点探讨第二阶段：翻译产出文本与语言流利度的耦合。关于两个阶段的相依性以及第一阶段速记文本对听译产出文本的影响等议题另行探讨。

务产出时停顿离散的综合耦合函数值U1和语言流利度的综合耦合函数值U2，由式(3)和式(4)计算两语域间的耦合度C与耦合协调D。

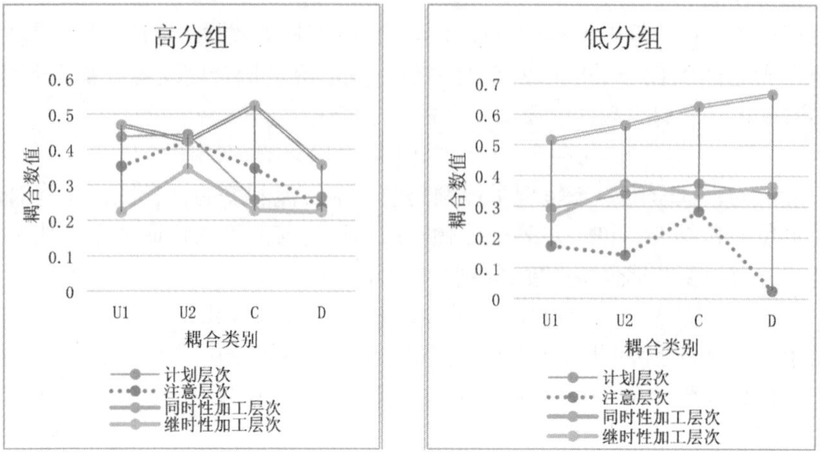

图2　听译任务产出四个层次停顿离散与语言流利度的耦合协调样态分析⑥

图2显示了两个组别停顿离散与语言流利度的耦合协调样态。不难看出，高分组在四个层次中呈现出较强的纠缠关联，整体上在同时性加工层次中停顿离散与语言流利度的耦合数值最大，语言流利度(U2)的耦合数值较高，而在低分组，同时性加工层次的耦合数值最高，注意层次的耦合函数最低，计划层次和继时性加工层次存在明显的耦合纠缠。综上所述，与低分组相比，高分组在听译过程中具有更高的自我警觉性和自我修复性。此外，高分组和低分组的耦合协调度(D)在四个层次振幅较大，高分组在停顿离散和语言流利度上呈现控制型耦合纠缠，主要耦合在注意层次和同时性加工层次；低分组则呈现非控制型耦合纠缠，主要耦合在计划层次和同时性加工层次，故合理把握停顿离散与语言流利度的耦合性密度和布局有利于译本质量的提升。

为进一步验证两个组别在停顿离散与语言流利度上的耦合截口差异，笔者以QT与P波两个离散度对停顿离散和语言流利度的耦合性进行深度论证。一般而言，当耦合截口的P波离散度大于2.0时，停顿离散震颤为强敏感性，语言流利度则最小，其耦合性为0.5(Kostic 2015)。如图3所示，从不同耦合截口看，QT离散度与P波离散度有所不同，高分组仅在语丛耦合中的P波离散度大于2.0，为2.5，其余均低于2.0，停顿离散震颤较弱，耦合性较高，故从整体上看，高分组的停顿离散与语言流利度具有较强的耦合度。而低分组结果恰好相反，不同耦合截口的P波离散度几乎都大于2.0，QT离散度也较高，呈强震颤性，停顿离散与语言流利度呈现为弱耦合性，这说明停顿离散与语言流利度的耦合性强度和译本质量呈正相关。此外，由于听译任务

⑥ 依据耦合协调度等级划分标准，1-10等级分别为极度失衡、严重失衡、中度失衡、轻度失衡、濒临失衡、勉强协调、初级协调、中级协调、良好协调和优质协调。

执行的非自动化信息加工导致高认知信息加工需求，加重其认知负荷，造成认知资源磨损，形成间歇性记忆力耦合，影响译本质量。

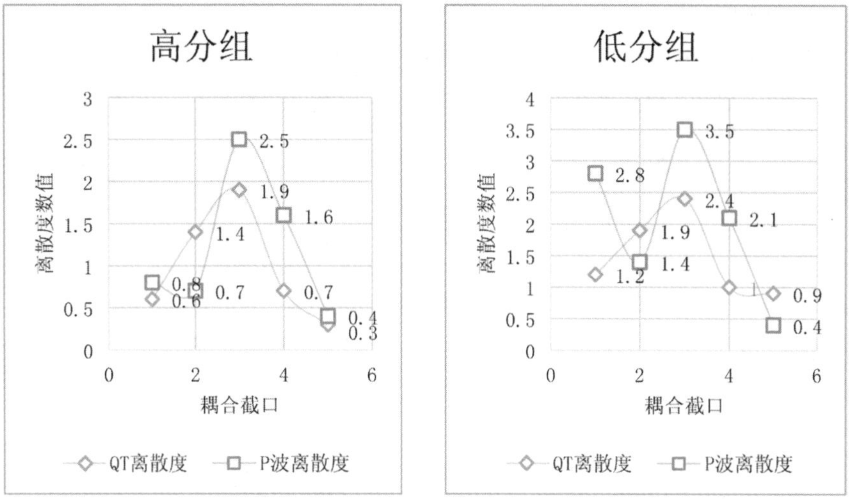

图3　听译任务产出时停顿离散与语言流利度的耦合截口量化分析⑦

同时，为进一步探究停顿离散与语言流利度的耦合关联，图4呈现了二者之间的混合函数拟合和两个组别在词内、词间、语丛、句首、修改、S-标记、W-标记与热点图等耦合截口离散图。高分组和低分组的最优混合Copula函数分别为y= 16.476x +176.11，R2=0.24和y=6.1786x+349.32，R2=0.0125，其中高分组和低分组的截距依次为176.11和349.32，差异较为显著。从语言流利度趋线看，高分组的语言流利度趋势线斜率更高，低分组斜率更低，这说明了停顿离散与语言流利度的混合函数拟合中，斜率越高越好，译本质量越高。此外，从耦合截口离散看，我们发现，两个组别在不同耦合截口中的离散成像差异明显，主要体现在热点图、单词内部和修改停顿上；二者也存在若干共同点，譬如，两个组别在W-标记和修改停顿上更加明显。

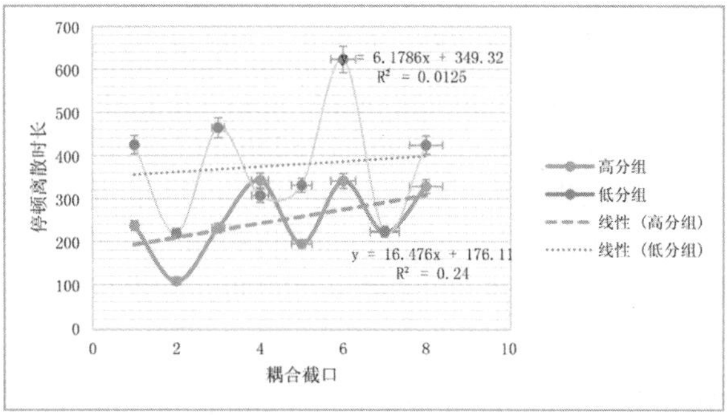

图4　两个组别停顿离散与语言流利度的最优混合函数拟合⑧

⑦ 耦合截口依次为词内耦合、词间耦合、语丛耦合、句首耦合和补缀耦合。

⑧ 横坐标的数值分别代表词内、词间、语丛停顿、句首停顿、修改停顿、S-标记、W-标记与热点图。黄线为高分组，蓝线为低分组。

4.2 停顿离散与语言流利度的时序耦合嬗进

经过inputlog 7.0回溯性录音回放，笔者对两个组别的正停顿与负停顿展开量化识解，具体如表2所示。

表2 不同耦合截口下两个组别的正、负停顿平均数量与语言流利度得分的相倚性关联

类别	词内	词间	语丛	句首	补缀	S-标记	W-标记	热点图	总计	流利度得分
正停顿	6/14	4/11	21/7	13/8	26/9	7/9	19/6	14/7	106/71	24/17
负停顿	8/17	9/26	6/14	8/11	4/18	12/14	11/17	12/16	78/133	– 7/ – 12

表2呈现了两个组别听译产出时正、负停顿数量与耦合截口的相倚性关联。两个组别在正、负停顿的识解中差异最大的是词间耦合(4/11; 9/26)、补缀耦合(26/9; 4/18)和语丛耦合(21/7; 6/14)。而在词内耦合(6/14 ; 8/17)、S-标记耦合(7/9; 12/14)方面相差不大。

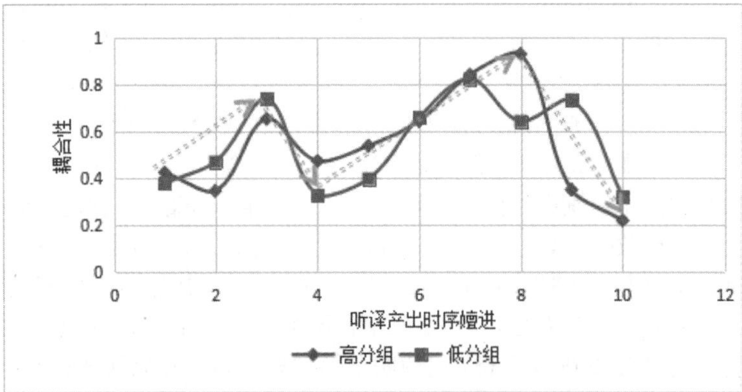

图5 停顿离散与语言流利度的时序耦合嬗进轨迹[⑨]

从图5可以看出，听译任务产出时停顿离散与语言流利度的时序耦合嬗进呈现低—较高—低—很高—低的“M”型趋向样态。结果显示，61-90s和211-240s的两个阶段的时序耦合性最高(0.736和0.928)。而在91-120s和271-300s的时序耦合性较低。此外，在91s-240s区段内，高分组的耦合性高于低分组，而在其余区段内低分组耦合性更高，这充分说明停顿离散与语言流利度的耦合性强弱散落在不同时序区段内，且在211-240s和241-270s的时序阶段，二者存在较大差异，而在0-30s和151-180s的差距最小，故加强91s-240s区段的耦合性有助于提升译本产出质量。

图6显示，停顿离散与语言流利度的耦合性对听译文本质量产生较大影响(0.739和0.713)，呈强正相关。此外，三对纠缠关系均呈现强耦合性，分别为0.862(良好协调)、0.694(勉强协调)和0.625(勉强协调)，而只有一对纠缠关系的耦合度偏弱，属轻度失衡(0.448)。整体上听译任务产出时停顿离散与语言流利度的耦合性较强，为良好协调(0.842)，这说明识解停顿离散与语言流利度的耦合性并关注其内在因素的

⑨ 带菱形线条为高分组，带正方形线条的为低分组。

纠缠关联度，对听译任务产出起促进作用。

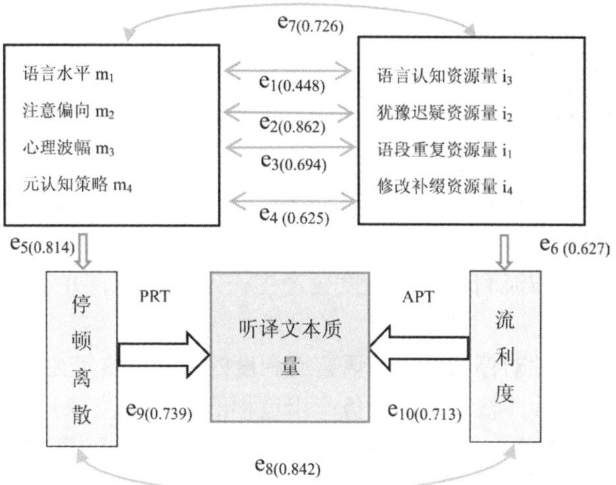

图6　停顿离散与语言流利度的内在耦合度对听译文本质量的耦合联结

❺ 讨论

5.1　停顿离散与语言流利度的耦合性受到听译水平与任务产出时的影响

首先，笔者发现，不同耦合截口在两个组别的耦合协调度存在较大差异，两个组别受试采用了耦合截口策略，其中涵盖词内、词间、语丛、句首和修改等耦合截口，这一结果与Alves 和 Limpo (2015)的考察较为接近，这说明了二者的耦合度和耦合协调度存在不同的心理识解机制，并受到听译水平等因素的耦合制约。因此，依托语言流利度的认知理论和Revesz(2017)的语言转码启动(TP)述论，低分组更加注重其源语言输入的语言识解层级，在文本产出出现困难时，会阻滞产出流利度的启发式(fluency heuristics)，加速其被动型转码启动(PTP)，触发听者对话语的心理感知，从而影响停顿离散与语言流利度的耦合强度；而高分组则更聚焦语言转码切换以及任务产出的语言深度加工。换言之，低分组在语言识解和言语加工方面存在一定困扰，这可能催生在其负停顿(词内、词间、语丛)以及低流利度的连续统(肖巍，2014)，降低停顿离散与流利度的耦合度，在计划层次中无法正常激活信息—转码窗口化(message- transcoding windowing)。故停顿离散与语言流利度的耦合强度取决于认知流利度、会话流利度和感知流利度对任务产出流的共轭作用。

其次，听译任务产出时，两个组别在四个层次(计划、注意、同时性加工与继时性加工)的耦合截口离散样态呈现一定共性。譬如，高分组在注意层次的耦合截口最多，而在继时性加工层次最低；低分组在同时性加工层次方面耦合截口最多，在注意层次最低。其原因可归结为以下两点：第一，根据语言流利度与任务复杂性相关理论，计划(注意听觉预设)比后期的继时性加工层次(记忆呈现与修补)往往更为重要；第二，不同语言转码整合下，受试在有限时空内听觉脑皮层区域与认知脑皮层区域被加速激活，增强对源语言的认知加工，触发受试任务产出的预设效应，助推任务产出质量目标的完成(Kowal, 2014)；第三，与任务指向性相关。受任务难度(何莲珍、陈大建等，2018)和任务指向性的交互作用，在计划和注意两个层次，两个组别的停顿离散与流利度的耦合度差距较大。而在同时性加工和继时性加工两个层次，二者则无明显差异。笔者认为，任务类型和任务难度会受到"交际能力"(communicative competence)、"程式语言"(formulaics sequences)、"二语认同感"(L2 identity)和"二语自我"(L2 self)的共同制约。因此，不同的听译任务类型和任务层次对停顿离散与流利度的耦合度会产生一定的影响，并进一步影响任务产出质量。

5.2 注意力指向性对停顿离散与语言流利度的时序耦合产生影响

从注意力指向性看，整个听译任务产出过程的十个时段(每30s为一个时段，共5 min)因指向语言注意力(attention-to language)与语言指向注意力(language-directed attention)而呈现停顿离散图像，高分组耦合协调度处于中度耦合协调层次；低分组处于轻度失衡层次，这表明高分组呈现弹道式(ballistic)的语言自动化，具有加工稳定性，且耦合功能的强度大于内部协调性，而低分组则相反。从表1和图5可看出，二者的协调度呈现时序耦合嬗进轨迹，这与Kontogiannis (2010)的研究结论基本一致，充分验证了把控二者的耦合度有助于缓解听译任务的启动压力。依据任务产出表征，在计划层次和注意层次，高分组的听译启动压力较小，语言产出的渗流量较大；而低分组恰恰相反。在同时性加工层次和继时性加工层次，高分组需要建立注意指向命题、构建心理模型、搭建言语表征等高层次认知加工，而低分组则调用语言资源并投射到现有的心理空间。Cheon 和Chung (2014)进一步发现，高分组更倚赖计划层次和注意层次，并识解词汇提取－语义内涵的相倚性关系和加工句式复杂度，从而形成更加流畅、自然的任务产出流，而低分组较难在二语环境下发挥作用，其加工灵活性较差，易使语言流利度受磨损。另外，从图5可看出，高分组侧重抑制首端(计划和注意，下同)负停顿，增强末端(同时性加工和继时性加工，下同)正停顿，停顿离散与语言流利度的耦合度更佳；低分组反之亦然，且在词汇通达的加工速率、加工稳定性及注意力灵活性方面偏弱。

此外，两个组别在四个层次的耦合度上的差异主要表征为听译者对言语的心理感知，这与Sapir 和 Oliver (2017)的研究发现基本一致。有限注意力观和多重注意力资源观需在任务完成过程中得到验证与阐释，主要体现为语速切换、停顿频次比、总停顿时长等指标(徐锦芬、陈聪 2017)，这也恰好验证了注意力资源对停顿离散与语言流利度耦合性的抑制作用。笔者认为，听译文本质量受到停顿离散和语言流利度的耦合性纠缠。如图6所示，当请求准备时间(RPT)增加时，会限制语言提取、心理弹性、注意力和记忆负荷资源产出；而当支援准备时间(APT)增加时，会对听译文本质量产生抑制。若任务产出本身存在一定困难，耗损大量注意力资源，这在后续语言转码中产生负停顿、抑制正停顿，影响了二者的耦合度。故笔者解释，译本质量受到请求资源时间与支援资源时间的双重耦合协调制约。图6进一步表明，停顿离散与语言流利度的耦合协调对译本质量产生影响，并存在10对纠缠关系(e1,e2...e9,e10)，形成听译者的自我内在影像，厘清停顿离散与语言流利度的耦合性对听译课堂实时教学提供一定的借鉴。

另外，本文的研究结果与前人的相关研究并非完全一致。Korpi 和 Farvardin (2017)认为双语互译过程影响停顿离散与语言流利度的各自要素，基本不受外界因素所管约。然而，本文结果显示，停顿离散与语言流利度的耦合协调存在多重制约，并对译本质量产生共轭作用。笔者分析，产生此分歧的原因可能有两点：其一，任务产出类型对停顿离散与语言流利度的耦合度形成耦合偏移和误差；其二，注意力抑制与耦合度及耦合协调存在内隐的交互影响。因此，未来的研究动向可能涵盖听译(英译汉)与听译(汉译英)任务产出时停顿离散与流利度的耦合度有何异同？二者的耦合度具有动态性还是静态性？耦合截口的记忆时序(memory sequence)如何表征？

6 结语

本文以耦合截口为观察点，探讨听译任务产出时停顿离散与语言流利度的耦合性，并试图识解二者的耦合协调对译本产出质量的影响。结果发现：1)以听译文本的耦合截口为研究视角，两个组别在停顿离散与流利度的耦合性上存在一定差异；2)停顿离散与语言流利度的耦合性存在时序耦合嬗进，并对译本质量发生共轭作用。当然，本次实证亦存若干不足，譬如受试在听译产出过程中的心理实时捕捉、对注意配置的耦合抑制及听译任务产出的环境吸态等因素，有待后续研究进一步深度探讨。

参考文献

- Alves, R.A. & Limpo, T. 2015. Progress in written language bursts, pauses, transcription, and written composition across schooling. *Scientific Studies of Reading* 19(5): 374–382.
- Çakmak, F. & Erçetin, G. 2018. Effects of gloss type on text recall and incidental vocabulary learning in mobile-assisted L2 listening. *Journal of Eurocall* 30(1): 24–47.
- Cheon, J. & Chung, S. 2014. An investigation of the effects of different types of activities during pauses in a segmented instructional animation crooks. *Journal of Educational Technology & Society*17 (2):296–306.
- Chmiel, A. & Szarkowska, A. 2017. Ear-voice span and pauses in intra-and interlingual respeaking: Exploratory study into temporal aspects of respeaking process. *Applied*

Psycholinguistics 38(5):1201–1227.

❑ De Guerrero & María M. 2018. Going covert: Inner and private speech in language learning. *Language Teaching* 51(1): 1–35.

❑ Kajzer-Wietrzny, M. & Whyatt, B. 2016. Simplification in inter- and intralingual translation — Combining corpus, key logging and eye-tracking. *Poznan Studies in Contemporary Linguistics* 52(2): 235–237.

❑ Kontogiannis, T. 2010. Adapting plans in progress in distributed supervisory work: Aspects of complexity, coupling, and control. *Cognition, Technology and Work* 12(2): 103–118.

❑ Korpi, S. & Farvardin, T. 2016. Investigating the relationship between emotional intelligence and writing complexity, accuracy and fluency among graduate students of TEFL. *Modern Journal of Language Teaching Methods* 46(5):234–243.

❑ Kostic, N. 2015. Antonymy in language use: From core members to couplings. *Poznan Studies in Contemporary Linguistics* 51(1): 133–161.

❑ Kowal, I. 2014. Fluency in second language teaching: A developmental perspective. *Studia Linguistica Universitatis Iagellonicae Cracoviensis* 131(4):229–246.

❑ Kuruvilla, S & Jordan, R. 2012. Spatiotemporal coupling of the tongue in amyotrophic lateral sclerosis. *Journal of Speech, Language and Hearing Research* 55 (6): 1897–1909.

❑ Moisik, R. & Esling, H. 2014. Modeling the biomechanical influence of epilaryngeal stricture on the vocal folds: A low-dimensional model of vocal-ventricular fold coupling. *Journal of Speech, Language and Hearing Research* 57(2): S687–S704.

❑ Revesz, A. 2017. Effects of task complexity on L2 writing behaviors and linguistic complexity. *Language Learning* 67(3): 208–241.

❑ Sapir, A. & Oliver, A. 2017. Loose coupling, conflict, and resistance: The case of IPR policy conflict in an Israeli university. *Higher Education* 73(5): 709–724.

❑ Tavakoli, P. & Skehan, P. 2007. Planning and task performance in a second language. *Language Teaching*106(6):223–234.

❑ Wengelin, A. 2006. Examining pauses in writing: Theory, methods and empirical data. In K. P. H. Sullivan & E. Lindgren (eds.), *Computer Keystroke Logging and Writing* 42(4). Oxford: Elsevier. 107–130.

❑ Whyatt, B. & Stachowiak, K. 2016. Similar and different: Cognitive rhythm and effort in translation and paraphrasing. *Poznan Studies in Contemporary Linguistics* 52(2):175–208.

❑ 冯佳、王克非，2016，探悉翻译过程的新视窗：键盘记录和眼动追踪。《中国翻译》(1):12–18。

❑ 郭亚军，2016，《综合评价理论、方法及应用》。北京：科学出版社。

❑ 何莲珍、陈大建、闵尚超，2018，英语听力测试中测试方法对任务难度的影响研究。《现代外语》(1):43–54。
❑ 聂玉景、李征娅，2016，基于技术支持的英语学习者听译的停顿行为分析。《西安电子科技大学学报》(社会科学版)(1):93–101。
❑ 肖薇，2014，《二语流利度的认知基础》介绍。《外语教学与研究》(2):314–318。
❑ 徐锦芬、陈聪，2017，任务的认知要求对学习者语言产出的影响——有限注意力模型与多注意力资源模型。《外语学刊》(1):91–95。
❑ 张敏，2013，英汉、汉英双向视译中停顿现象的实证研究。上海外国语大学硕士论文。
❑ 张延平、李明生，2011, 我国区域人才结构优化与产业结构升级的协调适配度评价研究。《中国软科学》(3): 177–192。

The Coupling of Pause Discreteness and Language Fluency in Post-Listening Interpretation Output

Abstract: Following the structure of discreteness coupling and using the inputlog 7.0 and MATLAB software, this study explores the discreteness coupling in Chinese L2 learners' post-listening translation (Chinese to English, the same below) output. It attempts to interpret the relationship between pause distribution and the quality of text, and measures the coupling between pause discreteness and language fluency. Major findings include the following: 1) in the translation task output, the relationship between pause discreteness and language fluency shows controlling coupling entanglement in the high-score group, the main coupling scattered in the burst slit; the low-score group has uncontrolled coupling entanglement, the main coupling scattered in the inter-word slit, inter-sentence slit and burst slit; 2) different post-listening interpretation levels are coupled with the spatial coupling and sequential differences, and the coupling between pause discreteness and language fluency shows a low—high—low—very high—low "M" pattern, the coupling of which is the interaction between RPT and APT in order to promote partial achievement of pedagogical objectives.

Key words: post-listening interpretation task; pause discreteness; language fluency; coupling entanglement

（责任编辑：高一虹）

全球化背景下广州人语言使用与粤语传播传承[①]

华南理工大学　单韵鸣　李　胜*

［提　要］　通过对290名广州人粤语、普通话和英语使用情况的调查，结合访谈发现：广州人母语正在出现代际语言转移的现象，近九成广州人会使用粤语和普通话；广州人使用粤语、普通话和英语构成4种主要交际模式，在家庭内部使用粤语单言占优，公共场合则更多使用“粤+普”双言；广州的语言生态比较和谐，粤语仍有较强活力，但受到普通话和英语的影响，英语教育趋低龄化。根据调查所得，我们提出了关于粤语传播传承的若干建议。

［关键词］　语言使用；粤语传承；广州人；普通话；英语

❶ 引言

进入二十一世纪以来，全球化得以迅猛发展，在南方大城市广州，国内外不同地域人口迅速集聚。根据广州市统计局发布的数据，2015年末广州市常住总人口为1350.11万人，流动人口为572.98万人，占42.44%，城镇人口比重为85.53%，户籍人口854.19万人。地域方言粤语与普通话、英语不可避免地发生着接触和竞争，在此过程中发生剧烈的变化。

国内学者对汉语方言的使用情况做过不少调查研究（郭骏，2007；王远新，2008；薛才德，2009；周薇，2011；王玲，2012；劲松、朱盈梅，2014；游汝杰，2015），与粤语或粤方言有关的语言使用调查在广东地区实施。如唐叶（2006）考察

*　作者简介：单韵鸣，华南理工大学教授、博士。研究方向：粤方言语法、社会语言学、汉语国际传播。Email：ymshan@scut.edu.cn。通信地址：510006广州番禺大学城华南理工大学国际教育学院B1座。
李胜，华南理工大学硕士。研究方向：新闻传播。Email：404009569@qq.com。
本文是国家社科基金项目“粤语代际语料调查记录及变异、显危研究”（15BYY056）的阶段性成果，亦是广东省公共外交与跨文化传播研究基地成果之一。

①　文中“粤语”专指“广州话”。粤方言的使用覆盖广东大部分地区及广西部分地区，还有香港、澳门等区域，变体较多，广州话是粤方言的标准语，通行于广州、香港、澳门等地，“粤语”是这三地对“广州话”的通称，故本文使用“粤语”一词。

广州市中学生对普通话、英语、粤语的态度和使用，指出学校成为学习普通话的场所，普通话多用于谈论较为严肃的话题，粤语则作为随意、非正式的日常用语。王莉梅（2009）对广州本土学生语言态度和使用的性别差异进行研究，发现某些特定场合，女生较男生更多使用普通话，男生较女生更多使用粤语。刘慧（2013）对广州高校的香港、澳门籍学生进行调查，得出他们在正式场合选择使用“高位变体”普通话，在非正式场合和内部交流时，多使用“低位变体”粤方言。徐晖明、周喆（2016：20）对广州青少年进行语言调查，认为广州青少年的语言使用现状可表述为“普通话与粤方言并重”。与语言使用相关的还有语言态度和认同等研究，如韩艳梅（2012）调查广州小学生的语言态度与身份认同之间的动态关系，发现低年级学生对普通话评价较高，高年级学生对粤语评价较高。杨伟杰、林玲（2013）对广州市普通话水平测试考试展开语言态度研究，发现16—30岁被试对粤语的评价比普通话高，31-50岁被试对粤语和普通话的评价在一些小项里出现分歧。单韵鸣、李胜（2018）调查广州人对粤语、普通话和英语的语言态度，发现他们对广州话评价显著高于普通话和英语；不同社群对粤语的高评价没有显著差异，表现出对地域方言和身份的强烈认同。高一虹、吴东英、马喆（2019）重复了1997年香港回归之际港、京、穗大学生语言态度的“配对变语”调查，结果显示三地的评价维度较20年前更接近；与1997年相似，香港的粤普评价显著高于内地；广州对粤语的评价比20年前提高；三地的态度不同较20年前有一定缩小。

前人的成果为我们提供了较好的研究基础，但研究者的调查目的各不相同，调查对象不限于广州本地人，且仅限于对某个年龄段的人群（基本上是学生）；考察因素也各有侧重，语言使用和语言态度往往一起考察以描述现状，较少考虑语言竞争、语言使用与语言传承三者之间的关系。另外，语言使用并不是一成不变的，它会跟随人们对外部世界的认识和价值判断的变化而产生改变。

习近平总书记多次强调要重视中华优秀传统文化的传承发展，坚定文化自信。语言传承是优秀传统文化传承中的一个重要部分。本文试图把语言使用、使用者和语言传承三者结合起来，通过问卷调查，辅以对部分调查对象的非正式访谈，研究以下几个问题：

1）广州人在不同场合、场景下，粤语、普通话和英语的使用是怎么样的？

2）不同广州人的语言使用有怎样的差异？语言使用的社群差异是否显著？

3）在语言接触中，粤语是否还保持活力？粤语的传播传承是否面临挑战？

❷ 研究方法和过程

2.1 调查问卷的设计

问卷主要由三部分构成。第一部分为个人背景信息，包括性别、年龄、文化程度和家庭背景等；第二部分为语言使用情况，包括母语、能使用的语言，以及被访者在私有场合、公共场合的语言使用，语言使用场景的选择参考了王远新（2002）

和孙德平（2011）的语言调查修改而成；第三部分调查受访者未成年子女的语言掌握及语言使用状况。

2.2 调查对象和变量的设定

作为中国南方的大城市，广州外来定居人口和流动人口数量已经很多。他们的居住时间长短、来源地和语言背景比较复杂。考虑到本研究和粤语传承相关，也为了避免变量太多，不利于调查和数据的统计分析，我们只对父母一辈已在广州定居，且本人在广州出生长大的广州人进行调查。他们要么祖祖辈辈都是土生土长的本地人，要么是第二代甚至第三代或以上的移民，在生活和文化上最为接近广州本地人。这样的人群最具本土代表性。调查对象年龄段为18—50岁，这一年龄对象是社会最主要的“发言人”，其语言应用较为成熟，思想和语言状况活跃，语言的吸纳能力和创新能力很强，最能体现社会语言竞争的整体状况（李宇明，2016）。如果被访者有子女，亦一并了解他们子女的语言掌握和使用情况。可见，本研究调查人群涵盖了各个年龄段的广州本地人。

调查中，我们将关注语言态度使用与调查对象的年龄、文化水平、家庭背景及性别等因素是否相关。参照单韵鸣（2016）对年龄、文化水平的分类，我们将18-35岁界定为青年，36—50岁界定为中年；将文化水平分为“本上”“本下”两段：本科及本科以上属于“本上”段，高中及以下属于“本下”段。家庭背景分为“父母双方均在广州出生长大”（下文称“本土背景”）和“父母一方或双方不在广州出生长大”（下文称“移居背景”）两类。

根据广州市统计局发布数据，广州非户籍常住人口比例约四成。户籍人口中也有不少是新落户的，要获取满足调查要求的纯样本，概率抽样难以实施。于是，我们采用先找到若干合适的人选，再通过滚雪球式的方法依各个自变量找到更大数量的合适人群。

经过2017年2月的试调查、问卷修改等步骤后，正式调查于2017年3月实施，在荔湾、越秀、海珠、天河、白云等几个广州中心行政区域获取被试，共收到答卷300份，确认有效答卷290份。调查对象全部为城镇人口。

2.3 访谈

在问卷调查结束后，为了辅助印证统计结果、试图了解原因，我们在问卷调查被访者中找到24名相熟的成员，10男14女，年龄在30—40岁之间，通过面对面、电话、微信等方式就调查结果进行开放式访谈。

2.4 问卷调查对象的基本情况

问卷调查对象的基本情况信息统计如下表：

表1. 问卷调查被访者基本情况信息统计表

性别	男142人（48.97%）	女148人（51.03%）
年龄	18-35岁143人（49.31%）	36-50岁147人（50.69%）
文化程度	本下133人（46.86%）	本上157人（53.14%）

（续表）

家庭背景	父母双方均在广州出生长大155人（53.45%）		父母一方或双方不在广州出生长大135人（46.55%）	
职业	在职工作202人（69.66%）	自由职业者53人（18.28%）	学生27人（9.31%）	全职主妇8人（2.75%）

3 广州人语言使用现状

3.1 母语、能使用的语言及其代际差异

调查结果如表2所示，广州人的母语已不单纯是粤语：母语为粤语单言的比例为78.28%，母语不为单一粤语的占据了一定比例；从能使用的语言来看，只有8.97%的广州人是粤语单言者，近九成广州人同时掌握粤语和普通话，超四成广州人同时掌握粤语、普通话和英语。

表2. 广州人的母语和能使用的语言

母语	母语为单言			母语为双言或多言			
	粤语 227（78.28%）	普通话 19（6.55%）	其他方言 12（4.14%）	粤+普 20（6.89%）	粤+其他方言 4（1.38%）	普+其他方言 6（2.07%）	粤+普+其他方言 2（0.69%）

能使用的语言	仅掌握一种语言/方言		掌握两种或以上语言/方言				
	粤语 26（8.97%）	普通话 3（1.03%）	粤+普 122（42.07%）	粤+普+英 106（36.55%）	粤+普+英+其他方言 21（7.24%）	粤+普+其他方言 10（3.45%）	普+英 2（0.69%）
			同时掌握粤语和普通话259（89.31%） 同时掌握粤语、普通话和英语127（43.79%）				

代际差异指不同年龄组之间那些固有的、不会随时间而消失的差异。母语是稳定不变的，因此对于18岁以下有语言能力的未成年人来说，母语和其他年龄组的差异也是代际差异。我们在问卷的第四部分了解了被访者子女的母语情况。将不同年龄组（36-50岁、18-35岁、18岁以下）的母语情况进行卡方检验，如图1所示，在三个年龄组中，母语为单一粤语的比例逐渐下降，母语不为单一粤语的比例逐渐上升，且差异达到显著水平（$p=.028<0.05$，$\chi^2=7.147$）。

徐晖明、周喆（2016）的调查发现以普通话为母语者比例大幅上升，但文中未有显著水平检测；而当年以粤语为母语者比例仍为上升，只是幅度趋缓。过了短短两年时间，情况有所变化。廖湘美等（2015：106）在研究中提到，“母语使用双语（包括多语）或非族群母语方言”是判定语言转移的条件，数据说明广州人的母语正在出现代际语言转移的现象。

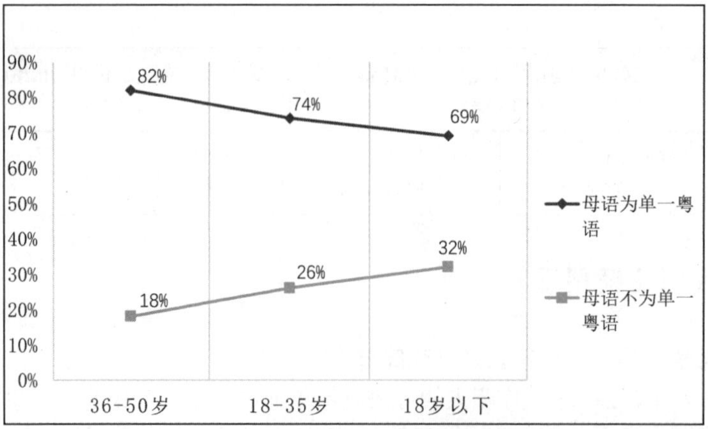

图1. 家庭代际间语言使用差异

关于能使用语言的代际差异，18岁以下人员能使用的语言尚在发展中，未稳定下来，因此不纳入比较范围。仅将36-50岁与18-35岁两个年龄组进行比较，结果显示广州人英语掌握情况的年龄差距较大，青年组比中年组比例上升了19.5%，说明青年人掌握英语的比例更高。

3.2 不同场合场景语言使用情况

我们把广州人报告的在不同场合场景的语言使用情况进行数据统计归纳，详见表3：

表3. 广州人不同场合语言使用情况一览表②

场合	交流场景		N	语言使用比例排序
私有场合	家庭	与父母	290	粤语(82.1%)>普通话(5.5%)=粤+普(5.5%)
		全家人聚餐	290	粤语(72.4%)>粤+普(13.4%)>普通话(6.6%)
		与配偶	247	粤语(67.2%)>普通话(13.8%)>粤+普(11.3%)>粤+普+英(3.2%)
		与子女	218	粤语(57.3%)>粤+普(21.1%)>普通话(9.2%)=粤+普+英(9.2%)
	跟好朋友聊天		290	粤语(47.9%)>粤+普(37.6%)>粤+普+英(7.6%)>普通话(3.4%)
公共场合	和陌生人说话		290	粤+普(43.1%)>普通话(30.7%)>粤语(17.0%)>粤+普+英(5.9%)
	在工作（或学校）		290	粤+普(44.1%)>普通话(22.8%)>粤语(17.2%)>粤+普+英(11.0%)
	去政府办事		290	粤+普(47.9%)>普通话(30.0%)>粤语(17.6%)
公共场合	在集市或小贩处买东西		290	粤+普(49.0%)>粤语(38.3%)>普通话(9.3%)
	在商场购物		290	粤+普(51.4%)>粤语(30.7%)>普通话(14.1%)

② 使用比例在3%以下人数太少没有列出，故有些项目百分比和略低于100%。有的受访者没有配偶或子女，故“与配偶交流”和“与子女交流”的样本总量不足290。

总体来说，广州人在私有场合家庭内部使用粤语单言为主，双言双语的使用正在逐代渗入，公共场合则主要使用“粤+普”双言。具体描述如下：

（1）家庭内部使用粤语单言的比例最高，各种场景使用比例均在50%以上，但可见逐代降低的趋势，使用“粤+普”和“粤+普+英”模式的比例逐代上升（数据变化如图2）：相比“与父母”交际的场景，广州人“与配偶”“与子女”交际时，“粤语单言”的比例依次下降15%和10%，使用“粤+普”模式的比例依次上升5%和10%，使用“粤+普+英”模式的比例依次上升3%和6%。配对样本t检验结果显示（如表4），代际差异均达到显著水平（$p<0.05$）。

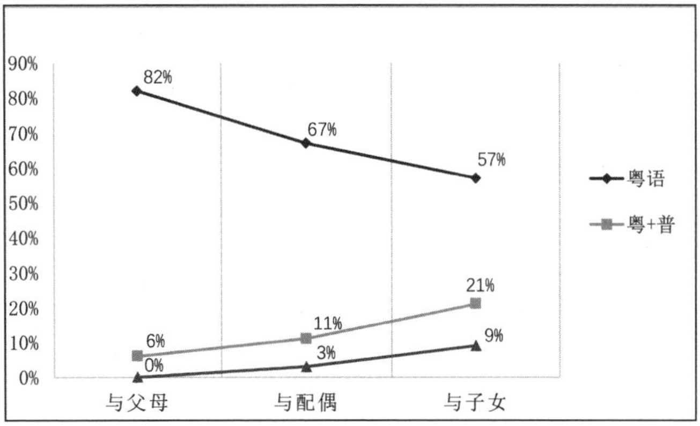

图2. 母语的代际变化

表4. 家庭代际间语言使用配对样本t检验

	均值③	总数	均值差	标准差	t	自由度	显著性(双尾)
与父母	1.61	247	-.579	2.64	-3.445	246	.001
与配偶	2.19	247					
与配偶	1.99	218	-1.05	3.14	-4.935	217	.000
与子女	3.04	218					
与父母	1.57	218	-1.50	3.32	-6.670	217	.000
与子女	3.07	218					

我们访谈了部分调查对象。他们认为“对父母肯定说粤语，因为熟悉”，和子女交际所使用的语言就有不同的情况。有的子女还未到学龄阶段，家长认为“(和孩子）说点普通话和英语有利于日后孩子上学”；有的子女已上学了，“在学校说普通

③ 均值越小，交际模式越偏向单言（单语）；均值越大，交际模式越偏向双言双语（多言多语）。

话”，“回家混着说”；对于英语，家长持比较积极的态度，认为“可以多说一点”。而和配偶交际语言的选用有的取决于双方是否来自同一地方，有的为了配合对子女的教育。由此可知，有没有移居背景和对子女语言教育的规划影响着配偶之间的语言选用。

（2）“与好朋友聊天时”的语言使用情况介乎于家庭内部和公共场合之间，使用粤语单言的比例最高，但比例已下降到50%以下，使用“粤+普”双言的比例快速上升，也存在使用英语交际的情形。

（3）在公共场合，所有场景使用“粤+普”双言的比例都最高。前三个场景普通话单言的比例排行第二；后两个非正式场景，粤语单言的比例上升至第二位。在与陌生人交谈和工作（学习）的场景，英语都能派上用场，后者英语使用比例最高。被访者解释此现象很正常：“我在工作中经常会用英语”；“现在广州外国人多了，有时也会碰到陌生人是外国人，那就得用英语。”

3.3 受访者子女在教育领域的语言使用状况

在问卷第三部分，共有134名调查对象填写了子女在教育领域的语言使用状况，如表5。不难发现，普通话在学校环境占据了绝对优势，即使在课后，粤语的使用比例也不到一半。在王莉梅（2009）的调查中，学生校内课外的粤语使用比例还高达66.7%，如今粤语在校内的使用进一步萎缩。

表5. 受访者子女在教育领域的语言使用情况④

	粤语	普通话	英语	总计
课上（包括师生或学生之间）	20.9%	83.6%	6.7%	111.2%
课后与老师	32.1%	79.9%	3.7%	115.7%
课后与同学	48.5%	78.4%	3%	129.9%

超过六成受访者让孩子在5岁之前就开始接受英语教育；94%的家长认为子女一定要学好英语；47%的家长让孩子参加英语课外培训班。在广州，英语作为第一外语在教育领域越来越受重视，英语教育已趋低龄化。

❹ 广州人语言交际模式的社会分布

调查结果显示，广州人的语言使用主要有“粤语单言”“普通话单言”“粤+普”（双言模式）和“粤+普+英”（双言双语模式）四种交际模式。我们以年龄（青年/中年）、文化水平（本下/本上）、家庭背景（本土背景/移居背景）和性别（男/女）等为考察因素，对四种模式进行社会分布上的统计和卡方检验，得出以下发现：

第一，私有场合语言交际模式的分布全部与家庭背景相关，有移居背景的广州

④ 问卷中该部分可以单选或多选，故百分比之和可能大于100%。

人使用“粤语单言”的比例显著低于本土背景的广州人，但他们使用“普通话单言”和“粤+普”交际模式的比例则显著高于后者（详见表6）。

表6. 不同家庭背景广州人私有场合语言交际模式分布

	家庭背景	粤语单言	普通话单言	“粤+普”模式	卡方检验
与父母	本土	96.1%	1.3%	1.3%	p=.000 χ^2=43.882
	移居	66.4%	10.2%	10.2%	
全家人聚餐	本土	86.9%	2.6%	7.8%	p=.000 χ^2=41.782
	移居	56.2%	10.9%	19.7%	
与配偶	本土	80.0%	6.9%	6.2%	p=.001 χ^2=29.697
	移居	53.0%	21.4%	17.1%	
与子女	本土	70.9%	2.6%	18.8%	p=.000 χ^2=30.525
	移居	41.6%	16.8%	23.8%	
与好朋友	本土	59.5%	3.3%	28.1%	p=.005 χ^2=21.854
	移居	35.0%	3.6%	48.2%	

第二，文化水平对私有场合语言交际模式分布的影响仅次于家庭背景：除了全家人聚餐场景以外，文化水平为“本上”的广州人使用“粤语单言”的比例显著低于“本下”广州人，使用“粤+普”模式的比例却显著高于后者。

表7. 不同文化水平广州人私有场合语言交际模式分布

	文化水平	粤语单言	“粤+普”模式	卡方检验
与父母	本下	90.2%	2.3%	p=.008 χ^2=15.729
	本上	75.2%	8.3%	
与配偶	本下	81.2%	6.2%	p=.007 χ^2=24.347
	本上	55.6%	15.6%	
与子女	本下	68.3%	15.4%	p=.041 χ^2=16.070
	本上	47.4%	24.3%	
与好朋友	本下	57.9%	33.1%	p=.038 χ^2=16.360
	本上	39.5%	41.4%	

第三，公共场合里“和陌生人说话”以及“工作（或学校）”两个场景，语言交际模式的分布也与文化水平相关。文化水平为“本上”的广州人使用“粤语单言”的比例显著低于“本下”广州人，但使用“普通话单言”的比例则显著高于后者。

表8. 不同文化水平广州人公共场合语言交际模式分布

	文化水平	粤语单言	普通话单言	卡方检验
与陌生人	本下	25.6%	24.8%	p=.008 χ^2=17.455
	本上	9.6%	35.9%	
在工作（或学校）	本下	24.1%	18.8%	p=.025 χ^2=15.995
	本上	11.5%	26.1%	

第四，性别与语言交际模式分布相关仅在“工作/学校”和“商场购物”两个公共场景，女性使用“普通话单言”的比例显著高于男性，而男性使用“粤+普””模式的比例显著高于女性。

表9. 不同性别广州人公共场合语言交际模式分布

	性别	普通话单言	“粤+普”双言	卡方检验
在工作（或学校）	男	14.8%	50.0%	p=.021 χ^2=16.453
	女	30.4%	38.5%	
在商场购物	男	7.7%	57.7%	p=.033 χ^2=12.144
	女	20.3%	45.3%	

第五，年龄与语言交际模式分布的相关性最少，只有在“与配偶”交流时，青年人使用“粤语单言”的比例显著低于中年人，但他们使用“粤+普+英”交际模式的比例则显著高于后者。

表10. 不同年龄广州人语言交际模式分布

	年龄	粤语单言	“粤+普+英”	卡方检验
与配偶	青年	60.2%	7.8%	p=.021 χ^2=20.970
	中年	72.2%	0%	

5 分析与余论

5.1 从语言使用看语言的社会功能分工

语言社会功能的发挥，主要在于社会各领域的语言运用（李宇明，2016）。广州人四种语言交际模式在图3四个领域呈现出较为明显的区分。“粤语单言”模式在家庭内部使用比例占绝对优势，随着场合公开和正式程度增加而减少使用比例，与其互补的是“粤+普”模式。“普通话单言”模式在家庭以外的场合增长趋势和“粤+普”模式相同。由于家庭背景因素，移居家庭内部使用“普通话单言”模式的和使用“粤+普”模式的比例相当。“粤+普+英”模式在正式公开场合占有的比例比较突显。

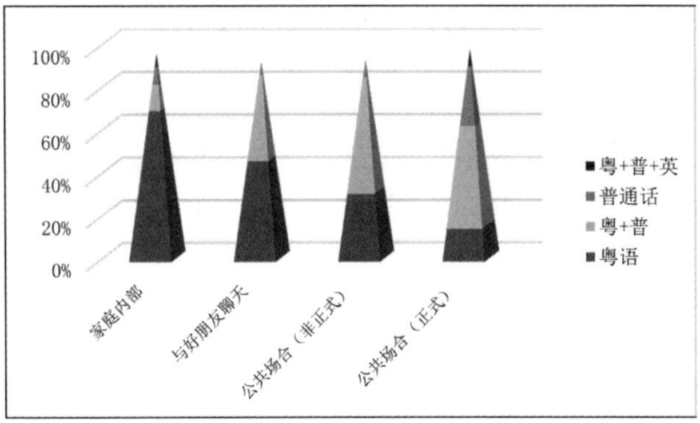

图3　四种交际模式在社会各领域的使用分工

可以看出，家庭内部是粤语使用最为活跃和固守的领域。撇除移居因素，普通话和英语主要用于公开场合，和粤语共存共用。在正式和非正式公共场合，双言、双言双语两种交际模式使用比例加起来超过五成，充分展现广州是一座兼容并包的城市，语言生态比较和谐，城市国际化正在推进。

社会建构主义理论启发语言学关注社会环境与个体行为的互动（成晓光，2005）。Verschueren（1999）认为，人们使用语言的过程是一个基于语言内部或外部因素左右的语言选择和顺应的过程。其中“顺应”指交际参与者对交际进行调整，以缩短或扩大双方的社会和交际差异（Giles，2009）。二三十年前广州人在任何种场合都倾向使用本土方言，全球化经济的发展引至外来人口大量迁入，跨国企业落户广州，普通话、英语作为“共通语”在广州的使用空间越来越大。一方面，广州人，尤其是本土家庭背景的广州人与家人、好朋友聊天，很大程度上保留了以粤语单言为主的交际模式，旨在更好地维系情感；另一方面，在公开场合与他人交往，根据交际方的不同背景和交际场景，进行语言选择和顺应，通过改变所说的语言来构建自己不同的社会身份或角色，使自己更容易达成交际目的，更轻松地适应所在阶层或社群。

5.2　粤语的活力现状和面临的挑战

调查发现，粤语目前仍有较强的社会交际功能。无论在何种场合，粤语在单言或双言的交际模式中仍占有一席之地。在家庭内部使用粤语单言占优势，粤语的活力仍然较强。

在乐观的同时，我们也看到由于普通话和英语的冲击，粤语的使用空间受到挤压：（1）广州人的母语和家庭领域的语言使用都出现了代际转移现象。普通话进入部分广州人的母语，普通话、英语渗入家庭等私有场合交际领域。（2）普通话在公共场合取得比粤语更为广阔的使用范围。在各种公共场景，使用“粤+普”双言的比例最高，在正式公共场景“粤语单言”仅位居第三，低于“普通话单言”。在工作、学校等场景，普通话的使用已占领上风。

5.3 英语作为第一外语在教育领域越来越受重视，英语教育趋低龄化

语言市场理论认为，语言作为一种技能，是文化资本的一种形式，在既定社会的语言市场中，语言使用者会向价值高、获得利润机会大的语言变体投资金钱、时间、精力以习得某种语言技能或话语方式，且一经获得，就能转变为其他资本（Bourdieu，1986）。在现实生活中，会英语和普通话者可能会获得更好的就职机会和薪水（即经济资本），进入更高的社会阶层（即社会资本），物质资本驱使人们乐意去获得相关语言技能。可见，粤语的萎缩有其社会必然性。调查显示，移居家庭背景、文化水平高、年轻人、女性等群体更倾向使用“普通话单言”或“粤+普”“粤+普+英”等模式，我们预测未来粤语的萎缩还可能在这些群体中进一步扩展。

5.4 广州人语言使用与语言态度一致，粤语的萎缩速度预计较为缓慢

我们还调查了广州人的语言态度（单韵鸣、李胜，2018），发现广州人的语言使用与其态度基本一致。首先，他们对粤语的评价显著高于普通话和英语，尤其在情感方面，表现出强烈的“语言的忠诚”。反映在语言使用上，粤语坚守家庭领域，“粤语单言”占比高达近七成；在其他领域粤语并没消退，而是与普通话、英语共存。

其次，广州人对普通话、英语理性评价高，与其能带来的社会地位和实用价值有关，态度更偏重于工具、语言价值导向。在使用上并不排斥两者，甚至在公共场合主动使用，并有意引导下一代学好普通话和英语。

值得注意的是，广州人对粤语未来的发展持悲观的态度，流露出“语言忧患”的意识。他们能清晰感知到语言竞争的存在，以及语言竞争给粤语带来的冲击。在发放问卷时，所有被访者都表示支持粤语。当我们询问被访者对粤语现状的看法时，他们感慨“现在小孩一上学都不说粤语了”，“在广州有些地方都可以不讲粤语了，说普通话”。而对普通话普及和英语热，被访者认为是工作、生活和获取知识资讯的需要。广州人对粤语主观情感的认可和对客观现实顺应是一种杂糅的表现。语言使用上，粤语在语言竞争中与对手持拉锯的状态，双言或双言双语交际模式可能会在较长时间内存在，粤语的萎缩速度预计较其他方言缓慢。事实上粤语内部的蜕变也呈相同的特征，正如单韵鸣（2016：185）在研究中指出“广州话向普通话靠拢的过程将会是一场漫长的拉锯战，普通话在双方的角力中胜出绝不是一件轻松的事情”。

5.5 关于粤语传播传承的建议

李宇明（2016）曾提到，家庭是语言的“根”，是方言通俗口语的保留地和传承地。在粤语的传播传承中，宣传情、根，重视粤语“情感功能”的打造非常正确，调查显示绝大部分广州人确实把粤语作为身份和地域文化认同的标记。这一宣传必须持续下去，宣传对象应包括移居背景的广州人，配合其他社会氛围，增强他们的归属感。对于文化水平高的群体还可加强宣传粤语的内涵和文化，通俗与高雅并举。粤语既用于百姓日常生活，也是诗歌、戏剧、童谣、书评等文学艺术作品的重要载体。

此外，应提高使用者对粤语情感维系以外其他价值的关注，目前的有关宣传比较欠缺。粤语除了能维系乡情，还有强大的资源功能和实用价值。粤语拥有庞大的海内外使用群体，如果掌握了粤语，社会资源就可能培养出更多的优势，个人发展也会因此增加了竞争的资本。研究已经发现，多语者比单语者在大脑潜能开发和控制力方面更具有优势（Sullivan *et al.*，2014；Friesen *et al.*，2015；Rubio-Fernández，2017）。

最后，粤语传承方式和内容须赶上时代的步伐，让更多年轻人愿意学、乐意讲（单韵鸣，2018）；中小学校应肩负起对学龄儿童导入地域方言文化的部分责任，尊重粤语在校内课余时间的使用；家庭是传承方言的最佳起点，要鼓励家长不能放弃对下一代的母语教育。只有让更多人全面意识到粤语存在的价值，在使用多语的同时坚持自己的母方言，粤语的传承才会代代不息。

参考文献

- Bourdieu, P. 1986. The form of capital. In Richardson, J. (ed.)*Handbook of Theory and Research for the Society of Education*.New York: Greenwood Press.241–258.
- Friesen, D. C., Latman, V., Calvo, A., & Bialystok, E. 2015. Attention during visual search: the benefit of bilingualism. *International Journal of Bilingualism* 6: 693–702.
- Giles, H. 2009. The process of communication accommodation. In N.Coupland &A. Jaworski (eds.)*The New Sociolinguistics Reader*.Basingstoke: Palgrave Macmillan.276–286.
- Rubio-Fernández, P. 2017. Why are bilinguals better than monolinguals at false-belief tasks? *Psychonomic Bulletin and Review* 3: 987–998.
- Sullivan, M., Janus, M., Moreno, S., Astheimer, L., & Bialystok, E. 2014. Early stage second-language learning improves executive control: evidence from ERP. *Brain and language* 10: 84–98.
- Verschueren. 1999. *Understanding Pragmatics*. London: Arnold.
- 成晓光，2005，社会建构主义的语言哲学基础。《外语与外语教学》（1）：3–7+64。
- 高一虹、吴东英、马喆，2019，回归20年后香港与广州、北京的语言态度比较。《语言文字应用》（2）：39–50。
- 郭骏，2007，语言态度与方言变异——溧水县城居民语言态度与语言使用情况的简要调查。《南京社会科学》（8）：134–140。
- 韩艳梅，2012，广州小学生的语言态度及其身份认同论析。《教师教育学报》（1）：201–205。
- 劲松、朱盈梅，2014，北京城区本地青年人语言使用调查报告。《北京社会科学》（4）：26–31。

❑ 李宇明，2016，语言竞争试说。《外语教学与研究》（2）：212–225+320。
❑ 廖湘美、林素卉、庄斐乔、苏祠华，2015，台湾中小学生语言使用与语言态度调查——以台北市、新北市、高雄市为例。《语言文字应用》（4）：103–112。
❑ 刘慧，2013，广州地区港澳大学生语言态度及语言使用情况调查研究。《暨南学报（哲学社会科学版）》（3）：148–153。
❑ 单韵鸣，2016，《广州话语法变异研究》。北京：商务印书馆。
❑ 单韵鸣、李胜，2018，广州人语言态度与粤语认同传承。《语言战略研究》（3）：33–41。
❑ 单韵鸣，2018，粤方言学者发声：传承方言建设本地方言文化博物馆还不够。
❑ 孙德平，2011，语言认同与语言变化：江汉油田语言调查。《语言文字应用》（1）：27–37。
❑ 唐叶，2006，广州市中学生语言态度研究。暨南大学硕士学位论文。
❑ 徐晖明、周喆，2016，广州青少年语言使用与语言态度调查与分析。《语言文字应用》（3）：20–29。
❑ 杨伟杰、林玲，2013，普通话与粤方言的情感评价及地位评价比较——以广州市普通话水平测试考生为例。《韩山师范学院学报》（5）：92–96。
❑ 王莉梅，2009，社会建构论框架内对语言态度性别差异的再诠释。《外语研究》（6）：34–38+112。
❑ 王玲，2012，城市化进程中本地居民和外来移民的语言适应行为研究——以合肥、南京和北京三地为例。《语言文字应用》（1）：75–84。
❑ 王远新，2002，《中国民族语言学：理论与实践》。北京：民族出版社。
❑ 王远新，2008，湖南省城步县长安营乡长安营村语言使用、语言态度调查。《中央民族大学学报（哲学社会科学版）》（1）：105–113。
❑ 薛才德，2009，上海市民语言生活状况调查。《语言文字应用》（2）：74–83。
❑ 游汝杰，2015，台湾大学生语言使用状况研究。《陕西师范大学学报（哲学社会科学版）》（4）：156–160。
❑ 周薇，2011，语言态度和语言使用的相关性分析——以2007年南京城市语言调查为例。《语言教学与研究》（1）：86–96。

Language Use of Guangzhou Natives and the Transmission of Cantonese

Abstract: This study surveys on the use of Cantonese, Putonghua and English among 290 natives of Guangzhou, supplemented by interviews with 24 informants. Results show the following: First, the intergenerational language shift is emerging; over 90% of the Guangzhou natives can speak both Cantonese and Putonghua. Second, four main communication patterns with Cantonese,

Mandarin and English are used by Guangzhou natives. The use of Cantonese is dominant in family; the "Cantonese + Mandarin" pattern is mainly used in public. English education shows a low-aging tendency. On the whole, Cantonese remains as a vigorous dialect in Guangzhou but is under the impact of Putonghua and English. Based on the above findings, suggestions are provided for the transmission of Cantonese.

Key words: language use; transmission of Cantonese, Guangzhou natives; Putonghua; English

（责任编辑：郑萱）

经典译文

论语音定律问题（1886）

论语音定律问题（1886）

奥托·叶斯柏森[丹麦]
曲长亮　译　亓晨　校*

[译者按]　我国的语言学界和外语教学界对奥托·叶斯柏森（Otto Jespersen）的名字并不陌生。早在20世纪初，他的语言演化思想就已通过胡以鲁《国语学草创》而为国人所知。至30、40年代，他的语言学思想深刻影响过何容、吕叔湘、王力等汉语语法大师，对林语堂等其他领域的学者亦有一定影响。进入80年代，他的《英语语法要略》《语法哲学》两部著作得到了汉译。

不过，除了我们所熟悉的三品级等语法理论之外，叶斯柏森还在早年致力于语音学研究，既在语音理论方面著述丰硕，又将理论积极运用于语言教学、方言研究、文字改革、词典编纂等应用领域，后世学者因而指出："早期生涯中，他获得了经典语音学领军型代表人物之地位"（于恩·里舍尔《奥托·叶斯柏森对丹麦语音学和普通语音学的贡献》[Jørgen Rischel, *Otto Jespersen's Contribution to Danish and General Phonetics*]，1989，p. 43）。

叶斯柏森对语音的研究不仅包含静态的描写与归纳，更涉及语音的历时演变规律。1886年，他长达29页的《论语音定律问题》（Zur Lautgesetzfrage）一文，发表于德国莱比锡出版的《普通语言学国际学报》（*Internationale Zeitschrift für allgemeine Sprachwissenschaft*）上，对新语法学派的"语音定律无例外"这一知名论断中存在的缺陷提出了独到的见解。正如语言学史专家科尔纳（E. F. K. Koerner）所指出，《普通语言学国际学报》创办出版的年代，正是新语法学派运动最强势的年代，该时代"可比作20世纪60年代中期至70年代初的'生成主义范式'之时代"（《论泰希默〈学报〉的重要性》[*The Importance of Techmer's "Zeitschrift"*]，1973，p. 22）。因此，在新语法学派如日中天的19世纪80年代，时年26

*　译者简介：曲长亮，大连外国语大学英语学院副教授、硕士生导师、博士。研究方向：语言学史、音系学。Email：choryo55@yahoo.com。通信地址：116044 大连外国语大学英语学院。
本文是国家哲学社会科学基金一般项目"叶斯柏森音系演化思想研究（1886–1941）"阶段成果，批准号：16BYY007。课题总负责人：曲长亮。

岁的叶斯柏森，能够在该学派的大本营发表这样一篇长文，不难从中体会出由泰希默（Friedrich Techmer，1843-1891）、莱斯琴（August Leskien，1840–1916）、保罗（Hermann Paul，1846-1921）等学派核心人物组成的学报编委团队对此文学术价值的充分肯定。主编泰希默甚至亲自出马，为该文增加了若干点评式脚注（即文中不时可见的“F.T.注”）。

叶斯柏森三度论述语音定律问题。1886年的这篇《论语音定律问题》，我们不妨称之为“第一论”。该文分别以德语发表于《普通语言学国际学报》、以丹麦语发表于《北欧语文学学报》（*Nordisk tidsskrift for filologi*）。1904年，他的专著《语音学的基本问题》（*Phonetische Grundfragen*）出版时，这篇文章充当了该书的最后一章。不过，他没有对旧文直接做修订，而是在保持其原貌的基础上，在其后附上了一份12页的“补记”（Nachtrag），是为语音定律问题之“第二论”。1933年，叶斯柏森对《论语音定律问题》的原文和补记进行了删节和修改，一并编入了其自选集《语言学文集——用英、法、德语撰写的论文选》（*Linguistica: Selected Papers in English, French and German*），此时他又新撰写了一份24页的“最后的话”（Letzte Worte），是为“第三论”。从叶斯柏森对此问题的一论再论，我们不难体会美国语言学家特伦斯·威尔伯（Terence H. Wilbur，1924–2000）为何把该著作称为“叶斯柏森最宠爱的孩子”（Wilbur，1977，p. lxxxix），并将其与古尔替乌斯、德尔布吕克、布鲁格曼等在当时更具资历与影响力的学者撰写的篇幅更长的著作并置，收录进《1885至1886年语音定律之争资料集》（*The Lautgesetz-Controversy: A Documentation [1885-1886]*）。

迄今唯一一部中文版《叶斯柏森语言学选集》的编者兼译者任绍曾教授曾为选集缺乏语音学的内容而略感遗憾（《选集》译序，2006，p. 9）。而今，本文译者译出叶斯柏森对语音定律问题的上述三论，以期向充分发掘叶斯柏森丰硕的语音学思想迈出一小步。

以下为《论语音定律问题》（“第一论”）的全文，据1886年德语版译出。

本文大体上是我1886年4月29日在哥本哈根的语文历史学会上做的发言。[①]发表此文的另一原因，是Kr.纽洛普（Kr. Nyrop）[②]出版了一本有意思的书，题为《罗曼语形容词的性屈折》（*Adjektivernes könsböjning i de romanske sprog*）。该书关于“论语

① 本德语版本除少量删节、增补、改动之外，与发表于《北欧语文学学报》（新系列第7卷207页起）的丹麦语原文一致。——原注

② 克利斯托夫·纽洛普（Kristoffer Nyrop，1858-1931），丹麦语言学家，罗曼语专家。著述丰富，其中最具影响的是6卷本《法语历史语法》（*Grammaire historique de la langue française*，1899-1930）。纽洛普早年就读于哥本哈根大学，师从威廉·汤姆森，是叶斯柏森的同门学长。《罗曼语形容词的性屈折》（1885）是其博士论文，毕业后次年正式出版。——译者注

音定律与类推”（Om lydlov og analogi）的绪论中对所谓新语法学派原则的清晰描述，常常让我有异议。而与此同时，我在研读舒哈特深思熟虑的《论语音定律》（*Über die Lautgesetze*）一书，于是开始深入钻研这个棘手的问题，并把我头脑中出现的想法和疑惑发表出来，以便将其交予更高水平的裁判来裁定。

下文中，我必须不时批评新语法学派的这一导向；但另一方面，我觉得必须从最一开始，就向这些前辈们献上我的崇敬之情，尤其要满怀钦佩地强调，我从保罗[③]的《语言史的原则》（*Prinzipien der Sprachgeschichte*）中获益颇多：该书最先促使我对诸多语言生命（Sprachleben）现象进行了思索，对我的研究方向影响最大。

1

无论是支持者还是反对者，大多数人都会觉得新语法学派体系中最重要的是这句话：“语音定律无例外”（Die Lautgesetze wirken ausnahmslos）。或者，大家一定会同意舒哈特的看法，认为这个表达并不好，应该说：“语音变化依照无例外的定律进行”（Der Lautwandel geht nach ausnahmslosen Gesetzen vor sich.）。这一点在纽洛普第16页解释得更为清楚：“所有相似的音组，在同样的语音条件下及同样的时间、空间界限内，都会发生相似的演化。”（Alle gleichartigen Lautgruppen werden unter denselben lautlichen Bedingungen und innerhalb desselben zeitlichen und örtlichen Gebietessich gleichartig entwickeln.）

现实世界中，我们能否从哪种现存语言中找到如此合乎定律、统一一贯的语音处理方式？新语法学派已经回答了，找不到；因为语音定律所揭示出的语音渐变并不是语言演化中的唯一因素。但是，我们若能剔除借词和类推（是否还存在其他因素带来的产物，可能如纽洛普所言，或可容日后再去发现[④]），就能看到语音定律自身是绝无任何例外的。

有些例子可证明，像外行人平时那样把其他因素的产物拿来当作语音规则之例外，是不合理的。有这样一条语音规则：拉丁语单个鼻音前的a，在重读音节中演变为法语的ai，在非重读音节（或次重读音节）中则保持不变，前者如fame(m) > faim（饿），amat > aime（爱，动词现在时单数第三人称）；后者如amaru(m) > amer（苦），amore(m) > amour（爱，名词）。但是，法语如今说aimer（爱，不定式）及aimé（爱，过去分词）却并非例外；这类形式直到语音定律完成其作用之后才出现；它们跟拉丁语amare和amatu(m)之间的对应关系，与aime和amat之间的对应关系并不完全一

---

③ 赫尔曼·保罗（Hermann Paul，1846–1921），德国语言学家，新语法学派代表人物。其著《语言史的原则》被公认为新语法学派的集大成之作，至今仍具一定影响。（参见《赫尔曼·保罗<语言史的原则>再思考》[*Hermann Paul's 'Principles of Language History' Revisited*]，Auer & Murray主编，De Gruyter，2015）。——译者注

④ 我无法赞同布吕克纳（Brückner，《斯拉夫语文学档案》[Archiv für slavische Philologie]，第3卷第242页）以及马兴（Masing，《普通语言学国际学报》[*Internationale Zeitschrift für allgemeine Sprachwissenschaft*]，第1卷第467页）把这类因素视为偶然保留下来的“冰冻古体形式”（erstarrter Altertümlichkeiten），即语言较早时期的孑遗。——原注

样。事实是，amer[⑤]和amet作为amare（爱，不定式）和amatum（爱，过去分词）的嫡子，虽已存在许久，虽被中世纪的法国人无数次说着写着，却已消亡；而人们又造出了带有ai的新形式这一事实，不应被视为上述语音定律之例外。

法语中的双形词（Doppelformen）之情况亦不应被视为例外，如chose（事情）和cause（缘由）皆来自拉丁语causa，二者并未违反语音定律，因为cause一词通过书面语（“学问词”）路径被法语吸纳，是在语音定律发挥作用之后；此时，促成causa > chose这一普遍演化的语音定律已不再起作用。该过程同样不是“基本形式的平行后嗣”（见纽洛普21页），不应把cause视为语音定律之例外。

由此，我们可对语言材料（Sprachstoff）一分为三，首先是传承词（Erbwörter）——这个概念由吕京（Lücking）[⑥]引入，以取代先前的罗曼语学者使用的并不确切的“大众词”（[德] volkstümliche Wörter，[法] mots populaires）这个术语；其二是新构成词（Neubildungen）、新造词（Neuschöpfungen）及类推演变词（Analogiebildungen）；其三是外来词（Fremdwörter）和借词（Lehnwörter），这之中必然有从同一语言（母语）较早阶段借入的词，比如前面提到的法语cause那种源于古典拉丁语的词（学问词）。我们若要研究语音定律的结果问题，就必须避免使用上述三类词中的后两类做例证，而应严格限制在传承词中。但此处应注意，一个借词或新词进入语言的那一刻起，就必然会跟该语言的其他所有词汇一起经历进一步演化——像Bursche（伙计）、kochen（烹饪）之类的词，在德语中其实是外来词，但对于当今这代人以及先前几代人来说，这种词显然已跟其他真正的德语词历经了相同的条件，因而如今已成为地道的传承词，虽然只是广义上的传承词。如果把这一点考虑进来，那么对借词和类推演变词的回避这一要求就可简化为这样一句毋庸置疑的话：音变仅在其活跃于该语言时，才会对词产生影响。

2

因为类推演变（Analogiebildung）经常被视为语音定律之反例，[⑦]所以，对类推之效应加以思考，或许有助于正确认识语音定律。首先我们必须阐明，句法领域也存在类推演变。V. 亨利（V. Henry）在其《一般类推及希腊语类推演变研究》（*Étude sur l’analogie en general et sur les formations analogiques de la langue grecque*）一书中否认这一点（巴黎，1883，第18页）。该书的一般性论述部分，其实是对德国新语法学派理论的十分乏味的复述，有些地方甚至存在误读。不过，既然其他人都赞同句法类推是存在的，并且用例子来证明也不难，我们基本可确信其存在。然而，既

⑤ 注意这个amer和上文的amer（苦）是同形异义词，二者不同源。——译者注

⑥ 古斯塔夫·吕京（Gustav Lücking，？–？），德国学者，著有《学生法语语法》（*Französische Grammatik für den Schulgebrauch*，1880）等著作。Erbwort这个术语见于其著《最古老的法语方言》（*Die ältesten französischen Mundarten*，1877）一书。——译者注

⑦ 例如，保罗在《日耳曼语与罗曼语语文学资料》（*Literaturblatt für Germanische und romanische Philologie*）1886年1月号就坚决这样认为。——原注

然音变和类推被视为相互矛盾，人们不禁要问，句法领域是否存在类似语音定律的东西？或者说得更明确些：句法中有哪些定律，其作用相当于词法中的语音定律？如果我们看看这个例子，答案就毋庸置疑了：民间法语说se rappeler de quelque chose（想起某事），se rappeler就是因se souvenir而产生了带有de的类推。[⑧]此处与之对立的显然是渐旧用法se rappeler qch.保留了下来。于是我们看到，虽然类推原则在语言生命中是新形成的、改革性的，甚至可以说是革命性的；但是与之相反，该原则在语音定律中运作时，却在本质上相对偏向于语言中的保守成分，维护了传统。然而，语音定律是语言中的变化之定律，而非静止之定律。的确，必须注意，现实中根本不存在什么静止。狄德罗说过："一切都在变化，一切都会过去"（tout change, tout passe）。[⑨]如果他再加上一句："这就是现存的一切"（ce n'est que le tout qui reste），那么这情况跟语言必然不符，虽然语言也是这宇宙中的组成部分，确切说，只是小小的一部分。语言也和其他领域一样，只存在相对的静止：虽然语言形式被周而复始地使用着，但却在不知不觉中发生变化，人们最终可能基本意识不到这变化。这是个与我们所说的动植物生长类似的现象。今之个体与昨之个体相同，但却也经历了变化；类推演变则可比作繁殖，当然只是在一定意义上可以这样比，两个成分结合起来，由此造就了新的生命形式，而自身却不一定要随之消失；一代又一代，每个单独个体都是依此实现了一分为二；语言领域，我们称之为异化（Differenzierung），如拉丁语pensare（平衡）分裂为两个动词，一个表示"称重"（法语peser），一个表示"思考"（法语penser）；再如丹麦语kæreste，读短音ε表示"未婚夫"，读长音ε表示"心上人"；这样一来，原先那个语音内容和语义内容皆不确切的形式消失了，让位给了两个各具确切形式和确切意义的新词。

但是，这个比喻崩塌了——这很自然。单个的词毕竟不是个独立的生物，而只是个为人的活动而服务的公式，其目的是把思想传递给另一个人。关于类推效应，这个可比性站不住脚，其问题在于，类推效应所产生的结果，通常无法跟那些仅受保守因素影响而可能产生的结果区分清楚，后者是对以前所听、所说的形式的复制。这一点在我看来至关重要，因为它关乎我们对语言生命的理解。[⑩]例如，我想用fröhlich（欢快的）或是glücklich（高兴的）等形容词的最高级，那么，我是以前听过、用过这些形式，并仅靠记忆将其复制出来，还是根据我脑海里herrlichste（最辉煌的）、trefflichste（最优秀的）等大量其他形容词的最高级形式而类推出了全新形式，这二者其实并无差别。事实上，即使对我的精神活动（Geistestätigkeit）做最详细的分析，也仍不太可能发现我在每一例中运用的是哪种方法。我们来看一个儿童语言中的类推演变之例。去年夏天，我好几次听到丹麦小孩把blåbær（蓝莓）带后

⑧ 法语动词se rappeler和se souvenir意义大体相同，区别在于se rappeler直接及物，而se souvenir间接及物，须在该动词与宾语之间加介词de。受se souvenir影响，民间法语常把se rappeler也当作间接及物动词，在其和宾语之间加de，这个用法至今仍被坚持正统语法标准者视为语法错误。——译者注

⑨ 语出狄德罗《达朗贝尔之梦》（Le rêve de d'Alembert，1769）。——译者注

⑩ 见保罗《原理》第68页起。——原注

缀冠词（suffigiert Artikel）[11]的复数形式说成blåberne [blɔbərnə]，[12]而不是blåbær(r)ene。紧随重音之后的音节-bær通常要弱化，因此成人语言中的blåbær跟kopper（杯子）[kɔbər]、propper（瓶塞）等词押韵。若是套用kopperne、propperne的构成模式，就造出了blåberne。这个问题，就要用类推演变来解释。与之相比，儿童此前并未听过tropper（军队）一词，而一旦听到了却会问："jamen, mor, hvor er tropperne?"（哎，妈妈，那个tropper在哪儿啊？）这跟上面所说的blåberne实为同一过程。tropperne这一形式也是个类推演变；不同之处在于，这一用法虽发生了形式变化，但变出的是个完全正确的形式。由此，我们可将类推演变依据结果划分为两类：一类，新构成的形式或独立出现的形式（此例更接近后者），与保守形式方向相同，以致无法分清新形式和旧形式；另一类，全新形式产生，该形式与已有各形式皆不同。语言心理学无法对这两类加以区分，而在语言史当中，"类推演变"这一术语仅运用于后一类。因此我们看到，新语法学派以前所说的"错误类推结构"其实并非完全错误。如果有人依此进行价值评判，认为旧有形式比新出现形式更好、更正确，就说明这一命名并不可取。诺伦[13]说得恰到好处：语言形式的价值并不取决于其语源，而是取决于该形式获得理解的速度和准确度，取决于说话人把它说出时的容易度。[14]故而，若要分别为上述两个类别命名，最妥当的方式就是不要把二者称为"错误类推演变"（falsche Analogiebildungen）和"正确类推演变"（richtige Analogiebildungen），而应称其为"创造性类推演变"（schaffende Analogiebildungen）和"保存性类推演变"（erhaltende Analogiebildungen），也可称为"前行性类推演变"（umbildende Analogiebildungen）和"后行性类推演变"（wiederbildende Analogiebildungen）。[15]我支持这样的命名。

这里我想请大家注意一个问题。我们自上学起，透过书本中使用的词与词之间的分界，对句子中词的存在太过习以为常，以至于难以认识词与词之间的真实关系。这一真实关系近年来不时得到了些正确的强调；自然言语中，词与词之间并无绝对的分界，只有说话人语流的被迫中断，有时是因为换气，[16]有时是因为想不起要说的

---

⑪ 丹麦语等北日耳曼语有一个不同于其他日耳曼语的显著词法特征：定冠词与名词连用时，不是加在名词前的独立词，而是以后缀的形式附着在名词后面。此例中，blåbær(r)ene的词法结构是blåbær（蓝莓，名词词干）+ e（名词复数后缀）+ ne（复数定冠词）。——译者注

⑫ 本文1886年初版使用叶斯柏森自创的"丹麦音标"（Danias Lydskrift）注音，1933年收入《语言学文集》时改为国际音标注音。为方便读者，本译文使用《语言学文集》中的国际音标。——译者注

⑬ 诺伦（Adolf Noreen，1854–1925），瑞典语言学家，新语法学派成员，是首位将该学派理论引入瑞典的学者，著有《古冰岛语与古挪威语语法》（*Altislandische und altnorwegische Grammatik*，1884）、《古瑞典语语法，附论古哥得兰语》（*Altschwedische Grammatik mit Einschluss des Altgutnischen*，1897）以及未完成的关于瑞典语的多卷本鸿篇巨制《我们的语言》（*Vårt språk*，1904-1924）。——译者注

⑭ 见诺伦1885年发表于《北欧学报》（*Nordisk tidskrift*）377–403页、465–479页的《论语言的正确性》（Om språkriktighet）。——原注

⑮ 作者对这些概念所做的区分是正确的，编者倾向的术语是"新创性关联演变"（umschaffende Associationsbildungen）和"回创性关联演变"（wiederschaffende Associationsbildungen）。——F.T.注

⑯ 这后一种情况，对正常说话方式和正确呼吸来说，只发生于句子之间的停顿，或是句子成分之间出现紧急状况时（见《普通语言学国际学报》第1卷169页，第2卷328页），主要由心理因素决定。句子成分内部的呼吸停顿则显得罕见而生硬。——F.T.注

词必须搜寻一下，有时他是想通过“刻意停顿”（Kunstpause）来让听者急于知道后面的话。因此，像“Was ist denn los?”（怎么了？）这样的句子，将其分割成若干组成部分只是人为的（künstlich）而已，对其进行分割的人听得懂其意义，且曾听到过这些组成部分用于其他组合中。而对首次听到外国话的人来说，把完整连贯的句子分割开很困难；而对儿童来说，即使母语也是如此。我问：“Hvad er det for et dyr?”（这是什么动物？）一位三岁小女孩回答的是“Jeg ved ikke hvad det for et dyr er.”，而不是“Jeg ved ikke hvad det er for et dyr.”（我不知道是什么动物）。她的词序不对，正是因为她还不会把de(t) for et这个结构分割成一个个的词。从一位受过教育的女士那里，我听到了这样一句话：“Det må da let kunne få-at-ses”（这一定很好弄懂）。常用结构få at se（弄懂）被当成一个词来用，还带上了被动态词尾-s；语言史中充满了这样的例子。我只要提醒大家丹麦语Verden（世界）等与冠词融合的形式以及法语lendemain（第二天）之类的词，[17] 大家即可明白葡萄牙语口语中的ha de（必须）为何常被视为一个单一的动词形式，人们为何说hadem fazer isso（必须这么做）而不说hão de fazer isso。[18] ——按这一方法将每个成分分割出来，跟我们通常所做的词与词之间的划分未必全然一致，而是有时多一些，有时少一些。[19] 许多派生后缀、屈折后缀及前缀，在这一过程中让人觉得是独立的成分。当然，还没有独立到能够单独存在或是可跟任何词相连接的地步。——词，有时也无法达到这地步，如德语statten一词，只存在于极其有限的几个结构中（von statten gehen [发生]，zu statten kommen [到来]），但相对独立些。丹麦语后缀-s，与古时候的屈折体系不同，如今已不分性与数，可构成一切属格。透过下面这位两岁儿童的话语，可清楚看到在多早时就开始将其视为可分离的语言成分。他不说“Hvis (hvems) er det?”（这是谁的？），而说“Hvem-er-de(t)-s?”。这个s被剥离了出去，而hvem-er-det（谁-是-这）却尚未被拆开。德语中其他较松的语言成分，还包括比较级词尾，-heit、-ung等派生词尾，前缀un-等。

因此，大家看到，绝大多数类推结构只涉及某些成分跟另一些成分的连接。blåbær + ne（蓝莓+定冠词）这样的屈折连接结构（flexivische Verbindung）和mine

---

⑰ 从词源来看，丹麦语Verden源于古北欧语名词veröld（世界）+ 定冠词后缀en，而veröld本身又由古北欧语verr（人类）和öld（时代）复合而成；法语lendemain源于定冠词l' + 介词en + 名词demain（明天）。——译者注

⑱ 斯威特《葡萄牙语口语》（*Spoken Portuguese*）第27页。托布勒（Tobler）对罗曼语言中类似但不够明确的动词演变做过探讨，见《库恩学报》（*Kuhns Zeitschrift*）第23卷第421页及后。——原注
《库恩学报》正式名称为《比较语言学研究学报》（*Zeitschrift für vergleichende Sprachforschung*），因1852年由德国语文学家库恩（Adalbert Kuhn，1812–1881）创办而常被学界称为《库恩学报》，今名《历史语言学研究》（*Historische Sprachforschung*），至今仍在出刊。——译者注

⑲ 所谓“冠词可剥离出去”这一广为人知的现象，显然属于这类。例如法语azur（蔚蓝）（迪茨[Diez]《罗曼语语法》[*Grammatik der romanischen Sprachen*]第3版，第1卷，240页）；瑞典语中，satan（魔鬼）一词的词尾被当成了定冠词，因此斯特林堡《红屋子》（*Röda Rummet*）中才有de där små satarna（他们这些小魔头）这样的复数形式（279）。——原注
据迪茨的《罗曼语词源词典》（*Etymologisches Wörterbuch der romanischen Sprachen*），法语azur一词的词源是波斯语lazvard，首音l因酷似法语等罗曼语的定冠词而被“剥离”（第5版第33页）。——译者注

blåbær（我的蓝莓）这样的句法连接结构（syntaktischen Verbindung），从心理上看绝无半点不同。这两个例子中，我们使用了同样的方式让两个相关的语言成分变成一个连接结构。这一概念，下文称之为组合演变（Kombinationsbildungen），似乎要优于常规的解释，尤其优于保罗所称的“等比演变”（Proportionsbildungen）；按照保罗的这个概念，说话人通过内心中的等式kopper: kopperne = blåber : x，寻得未知项x = blåberne。[20]

我们已看到，这两条分歧尖锐，甚至相互对立的原则，其实是绝不可相互脱离的。正相反，二者携手并肩运作，皆以推陈出新为目标。舒哈特认为，二者都在为语言世界提供新事物，彼此间并无巨大差别。（除了前面提到的著作之外，还可参见他在《日耳曼语与罗曼语语文学资料》1886年2月号第81栏对保罗的反驳。）他的思路如下：被称为“纯语音演变”的音变（如意大利语com[i]te演变为conte这样的同化）和被称为“类推演变”的音变（如意大利语grave因lieve而演变为grieve）之间存在一系列情形，从一类渐变到另一类，因此无法明确指出一个点，来声称“生理”（套用新语法学派早期术语）止于此、“心理”始于此。他的系列是：conte（数数）= comite，dunque（因此）= nunc，treatro（剧院）= theatro，eglino amano（他爱）= egli amano，non grieve ma lieve（非重而轻）= non grave magis leve；他补充道：“这不但可预测紧随其后的语音概念（lautliche Vorstellungen），而且可预测距离较远的语音概念。进而，类推演变很大程度上不仅源于意念中的词语并置，还源于实际中的词语并置”（《论语音定律》第7页）。我们可以看到，此处所说的类推演变跟上文所说的类推演变性质很不相同。因此，在我看来，将二者均归于“类推演变”名下甚为奇怪。我们此处研究的这类演变——其他例子如法语cercher演变为chercher（寻找），德语有些方言中zehn elf zwölf（十、十一、十二）演变为zehn ölf zwölf——不存在可从中找出“未知项”的等比关系，也不存在独立成分或半独立成分自由组合。此处发生的，至多可视为意识混合（Vermischung im Bewußtsein），即“混淆”（Konfusion），也就是因“思考过快”[21]而使人没有足够时间把本该分清的东西区分开；人们说一样东西时，思维已触及下一样东西（可能是同一个词里的东西，也可能是下一个词里的东西），[22]这就让器官发出某一音组或某一单音时发音过早，出现语音相似时尤其容易这样。有些例子中，一些音或音组还因同样的原因被省略掉，如希腊语amphiphoreus变为amphoréus（双耳罐子），拉丁语的例词如st(ip)ipendium（工钱）、(vi)vipera（毒蛇）、nu(tri)trix（护士）等等（参见布雷亚尔、贝依《拉丁语词源词典》（Bréal & Bailly, *Dictionnaire étymologique latin*），1885，368页），还有像heroi(ko)komisch（英雄喜剧的）、tragi(ko)komisch（悲喜剧的）等例子；丹麦语普遍这样发音：kun(st)stykke（艺术作品）、po(st)stempel（邮戳）、et vi(st)sted（某个

[20] 参见保罗《原理》第64页。关于等比的阐释，在德语frage（问，现在时）— frug（问，过去时），trage（携带，现在时）— trug（携带，过去时）等例子中或许无法否认。——原注

[21] 或者说是几乎没有精力去想。——F.T.注

[22] 参见施泰因塔尔（Steinthal）在《民族心理学与语言学学报》（*Zeitschrift für Völkerpsychologie und Sprachwissenschaft*）第1卷第124页的论述。——原注

地方）、engel(sk)stil[23]（英语风格），rib(s)gelé（红加仑果酱）；德语中也常能听到je(tz) tzeit（现在）、du wei(st) schon（你已知道）；还有法语po(st)scriptum（附记）。此处，听者还会产生语音幻觉（lautliche Illusion），即声学上的假象。例如，kunstykke中的-st-既跟kun-相连，是kunst（艺术）的一部分，又跟-ykke相连，使-stykke（作品）完整；因此，截短后的形式成了常用形式。而另一方面，上面提到另一些例子中，说话人遇到的情形与之类似，却没有形成这类形式，而是形成了纽洛普在其著作第43页所论述的意义相同的两个词的混合。说话者在prop和told[24] 这两个表示"瓶塞"的同义词之间摇摆不定，他选择了前者；至于里面的元音o，他保留了told一词中的元音，于是，这个音转移到了另一个词里，成了prold。如图，

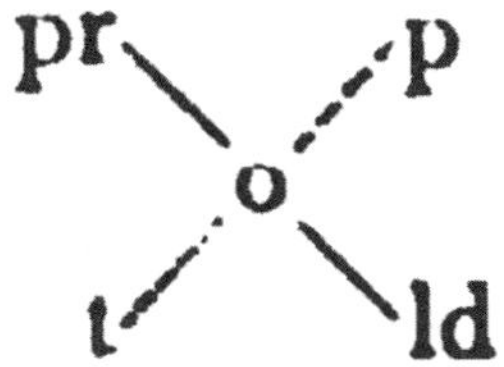

他选择了o—l方向，而非o...p方向。纽洛普所举的例子里，还可加上泰格奈尔（《语言——思考的力量》[Tegnér，*Språkets, makt öfver tanken*]，1880，第25页起）所举的瑞典语pryl（小工具）之例，该词由pren（或者用pryn更好些，即冰岛语prjónn［针］）+ syl（锥）演变而来；还有勃哈盖尔在《德语》（Behaghel，*Die Deutsche Sprache*）第40页所提到的，"弗里茨·罗依特总把仆人鲁普莱赫特或尼古拉斯叫成'鲁克拉斯'"。与之相关的演变方式亦见于句法领域，该方式扮演一个非常重要的角色：即"调节思想形式和语言形式之间的平衡"（Ausgleichung zweier Gedanken- oder Sprachformen）。[25] 谈完这些演变，就可以来看看我的任务：我要论证的是，本领域中被视为"语音演变"的现象（尤其是同化）和被称为"类比演变"的现象之间，并无巨大鸿沟。

㉓ 这些例子中的s都是长辅音，亦称双辅音。——原注

㉔ 当代丹麦语中，told一词用来指"海关"、"关税"等意义。——译者注

㉕ 请特别参见齐默《新语法学派在句法领域的探索》（Ziemer，*Junggrammatische Streifzüge im Gebiet der Syntax*，1883）。——此处应当对联合演变（等比演变）中的"类推演变"跟混淆演变（无论用其他什么名称）中的"类推演变"加以区分，有必要全面研究这一问题，正如我目前所竭力做的那样；我只在纽洛普那里注意到了前两种类型（因为第三种，称语音类推[lautlichen Analogie]，见下文）：

I. 词义相同之效应

　a）词类相同的词

　b）词类不同的词

II. 词的语法功能相同之效应

这其中，大多数例子属于I. b类，即我的第二类，语义相似那一类，顺序在此类中是个决定因素。而II和I. a对应我的第一类，意义和语法功能之间没有本质区别；amo（我爱）和amas（你爱）的区别，跟amo和moneo（我警告）之间的区别是同等重要的。——原注

[作者此处似乎低估了这一区别——F.T.注]

3

我们现在来研究一下**借词**，像上文思考类推演变那样对其加以思考。为了展现语音定律之效果，或者更确切地说，当我们在某一语言中发现了无法用语音定律来解释的现象时，为了说明这些现象为何会居于语音定律的解释范围之外，就常有人说：这个词是个借词。在许多情形中，这诚然没有错：例如，一个词若是在高地日耳曼语音变发生之后，由低地德语闯入高地德语，显然不能证明音变无效；但另一些情形中，有人却仍在沿袭我刚才提到的借词说。例如，古尔替乌斯[26] 曾问：Robert昵称为Bob，Giuseppe昵称为Beppo等，从这类变化中我们又能揭示出什么语音定律呢？对此，德尔布吕克[27] 回答道：[28] 我们根本无法从中寻求语音定律，因为这些词无疑来自其他语言，而且还取自儿童语言。纽洛普（31页）也写道：这些词必须像最初的昵称那样，全部定义为借词，且属于儿童语言。

不过，事情并未完结。我们若是听说现代高地德语的echt（真的）一词是个源于低地德语的借词，难道没有权利质问：这个形式被高地德语吸纳之前，依照低地德语中什么样的语音定律演变成了这样？但是，我们若对昵称也这样质问，以求搞清它们在儿童语言中依照何种语音定律而演化——就确实无法得到更好的答案：无论是语音定律还是类推，都无法解释这些形式。不过，纽洛普当然有个小后门可供溜走：他为上述词补充了一点：这些昵称最终被解释成了儿童模仿成人语言失败的产物。这里隐含着一点，虽然很含糊，但方向是正确的，在我看来他似乎是想说：把儿童语言当作独立语言，像对比高地德语和低地德语那样拿来跟成人语言做对比，是不妥当的。儿童语言和成人语言之间并无确切界线；在语言世界中，并没有什么认定证书来认定哪些是成人语言，也没有什么定律来确定几岁才算在语言方面发育足龄。儿童最初试图理解并模仿周围的言语，别扭而拙劣；渐渐地，才越来越灵巧；但是，任何人的语言都绝不会跟别人的语言完全相同，无论语音还是通过语音表达的语义皆如此。总的来说，我们只是在接近，这是其关系本质使之然。随着个人不断屈从于需要听懂别人、被人听懂等社会压力，发音上的最严重错误，词义上的最严重误解，都会逐渐消除。但是，有些不确定性，有些偏差之痕，却会保持下去。——上文提到的Bob、Beppo等人名昵称，跟丹麦儿童语言中用tat表示tak（谢谢），用dol表示stol（椅子）的产生过程完全相同；这些昵称如果超越年龄界限，虽明显错误却保留了下来，一个原因在于，名字不像别的词那样难于理解；而另一个

---

[26] 乔治·古尔替乌斯（Georg Curtius，1820-1885），德国语文学家，著有《从古典语文学看语言比较》（*DieSprachvergleichung in ihrem Verhältniss zur classischen Philologie*，1845）、《希腊语词源基础》（*Grundzüge der griechischen Etymologie*，1858）等。——译者注

[27] 贝特霍特·德尔布吕克（Berthold Delbrück，1842–1922），德国语言学家，主要从事印欧语比较句法研究，除了著有下文提到的《语言研究导论》之外，他还与德国凯尔特语学家恩斯特·温迪什（Ernst Windisch，1844–1918）合著了五卷本《句法研究》（*Syntaktische Forschungen*，1871–1888）。——译者注

[28] 《最新语言研究》（*Die Neueste Sprachforschung*）第29页。——原注

原因则在于，情感丰富的妈妈们、阿姨们觉得孩子发明出来的称呼“很甜”，就将其接纳了，正如她们还使用dengsen代替drengen（男孩）等例子一样。

我还想讨论另一类借词。纽洛普在29—30页探讨了书面语对发音的影响，将其视为外语引发的效应。他举的例子如：丹麦语morgen（早上）一词，按自然路径演变出的形式是[mɔ·rn]；这一发音在morgensko（上午学校）等复合词仍可见；但另一方面，我们却发现自己（或者说是我们当中很多人）说morgenröde（黎明）㉙ 一词时，o发短音，g发[ɣ]音，因此，正字法一定是其缘由，这是个依照书写形式而形成的发音。再如，虽然日常口语中give（给）读[gi]，tage（取）读[ta]，但用于《圣经》中的“det er bedre at give end at tage”（施比受更为有福）㉚ 这句话时，却读[gi·və]和[ta·ɣə]。这样的阐释看似非常诱人，在语言学中也一直广为流传；但是，我却觉得它经不起进一步推敲。听孩子拼读单词（这是种旧方法，孩子们首先学字母名称，跟后来更好的音读法[Lautiermethode]㉛ 不同），拼længe（长）这个词，总见他们念叨的是[ɛl-ɛ'-ɛn：lɛn — ge-e'：ge']，随后组成的音节却不是[lɛn'ge']，而是正确的[lɛŋə]。换句话说：孩子必须不断将字母拼写本身的发音转换为常常与之相差甚远的词形式，后者是他从口语中获知的。孩子即使读出了每一个音节，也常会觉得将其正确组合在一起很难。这不奇怪，因为拼写形式和真实形式之间经常存在很大差别。而教师，通常极不了解这一差异有多么巨大，只是把词念出来，孩子跟着他念，听到什么就念什么，意识不到[lɛn'ge']：[lɛŋə]是怎么一回事，就像不了解为什么[kɔ' o']读[ko']，[kɔ' o' em']却读[kɔm']。孩子因而基本习惯了通过猜想，把不熟悉或无意义的语音复合结构替换为熟悉的语音复合结构。但是，他为什么不把morgenröde一词的前两个音节替换为他日常说的那个形式？答案只能是：因为老师自己也是把o读成短音，把g发出音，并且不允许有其他读音。所以，影响并非直接来自书写形式——本身即如此，也解释得通——而是来自老师是怎样读这个词的。而老师的读音又源于何处？同样也不是来自书面，而是来自他自己的老师和父母阅读时所发的音；的确，也可以认为，这样的发音通过口头传统，由一代人传递给下一代人，从人们还没开始把morgen读成[mɔ·rn]那个年代起即是如此。我并不想否认正字法对发音有影响；对于那些从与我国语音记录体系（Lautbezeichnungssystem）不同的外语里借来的印刷词、书面词来说，这种影响尤其突出；不过，只要谈的是本族词（einheimische Wörter），我就确信，书写对发音的影响，很大程度上只支持口头传统，并让某一发音形式的生命力超过其应有的寿命。这种影响通常很有限，因为大多数语言的书写，许多情况下都是极为模糊的；比如，可以想想丹麦语单词stort（大）、sort（黑）、sorte（黑人）、bort（去掉）、borte（离开）中的ort这个拼法，竟有五种不同音

㉙ morgenröde一词在当代丹麦语正字法中的拼写为morgenrøde，本译文从叶斯柏森原文的拼法。下同。——译者注

㉚《新约·使徒行传》20:35，中译文从和合本。——译者注

㉛ 参见拉德洛夫《阅读与阅读学习》（Radloff, Lesen und Lesenlernen），载《普通语言学国际学报》第1卷第355页及后。——原注

值。[32] 我在前面提到过，不能把儿童语言当作完善的语言。此处我也想声明，书面语和口语之间的对立，与独立的方言或语言之间的对立是不同的。

纽洛普认为，除了书面语的影响之外，还存在来自教师、牧师、演员、大演说家、司法程式话语的“进一步影响”（因此属于口头影响）。即使我们忽略“司法程式话语”是与牧师、大演说家并无可比性的书面语这一点，此思路也仍不太对，因为书中还说：“这些词和短语都属于层次更高的风格，平时不会在语言（上述结构）中流通，是以完全人工的方式引入的，因此应视为借词，或者愿意的话，称之为外来词亦可。”既然人们是从老师或演员那里听到了某个词，再按理解对其加以运用，又为何称之为“人工”（künstlich）？这跟儿童从父母或哥哥姐姐那里听到一个词时所发生的情况难道有所不同吗？3岁时发生的某一影响跟10岁、20岁、30岁时发生的另一影响之间，差异真的大到具有决定性，以至于一种影响是自然的语言学习，而另一种影响却是人工的，却是从借词中得来的？一个孩子，如果父亲是老师，母亲是演员，岂不是太不幸：他每天从父母那里听到的全是“借词，或者愿意的话，称之为外来词亦可。”这一理论就是这样，只需再给轮廓加重几笔，就变成一幅滑稽漫画了。

正确的观点应该是这样：正如我们经常会在语言中发现些因句子语音学（Satzphonetik）而出现的**双形词**（如法语fol – fou［疯］，取决于下一个词的首音），与之类似，我们还能在一些情形中看到，双形词因具有风格区别而并肩生存于同一个人的语言中，并传递给其后一代又一代。随着时间的推移，起初只是略有不同的两个形式，相互之间将愈行愈远（就像前面提到的fol和fou），最终形成差别很大的两个形式，如[mɔˑrn]和[mɔrˑɣən]（早上）、gi和give（给）、ha和have（有）、far和fader（父亲），等等。我觉得形成这一差异的最核心原因，是一条极为重要但却在此类研究中几乎一直被忽视的可理解度原则（Prinzip der Rücksicht auf die Verständlichkeit）。魏格纳[33] 在其著《语言生命基本问题研究》（Wegener, *Untersuchung über die Grundfragen des Sprachlebens*, 1885）中，对语言理解的条件进行了详细而广泛的论述，尤其是在句法领域。他指出，说话人可在自己的话语中隐藏很多东西，因为听话人可以利用周围环境来查漏补缺。魏格纳没有论及语音问题，其理论也完全没有触及我们现在讨论的这个话题。不过，我们这里仍可援引他的一些看法；他在186页指出：“在成员皆很近密的小圈子里，如家庭内部、村子内部，常可见到其成员之间相互说的话表达得很不充分，说话时用的力气，也比这些人跟生人说话时小很多。每个人都十分了解对方说话的独有特点——每个人都是这样。仅凭听声音，就能认出谁是谁——说话的人就算手捂着嘴、打着哈欠、齿间唇间叼着烟袋、嘴里吃着东西等，也照样能听懂。因此可以说：相互说话的人越是疏远，对准确表达的

㉜ 据丹麦语言文学学会（Det Danske Sprog- og Litteraturselskab）创办的在线版《丹麦语词典》（*Den Danske Ordbog*），这五个词的读音分别是[ˈsdoˀɐ̯]，[ˈsɒˀd]，[ˈsoɐ̯də]，[ˈboɐ̯ˀd]，[ˈbɒːdə]。——译者注

㉝ 菲利普·魏格纳（Philipp Wegener，1848—1916），德国语言学家。除《语言生命基本问题研究》等著作之外，还编纂过三卷本《北德民间歌谣》（*Volksthümliche Lieder aus Norddeutschland*，1879-1880）。——译者注

要求就越高。”——当转而面向更大的人群时，就得立刻用特别清楚的方式说话，以便被人听懂，就像演员或大演说家那样；一想到人家没听懂我说的话，还得用“什么？”来打断我说话，谁也不会无动于衷。这时就需要更加关注语言形式：选用的词不能引起误解，句子结构要准确，等等。所以我们会格外注意，给陌生人写信，写得要比每天熟读我们手迹的人清楚；而不同清晰度、不同风格的发音，与之同理。此外，说话要清楚到什么程度，还取决于说话人必须被听懂多少，这一点同等重要；因此，演讲者不会在“先生们”之类的无意义开场白上拖泥带水太久，他在乎的是演讲内容中真正有意义的话，也就是他想往听众心里塞的话。这就是为什么我们经常能在语言生命中看到，有些词和短语充当的是几乎不配称为信息的“不重要信息”（gleichgültige Mitteilung），和别的词相比，这样的词更容易被截短，更容易被磨蚀，故而，这类词或短语的音变绝无法用语音定律来囊括。通过这一途径，德语guten Morgen（早上好）成了[gmɔin]或[gmõ]，guten Abend（晚上好）成了[na·mt]，丹麦语goddag（你好）成了[gda’]，甚至只剩下个[da’]，vær så god（不错）成了[værsgo’]或只剩下[sgo’]，法语s’il vous plaît（请）成了[splɛ]。还有些表示头衔和称呼的词也是这样，例如，西班牙语vuestra merced（阁下）成了Usted（您），俄语gosudar（陛下）只剩下一个s，作为附加成分（enklitisch）几乎可加在任何词前表示礼貌称呼。

于是，一个很有争议的话题摆在了我们面前：词的频繁使用，会不会影响到该词的语音演化，并因而使之游离于语音定律之外？保罗断然否认这一点，他论述别的问题时提到过（《日耳曼语与罗曼语语文学资料》，1886，第6栏）：“我们现在可以得出结论，频繁使用的词地位之所以特别，在于这些词里仍可辨认出旧音变的效应，而在不那么常用的词里，这早已被类推效应所掩盖。”与之不同的是，这个问题得到了舒哈特以及V.汤姆生的肯定回答。汤姆生在他那篇关于罗曼语表示“走”的词的精彩文章（《Andare—andar—anar—aller》）[34] 里指出，这些词虽然都是拉丁语ambulare（走路）一词经过常规音变衍生而来的，但除此之外，这些动词“属于一类在所有这些语言中或多或少都居于定律之外的词，也就是说，这些词由于使用频繁，故经历了比其他词更大、更剧烈的变化，所以，这也是它们走上了自己的路的原因之一。”[35]

综上所述，我对此问题的看法已很明确：我并不觉得词频是决定性因素；这一

㉞《语文历史学会回顾》（*Det philologisk-historiske Samfunds Mindeskrift*），哥本哈根，1879，第197页及后，尤其见207-208页。——原注
语文历史学会创办于1854年，《回顾》是该学会的25周年纪念文集，汤姆生的文章刊于其中。该文的完整题目是《Andare, andar, anar, aller——批判词源学研究》（Andare – andar – anar –aller. En kritisk-etymologisk undersøgelse.）。正标题中的四个词分别是罗曼语族意大利语、葡萄牙语、普罗旺斯语、法语的动词“走”。——译者注

㉟ 在这里，我不禁要提醒大家注意一桩怪事：西特加斯特（Settegast）强烈反对汤姆生的词源学（《罗曼语研究》[Romanische Forschungen]第1卷238页及后），称“我认为，词源学如果不能建立在一套形式正确的类推基础上，而是与广为人知的语音变化直接相悖，无疑就已失去价值。作者[汤姆生]的看法无论多么有学问、多么有创意，都不能改变这一点。在这个问题上不能退让，这类看法对词源科学是有害的。”同样是这位严肃的学者，却在几页之前论证普罗旺斯语的一个词的词源时写道：“小词（Wörtchen）使用得太频繁，不难理解其形式磨损（Formabschleifung）在一定程度上比同样位置上的坚固的名词严重得多。”由此，他使用了他不允许汤姆生使用的那条原则！——原注

相对外围的动力在舒哈特那里强调得有些过头，他甚至提出（《论语音定律》第24页），一个形式（一个音）需要经历10 000次重复[36] 才能够变成其他形式（音），因此，一个词如果在特定时间内只用了8000次，此时受影响不足，必然还要经历语音演变。不对。如果词频是唯一的决定因素，那么Morgen一词在所有短语中都应发生与guten Morgen相同的变化，但事实却并非如此。

因此，正确答案似乎是：促使部分词和短语发生例外语音演化的，不是词频，而是与词频相关联的用来理解说话人意思的易懂程度（Leicht Verständlichkeit）和无价值程度（Wertlosigkeit）。

不过，这样一来，我们显然与正统的新语法学派学说相悖。该学说认为，一切音变都依照无例外的定律发生，不涉及语义及使用频率。但是我觉得，认可我的结论的正确性，一来与语言生命更加吻合，二来可为一些我们原先必须费力牵强解释的历史演化现象做出更自然的解释。例如，我们在丹麦语口语中总把sagde（说）和lagde（放）说成[sa']和[la']，但被动态却只有[saɣdəs]和[laɣdəs]。再如，我们几乎总是说far、mor、bror（以及farbror[叔叔]、morfar [外公]之类），而不说fader、moder、broder，却时不时地写faderlig（父亲般的）、moderlig（母亲般的）、broderlig（兄弟般的）、faderløs（无父亲的）、modersmäl（母语）、brodersind（兄弟情）等，从不将其截短。这些例子中我找不到任何语音定律，我不相信这些词是从其他语言或方言中借来的，这些词也不大可能涉及类推演变：因此，若要坚持纽洛普所做的解释，就只剩下了两种可能性：一种可能是，发生了辅音磨蚀（Konsonantenschwund）的短形式是因语音定律而演变出的形式，这之后，保留了原有辅音的形式，就被视为借用的外来词所充当的书面语——hader（恨）、boder（摊位）、roder（搜查）之例亦是如此。——另一种可能是，辅音因语音定律而保留，而所有的短形式（例如用lar表示lader [放]，用har表示haver [有]等），都跟Bob、Beppo等昵称形式道理相同，可理解为从儿童语言中借用的外来词。但是，这两条路我们应该走哪一条？该理论并未给我们指明；我们不应停留在十字路口徘徊疑惑，所以我建议大家哪条路也不要选，而应走我上面指出的那条路；通过这条路，我们尤其可消除一个难题：这两类词都是地道的丹麦语词，我们却不得不称其为外来词；其实，它们即是本族词，又是自然演化形式。

4

与此问题相关的是语言中是否存在一种动力在充当常规语音演化路径的障碍，从而使有意义的音和音节得到保护？古尔替乌斯认为存在，并以此解释了希腊语祈

[36] 这个数字其实太小了。例如，如果估算一下一个像er（他）这样的词在柏林这种50万人口的城市每天要被说多少次，这个数字不是高估了而是实在太低估了。——原注

愿式（Optativformen）[37] 中i的保留，他认为i若消失，祈愿式恐将无从辨认。但德尔布吕克（《导论》[38] 第1版105页，第2版106页）却否认其存在。一方面，他认为古尔替乌斯给出的许多例子可以有更合理的解释——这一点德尔布吕克无疑是正确的；另一方面，不应臆断印度人和希腊人或可感受到某一语言形式中的某个单音有何意义：一代又一代传承下来的，只是完整的词而已。纽洛普（第21页）同样反对古尔替乌斯，指出：面对语音演变，词干音节跟其他音节一样难以得到保护，"avus演变为法语的oncle（叔叔），保存下来的是什么？"——这会不会是因混淆了同一个词在两个不同阶段的两种不同含义而引发的误解呢？罗马人造出avunculus（叔叔）这个词时，音节av-才真正表示"叔叔"之义，而-unculus承载的是"慈爱"这个次要意义（Nebenbedeutung）。但是，这一关系经过时代变迁已基本不存在了，而avunculus是作为一个完整的词传承下来的；avus本身已被遗忘，因此对于一代代后人来说，能看出av-是个有意义的构词成分的条件也已消失。因此，"叔叔"之义必然是属于整个词的，没有理由保护av-这个音节，正如没有理由保护与之位置相同的任何前缀。不过，也不能用av-的消失作为证据，来否认词中最能感知出意义的成分格外容易得到保存的猜想。如果德尔布吕克断言，希腊人感知不到单个后缀的意义；那么，对认为希腊人能够感知到这些词缀的原始词源意义的观点提出质疑无疑是正确的。例如，有人认为希腊人或可感知到σ不定过去时[39] 中的-s-与词根as（是）相同——理由是不定过去时确实是用这个曾经频繁使用的词根构成的，这一点如今受到很大质疑。而另一方面，他认为希腊人完全感知不到这种意义（即这个音的不定过去时意义）显然也是不对的：若是果真如此，他们何以用得对形式？并且我觉得，若是果真如两位作者上文所述（尤其见德尔布吕克《最新语言研究》第14页起，以及纽洛普第22页），在语音定律发挥作用之前，就已存在一个摆动于新旧发音之间的过渡时期，那么就不应该断然否认，在这种过渡时期内与某一特定语义内容相关的某个音本来可以消失，却可保存下来。不过我必须承认，对此我举不出可靠的例子。但是庆幸的是，这样的音（由于纯语音原因）得以保留的例子在其他情况中几乎随处可见，因此可将其在其他少数词中的保留解释为由此引发的类推。纽洛普认为（第21页，并参见保罗《原理》第1版第58页），这种因语义而发生的保留，只有当说话人了解正在发生的变化，且力求阻止其进一步变化时，才具备条件。对此可回应：说话人根本不需要了解自己正在制造一条语音定律，也不必渴望将其制止。他只需意识到，说话要是不清楚，别人就听不懂：所以，如果需要重复一些词，他就会把那些语义显著的成分重复得字正腔圆，甚至不惜加以夸张。

㊲ 祈愿式是古希腊语动词的语式之一，用于表达心愿、希望等语气。这一语式在现代印欧语中多已不存，其功能并入虚拟式或条件式当中。——译者注

㊳ 指《语言研究导论——比较语言学研究历史与方法要揽》（*Einleitung in das Sprachstudium: ein Beitrag zur Geschichte und Methodik der vergleichenden Sprachforschung*，1880）。——译者注

㊴ 不定过去时（aorist）是古希腊语中的一种时态，分为第一不定过去时和第二不定过去时。其中，第一不定过去时的词法变化规则是在动词词干和人称词尾之间插入辅音-σ-，因此也称为"σ不定过去时"（sigmatische aorist）。——译者注

这一点可由我们每天都能观察到的一个现象印证，丹麦语有些词（德语也是如此），如reel（真实的）、formel（正式的）、ideel（理想的）、nominel（名义上的），重音都在最后一个音节，但当这样的词用于对比时，却会出现另一种重音：如både réelt og fórmelt（既真实又正式的），以及sýmpati — ántipati（同情—反感），prímær — sékundær（主要—次要），jánuar — fébruar（一月—二月），tur, ikke rétur（单程，非往返）（但retúrbillet [回程票]，retúrgods [退货] 重音不变）。[40] 这种音变，既不算作语音定律，也不算作“类推”，其他词尾的词，若构成对比，亦会发生此变化：说gérmansk（日耳曼），不仅跟rómansk（罗曼）对立，而且还跟nordisk（北欧）对立；还有det mínisterielle parti（执政党）；det er et rent máterielt fænomen, der ikke har noget med sjaden at göre（这纯粹是物质现象，跟你怎么做的无关）。德语的例子可以举：Infanteríe（步兵）一词重音在后，但在Kávalerie und Ínfanterie（骑兵与步兵）中，重音前移；同理，Sékundaner und Prímaner（二年级学生和一年级学生），但Primáner本身重音在a上；Órient und Óccident（东方与西方），但Oriéntreise（东方之行）重音在e上。[41] 有些例子中，这种重音固定了下来，如丹麦语dírekte（直接）一词，已极少能听到重音在后面的dirékte这个形式，índirekte亦是如此，尤其还有大量以-iv结尾的丹麦语词，konsérvativ（保守）（老一代人按保守的规则把它念成konservatív）、índuktiv（归纳）、déduktiv（演绎）、súbjektiv（主观）、óbjektiv（客观）、índikativ（陈述）、kónjunktiv（虚拟）、súbstantiv（名词）、ádjektiv（形容词）、nóminativ（主格），等等。subjekt（主语）这个语法术语，在“han er et därligt subjékt”（这是个错误的主语）中保留的原有重音和在“hvad er súbjekt i sætningen?”（这句的主语是什么？）中的对比重音之间的区别，也很明显。此外，我们说undersögelsesobjékter（研究对象）一词时，会全然按照规则去读，但说起句子的宾语时，会说Óbjekt；说“完美”这一形容词时，说perfékt，而说“完成体词干”时，会说pérfekt-stammen。[42]

通过上面这些例子，我谈的是语义对语音演变所产生的效果，从中可看出，我没有谈及词成分的词源或原始意义——这类话题在前面讨论的那些词里显然根本未发挥作用，比如，词源或原始意义绝不会影响到dírect一词的重音；——我只想阐明，对现实语感（aktuelle Sprachgefühl）最重要的东西，才是说话人必须让听话人准确听懂的东西，仅此一条，就可将其置于特别保护位置。

的确，语义对语音演变作用更大。毕竟，在大多数情况下，是语义在规定句重

---

[40] 丹麦语和德语的正字法中都没有ˊ这个符号。本部分中，元音上方的ˊ都是作者为这些丹麦语词和德语词标注的重音位置。——译者注

[41] 这几个例子来自我英年早逝的挚友菲利克斯·弗兰克写给我的信。——原注

[42] 其他例子中，还存在一种与之十分相似的重音交替，但原因恰好相反，即我论证过的句子非重音位置上的情况（见《语文历史学会工作简报》（*Kort udsigt over det Philologisk-historiske samfunds virksomhed*）1884-1885年号第77页）。例如，Barón（男爵）一词重音在后，但用于前置（proklitisch）时重音前移，如Báron Wedell（威代尔男爵）。法语扑克术语carreau（方片）起初被我们叫作karó，但现在却依照它的前置形式（如káro tre [方片3]），取代了另一个形式，使之永远变成了káro。——原注

叶斯柏森1884年的那篇短文，题为《浅谈丹麦语重音条件》（Småiagttagelser om danske akcentforhold），是他在语文历史学会上的发言摘要。——译者注

音（Satzbetonung），而众所周知，句重音在历史音系学中扮演非常重要的角色。法语的moi（我，重读代词）和me（我，非重读代词）都源于拉丁语me；但前者在拉丁语me带有重音的位置上演化而成，后者则出现于非重音位置上，许多例子皆如此。于是可以说（见纽洛普22页起）：像moi和me这样的双形式，事实上并未违背语音定律，因为此处的两种音经历的不是相同的“语音条件”，因此才按两条不同路径演化，正如古法语的fol在不同语音环境下（即依照它后面的词的首音）时而仍为fol，时而变成fou。但是必须注意，一个词由带重音演变为不带重音，这一变化不亚于由塞音变为擦音，或是由浊音变为相对应的清音这样的变化。重音与词的语音物质（Lautmasse）中的其他成分相比，绝不应当视为外围之物。很多人这么以为，可能是因为重音很少能在书写中体现出来，即使体现出来，通常也是用常规字母以外的符号来表示的。那些其活动可决定“呼吸”轻重的器官（如横膈膜[Zwerchfell]等），对词的发音来说，跟声带之类的器官同等重要。[43] 因此，重音在句子内部的变化不是外围性的，不是像后续词的不同首音那样的“语音条件”。我们如果说moi和me之间的区别是基于不同的重音度（Betonungsgrad），就只是以此解释了次要语音转变（sekundärer Lautübergang）；仍需解释的是主要语音转变（primäre Lautübergang），即重音差异本身；这个差异仅受不同语义的影响，或者更确切地说，是受说话人眼里词在句子中的不同短语里的不同价值（Wert）的影响。

5

炸掉外围工事之后，我们就可以大胆攻击堡垒自身了：这个堡垒就是新语法学派从语音定律无例外这句话出发而做的演绎。下面先对保罗、布鲁格曼等人以及纽洛普的思路做个回顾，希望这个回顾是正确的，虽然不够简洁。

随着时间流逝，语言为什么会发生语音关系变化？解释这一原因首先必须明白，人对言语器官的控制，不像对身体其他部位的控制那么全面；因此，严格来说，一个人不可能用完全相同的言语器官动作（即完全相同的音）把同一个词说出两次。而且，学说话时，谁也无法学得跟别人一模一样；所以，同一语言共同体（Sprachgenossenschaft）的不同成员的发音存在无限多的细小差别，但这些细小差别必须控制在有限范围内，否则就会影响到对该语言的理解及其交际工具用途。每个人的发音都会不时受到他人的发音的调控，从而对其随心所欲的“个性化”趋势设置界限。只有当小变动在同一语言的多个共同体中同时发生时，变化才会出现。正如纽洛普（第14页）所说，我们因此可把口语中（其实就是语音中）所有的变化，

㊸ 我希望这个观点能够被越来越多的语言学研究者所接受。参见《普通语言学国际学报》第1卷第109页注释。——F.T.注

都视为几乎不为感官感觉（Organgefühl）所察觉的变化引发的结果，[44] 或者愿意的话，亦可称为变化之和（Summierung），在相同时间以相同方式发生于众多个人身上。由于所有音变都以无意识的方式发生着（纽洛普，19页），所有音变又都会回归到感官感觉的变化上，故而很明显，每当同样的语言成分再次出现时，同样的变化必然会普遍作用于感官感觉，因为感官感觉绝不是针对某一个词而形成的，而是针对某一个音而形成的；学会发音，不必一个词一个词地学。

面对上面这个专横的论断，人们似乎更愿相信与之相反的情况：认为发音就是要一个词一个词地学，因为发音就是词本身，或者更确切说，发音是词的外在层面，跟由语义充当的内在层面相对。但是，这个专横论断的理由却显而易见：小孩子到了一定阶段就会从词中发现诸如k和t之间的区别，也就是已经掌握了针对这些结构中出现的上述音的感官感觉。我们还须补充一点，他还学会了将其跟不同的声学语音印象（akustischen Lauteindrücke）紧密联系起来，于是，他今后若在其他词的其他结构中听到相似的音，就会用同样的动作将其模仿出来。

如果这一结论完全正确，显然就可认为，一旦某一变化影响了音x，则音x存在的所有位置都会出现同样的转变,因为对前一语言层（Sprachstufe）[45] 的每个x的感官感觉都是相同的。依照该结论，这个变化在感官感觉相同的所有位置上均发生，对所有x都起作用。然而，语言的史书在每一页，甚至每一行都写满了下列例子：音x在一种关系中演变为x_1，在另一种关系中演变为x_2；某一辅音在两元音之间按一种方式来处理，在元音和辅音之间却按另一种方式来处理；一个元音，位于鼻音之前会鼻化，位于[l]前会发生另一种变化，位于[r]前则发生第三种变化，等等。简言之，绝大多数语音定律都只是语音异化（lautlicher Differenzierung）之表现：此前是同一个音（同一种感官感觉），后来却成了两三个不同的音（两三种不同的感官感觉）。

或许可以尝试从“音组”（Lautgruppe）角度而非“简单音”（einfachen Lautes）角度，来补救其中的道理。不同结构中的同一个音，感官感觉真有区别吗？拉丁语bonus（好）中的b和habere（有）中的b，bonus（好，阳性）中的n和bona（好，阴性）中的n，其感官感觉不也曾一度相同吗？我们不还是对法语avoir（有）和bon（好）做了不同的处理？bon（好，阳性）的n在元音鼻化之后消失了，bonne（好，阴性）的n却留了下来。假如每个组合结构中都有这样的证据，这种分裂必然说不

---

[44] 我用“感官感觉”这个词，而不用“**运动感觉**”（Bewegungsgefühl），因为这种感觉不仅与语言器官的运动相关，如“滑音”（Glides），而且跟语言器官的某些特定位置有关。——原注

作者出色地区分了语言器官的运动和位置；在作者所说的“感官感觉”中，须分清语言器官的外围部分的**压力感**（Drucksinn）以及核心部分的**内部神经感**（innere Innervationsempfindung）。参见我的《语音学》第1卷第211页；关于作者后文所述，见我对发音、语音、词、句子概念的论述。——F.T.注

泰希默在其著两卷本《语音学——论声音和语言的比较生理学》（*Phonetik, zur vergleichenden Physiologie der Stimme und Sprache*）中提出，语音感知（Apperception des Lauts）由7个方面的因素共同构成，包括音感、光感、味感、嗅感、压力感、温度感、内部神经感。其中压力感包括手指和发音器官带来的压力。泰希默定义的发音器官包括腹肌、咽肌、软腭、舌、唇。——译者注

[45] 即语言演变中历经的每一个阶段。——译者注

通。但是，证据并非无懈可击；它基于一个完全无法证实的假设：即说话人由于把某一位置上的音x换成了x_1，所以每当x再次出现于“同样的语音条件”时，都要做同样的替换。[46] 相信人的习惯中会出现如此整齐划一之事，是绝对没有道理的，而这恰恰就是我们正在讨论的问题。许多时候正好相反，上次朝着语音运作空间（Spielraumdes Lautes）的某个方向越界，有时可能意味下次要朝着相反的方向越界。无论我们正亲历哪条语音定律的出现，都会观察到新与旧之间的摇摆。例如在丹麦，许多人都听到一条语音定律正开始发挥作用：s在元音之间要读成半浊（halb stimmhafte），甚至读全浊的z音。这一现象仍是纯粹的个人发音，但是到了20世纪中期，如果这一现象变成了一条持久的“语音定律”（我觉得我是没机会看到了），我绝不会感到奇怪。而现在能听到的那些浊音，也不是用在所有位置上；相同的词，相同的重音，几近相同的气流，听到的却时而是[s]，时而是[z]，如besøge（拜访）、basar（市场）、i sinde（脑海中）。我反复听到过议会上院议长唱票时喊：“de samme，de samme，de samme”（同上，同上，同上），他发的s有时带浊声有时不带，而在其他结构里，我从没听过他发[z]这个音。

更进一步说，变化必然同时发生在多个个体身上，但另一方面，音变必然从某一个体开始，继而扩散出去。因此，德尔布吕克认为（《导论》119页），只要问问我们所研究的变化是不是同时发生在语言共同体的全体成员身上，得到的一定是否定的答案；与之相应的，有人用新形式、有人用旧形式的过渡状态（Übergangszustände），得到了普遍承认（保罗《原理》第1版第55页，纽洛普第22页）。而这也承认了在有些时间段当中，某一语音定律已开始在同一语言共同体中出现，却尚未运转起来。但是，因为没有哪两个个体会以完全相同的方式说话，所以必须为个体树立起语音定律的不可侵犯性（Unverbrüchlichkeit）（即使个体并不会在语言生命的不同阶段说话，亦是如此），使每个个体的语言都达到一种“暂时平均值”（Momentandurchschnitt）（德尔布吕克）。故而，“语言学必须阐明生命之条件”（纽洛普第17页）这句至关重要的话，由此堕落成为：我们只是给人类语言摄下了几张即时照片，就拿出了无例外的语音定律。严格来说（站在这样的理论高度我们必须始终严格来说），每一即时瞬间中存在的只是该个体说着、想着的一个词而已，或者更严格来说，仅仅是这个词的一部分；我们如果还想囊括他灵魂中潜伏着的所有尚未出世的词萌芽（Wortkeime），囊括他所“掌控”的完整语言材料，即那些在一定条件下可以转为有声词的语言材料，就必须要问：我们见过哪条语音定律完美而纯粹吗？比如，古老的第一次语音转移（die erste Lautverschiebung）[47] 做到了吗？几乎没有过这样的定律。当今的定律亦是如此。语音定律（保罗第1版55页，纽洛普16页）固然是历史发展中某种统一性的表现；但是，仅通过一张即时照片，又岂能看出历史演化的规律性？语音定律的运行，要求作用于多人；而为了构建语音定律

[46] 此问题另见舒哈特对“语音条件的共同性”（Gleichheit der lautlichen Bedingungen）这一概念的尖利批评。《论语音法则》第18页及后。——原注

[47] 即格林定律。——译者注

之一致性，却又必须把握单个个体的语言，因为语音不会在多个个体身上同时发生变化。这二者如何调和？新语法学派是否真的考虑过这些问题？

6

此外，新语法学派的上述结论中没有考虑到环境（Umstände）这个在语音演变中无疑扮演着重要角色的因素，仅谈及同一代人内部的变化，并且只是成年人语言中逐渐经历的变化。保罗多次明确提出过语义转变（Bedeutungsübergänge）（《原理》第1版36页、79页），指出某个词可从曾有词源关联的一组词当中脱离出去，他认为这不是某一代人遗忘了什么，而是旧有形式没能传递给新世代；[48] 很意外的是，对于音变，他没有提出类似的论断。[49] 由此来看，哈维[50]的观点恐怕不可能正确，他反对克鲁舍夫斯基[51] 以保罗的理论为基础而提出的连续性微观语音演变（kontinuierlichen mikroskopischen Lautänderungen）这一正确学说（《论语音交替》[*Über die Lautabwechslung*，1881]，《普通语言学国际学报》第1卷第302页），他认为（《述评》[*Revue critique*]第17期，1881年10月[52] ）："然而，大自然有跳跃（natura facit saltus）；[53] 一代代人之间存在不连贯性……辅音之后的[l]变成腭化[l]（l mouillée），[54] 在许多罗曼方言中都实现了，这原本只是个未加以纠正的儿童式发音，如今却突然出现在我们眼前，很多父母说fleur blanche（白色花朵）说得清清楚楚，可孩子们说flleur bllanche说得不也是毫不含糊？" 正因为儿童对其身边的语言模仿不充分，人们才能看出音变的规律性，才力求提出无例外的语音定律。例如，儿童若是用[t]取代了[k]，则在所有位置都会这么做：很自然，他们还无法将其语音器官摆到发[k]所必需的位置上；耳朵可能也听不出这两个音的区别。有个孩子，他的发音我刚好很熟悉，他把长元音后面所有的[ɣ]都发成了[g]，如kage（蛋糕）、bage（烤）、bøger（书），把同样条件中的[v]都发成了[b]，所以发出的经常是些"与拼写一致"的庄重发音，如løbe（跑）、kæbe（下巴），带[v]的发音才是唯一的常规发音；但是，从他

---

⑱ 这同样适用于对仅在某些情形中使用的形式所进行的一般化（Verallgemeinerung）。例如，有些形式本来只在辅音词首前使用，后来可随处使用。这种转变通常被归类为广义的"类推变化"。——原注

⑲ 但是，参见《原理》第2版第58页；不过这一考量似乎并未影响到他的进一步论述。——原注

⑳ 路易·哈维（Louis Havet，1849—1925），法国古典语文学家，主要从事希腊语、拉丁语诗学研究，著有《希腊语、拉丁语格律基础教程》（*Cours élémentaire de métrique grecque et latine*，1886）等著作。——译者注

51 米柯瓦依·克鲁舍夫斯基（Mikołaj Kruszewski，1851—1887），波兰语言学家，俄国喀山语言学派代表人物，著有《论语音交替》（*Über die Lautabwechslung*，1881）《语言科学纲要》（*Очерк науки о языке*，1883）。——译者注

52 《述评》的全称是《历史与文学述评》（*Revue critique d'histoire et de littérature*），哈维的文章是为克鲁舍夫斯基在喀山出版的《论语音交替》一书所撰写的书评。——译者注

53 此处拉丁文谑仿莱布尼茨《人类理智新论》（*Nouveaux essais sur l'entendement humain*）中的名言"大自然没有跳跃"（natura non facit saltus），即莱布尼茨对连续性的强调。——译者注

54 拉丁语辅音l在罗曼语族许多语言中分化出了腭化l和非腭化l，法语语言学文献中称前者为l mouillée（字面意思为"湿l"），即硬腭位置的舌边通音/ʎ/，拼写形式为<ll>。当代法语中，/ʎ/已并入/j/。卡斯蒂利亚西班牙语中亦存在非腭化l /l/和腭化ll /ʎ/的对立，但拉美西班牙语中，/ʎ/通常也已并入/j/。/ʎ/在意大利语中的地位较为稳定，拼写形式为<gl>。——译者注

那更常听到的却是些偏离常规的发音，如skibe（船）和skive（薄片）都成了[sgi·bə]，城市名Skive[55]也是如此；此外还有skriver（写）、haven（花园），甚至还包括lagde vi [la·bi]（我们放下）等，但却不包括fik vi（我们得到）——简言之，这是条完整的语音定律，但不涉及“运动感觉之变化”，因为他显然没有学过用别的方式来发这些结构的音。成年人语言中若存在很严重的偏常规（Abweichung），迟早要被改正过来（比如上文提到的“昵称”）；但是偏常规如果不那么严重，进行自我修补很容易。

关于感官感觉变迁的理论，当前并不充分，可通过下列考量来做进一步阐释。

正如斯威特第一个观察到的那样，丹麦语hade（恨）、boede（居住）等词中的[ð]，从其形成来看，跟[j]的关系要比跟冰岛语ð、英语th近得多；在儿童语言里常能听到把[ð]发成[j]或者是比正常的丹麦语[ð]更接近于[j]的音；如果在成人那里不时听到带有强烈腭化色彩的[ð]音，不大可能是他想让正常的[ð]朝着[j]的方向发展；他小时候的发音比现在更接近[j]，他的感官感觉之变化，早已朝着跟这个他自己也参与在其中的音变相反的方向发展了。

进一步说，新语法学派对语言混合（Sprachmischung）论述得也不充分。语言混合总会发生，因为每个个体都会受到他人的语言影响，谁也不可能用真正“相同”的方式说话。舒哈特格外强调了这一问题（尤其参见他的《斯拉夫德语和斯拉夫意大利语》[*Slawo-Deutsches und Slawo-Italienisches*]，1885）。但我不想深入讨论这个问题，而是想转而探讨这类理论研究中必须涉及的一个因素，虽然这个因素在语言中并未留下太多的持久性影响。这个因素就是，人类的语言器官不仅是语言器官，而且还承担很多发音之外的用途。这些动作如果同时进入言语中，就会对语音产生特殊效果。温特勒[56]指出：“与[i]相关的唇部活动，跟用嘴做的欢快、嘲弄的动作相关联；与[u]相关的唇部活动，则集中了真诚与热情。由此，这些情感都对语言施加了影响，这类影响在儿童那里尤其容易观察到。”嘴唇微笑时的位置，使双唇难以合拢，而合拢双唇是发m音之必由。因此，我有时会看到微笑或大笑的人发唇齿的[m]音，而不是双唇的[m]音——听出这个差别来可没那么容易。舒哈特提及了安达卢西亚方言中类似的情况（格罗伯[Gröber]主编《罗曼语语文学学报》[*Zeitschrift für romanische Philologie*]第5卷第314页）：¡Josu!（耶稣啊！）中，非重读元音发生了增强；实际上，此例以及用¡quia!（什么！）代替¡ca!（什么！）[57]之例，双唇的形状在一定程度上是由情感压力引起（双唇因疑惑而撅起，又因蔑视而分开），因而导致了音变。（比较丹麦语以jøses!代jesus!［耶稣啊！］。）痛苦时或愤怒时（通过咬牙切齿），意大利语的[s]有时（尤

---

55 斯基沃（Skive），丹麦城市，位于日德兰半岛西北部。——译者注

56 《格拉鲁斯州的卡伦茨方言》（*Die Kerenzer Mundart des Kantons Glarus*），1876，第100页。——原注

57 舒哈特的原文中，这几个西班牙语例子标有重音。¡Josú!是¡Jesús!在安达卢西亚方言中的若干俗体形式之一。而¡quia!和¡ca!都是西班牙语表示惊讶、难以置信、否定之意的感叹词。¡quía!（什么！）的重音原本位于i上，但舒哈特所举的例子中，感情色彩使重音后移至a上成为“¡quiá!”。值得一提的是，据西班牙皇家科学院院士文森特·加西亚·德·迭戈（Vicente García de Diego，1878-1978）编纂的《西班牙语及西班牙各方言词源词典》（*Diccionario Etimológico Español e Hispánico*，1956），ca的词源是quiá（第1卷第131页）。由此可见quia重音的后移是ca一词产生的重要原因。——译者注

其是在不送气清音[Tenuis]前）很像[š]：我听到过有人说mi duole la tešta, di do uno šchiaffo（我头疼，就拍了一巴掌），这句话里原本是不存在[š]的。还可参考法语haine（恨）一词在激昂的舞台台词或现实激动中强烈的送气。丹麦语也能听到类似的以[š]代[š]，如sludder（胡说）、svineri（龌龊）；与之类似的还有以[nœ·]代替[nɛ·]（= nej“不”），以及“在嗲气话里，lilla vän [小朋友]被说成lylla vön[58]”（伦代尔《论正确拼写问题》[Lundell，*Om rättstafningsfrågan*，1886] 第16页）。——音高之类的因素，也属于这一话题的重要部分；有些特定关系中，环境也会对上述音变发挥作用。例如，nå（现在）、næ / nej（否）、ja（是）之类的词，词首辅音经常会拉长，而这种长辅音在丹麦语里其他情况下绝对没有，只是在犹豫或不想马上给出确切答复时才会出现；此外还有men（但是）、og（和）之类的词，通常念成[mæn·ə·]、[ɔq·ə·][59] 等，这都是因为还没找好想说的词。

事实上，新语法学派认为，上边提到的那些音变，皆通过感官感觉最小变化（Minimalverschiebung am Organgefühl）而形成，对所有的词均有同等影响，因而才可置入只可以是“纯语音”变化的定律之中；保罗《原理》以及纽洛普等，都是这么认为的。而今，布鲁格曼（《论语言学今日现状》[*Zum heutigen Stand der Sprachwissenschaft*]第50页）承认，还存在其他类型的语音转变方式，偶尔发生，故而呈跳跃状（Sprünge）。保罗也接受了这一观点（《日耳曼语与罗曼语语文学资料》，同上）。举例说明，如ks交换位置变成sk，ps交换位置变成sp，又如意大利语方言crompare代替了comprare（买），grolioso代替了glorioso（辉煌），等等。大家将会看到，我们此处研究的这个现象属于演变的一个种类（混淆演变），即我上文讨论过的“类推演变”的第二类。此处我不必深入细节，主要是因为保罗已论述了这类演变及其跟其他语音演变之间的界限。[60] 我只想强调一个令人兴奋的事实：一旦放弃了绝对的公式，一切音变就真的可以依照无例外的定律来运行了。

最后，还应该简要讨论一下舒哈特的“纯语音类推”（rein lautlichen Analogie）理论，该理论中，完全没有语义相似性的地位。纽洛普给出的普罗旺斯语例子（52页）比舒哈特的更可信，纽洛普的例子里，bo和bon（好），ma和man（手）等双形词导致fon成为fo（是，过去时）的伴随形式（Nebenform），而与之相反，venda则成为vendon（卖）的伴随形式。语音类推还出现于南英格兰英语idea-r-of，America-r-and England，the law-r-of the land等结构中著名的“r音闯入”（Einschaltung von r），其缘由是r位于结尾原本并不发音，如far better，但位于元音之前是发音的，如far away, better off。[61] 法语中被归结为“皮革”（cuirs）和“天鹅绒”（velours）的z和t的

---

[58] 即用相同发音部位的圆唇元音/y/和/ø/，取代不圆唇的/i/和/e/。——译者注

[59] 这两个例词在1886年德语版中以达尼亚音标标注，但1933年德语版中删除了这两个例子。本译文中的这两处国际音标注音依据的是1886年丹麦语版。——译者注

[60] 见《原理》第2版第59页。很遗憾我拿到这个新版本太晚，以致无法把这个德语新版本中所做的更新考虑进来。——原注

[61] 施托姆《英语语文学》（Storm，*Englische Philologie*）第1卷第92页；韦斯滕《英语语音》（Western，*Englische Lautlehre*）第66页。菲耶托《语音学基础》（Viëtor，*Elemente der phonetik*）第70页提到，英国人说德语时也会说成hatte**r**-ich（我可能有），sagte**r**-er（他说）。同样的现象在东日德兰方言中也有。——原注

闯入，[62] 也属于这一类。[63] 此外，语音类推对决定外来词应如何发音的作用也不容小觑，比如，进入丹麦语的外来词要不要带上所谓的斯特德。舒哈特如今认为，这类语音类推或许可以和其他因素相结合，形成语音定律，而由于某种原因而形成于一个或多个词之中的音变，由语音类推继续引导，最终可传播至所有的词，继而会在相同语音条件下发现原本就相同的音。用例子来证明这一点很困难，但其可能性是不可否认的。[64] 可以确信的是,我们可从更多例子中探寻出一部“语音定律的变形记”（Metamorphose der Lautgesetze）：如今相同的语音，在语言的较早阶段也相同，但却经历了一个语音不同的中间阶段。例如拉丁语amat clarus（清澈的爱）——现代法语是aime clair，但古法语中，后续辅音导致了差别，是aime cler，这一处不同的发音可通过无数诗歌韵脚来佐证。对于大量的其他节点来说，假如我们能够对中间阶段有所了解，那么能否用类似的方法找到类似的殊途同归路呢？（参见舒哈特《论语音定律》第21页）

7

我们的探究已从多个方面质疑了语音定律无例外运作这一论断，也质疑了关于音变发生方式的常规阐述。但是如今人们反复强调，如果不尊崇这一学说，就绝无可能把语法向科学高度上提升（保罗语），就不可能存在语源之科学，就会把词源学搞成臆测，这也是为什么语言学要把这句话奉为“生存之条件”（纽洛普语）。果真有这么严重吗？要回答这个问题，就需简要思考一下我们为何需要语音定律。

首先，比较语言学研究是一种解释性的语言研究。如果有人问解释性指的是什么，可以回答：就是某一表象跟已知的另一表象（或者更确切说，若干其他表象）之间的关系。牛顿解释过月球的运动，他把这一现象跟一系列已知现象做了参照，尤其跟地球的引力效应做了参照；解释语言现象，语言学给出的方法与之相同。例如，丹麦语til lands（在地上）这一结构，第一眼看上去，这个属格用得怪异，只能转而通过该介词在古北欧语里就一直支配属格这一事实来做解释。但是，还可参照另一个事实来解释：til这个词原本是名词，词源上跟德语的Ziel（目标）同源，因此跟其他由名词变来的介词一样，要用属格，因为属格的功能本来就是连接两个名词。但是，如果有人问，是什么理由让我们把首音是t的til跟首音是z的Ziel联

---

[62] 许多辅音字母位于法语词末位置时是不发音的，如cent（百）、pas（步伐）、peux（你可以）等词中的-t、-s、-x均不发音。但是当这类词后面接元音时，该辅音则会被激活，成为下一音节的首音。例如，cent année（一百年）读/sɑ̃tane/，pas à pas（一步步）读/pa za pa/，deux enfants（两个孩子）读/døzɑ̃fɑ̃/。这一现象在法语语言学中称为“联诵”（liaison）。说话时能否正确处理联诵，在法国被视为语言雅与俗的重要标志之一。教育程度低的人对书写形式掌握不足或意识不强，若在并无-t出现的位置插入了/t/音，被讽为皮革联诵；若在并无-s或-x出现的位置上插入了/z/音，被讽为天鹅绒联诵。这两种情况常因矫枉过正而形成，均被视为发音错误。——译者注

[63] 参见我在《语文历史学会工作简报》1884-1885年卷第92页及后对巴黎土话的评述。——原注

[64] 的确，确实可以说，在上文所述的新语法学派关于语音法则起源的学说里，是语音类推导致语音变化不局限于其首度发生的那个词，而是发生于带有这个音的所有词。——原注

系起来？这个疑问通过下列词对即可消除：tunge — Zunge（舌头），tid — Zeit（时间），tære — zehren（消耗），tegne — zeichnen（画）等等。换言之，这一系列词发生了高度一致的变化，意义上和形式上的关联都十分明显，就连小孩子都不会不相信我们在这两种语言中找到的是“一样的词”。正是通过这样的解释，通过词源化（Etymologisieren），我们运用了“语音定律”这个概念，从中发现更多的词因“语音定律”而关联：将其加以公式化，就是“丹麦语t = 现代高地德语z”。[65] 我们需要语音定律来为词寻找词源，需要语音定律来展示一个词是如何跟另一种语言中的词关联着的。

把“语音定律无例外”这句话用作语言学词源部分[66] 的方法论准则，其实无非就是说：当两个词的联系不完全显而易见时，若要证明从词源角度把二者结合起来是正确的，就必须拿出确凿的语音发展平行关系（Parallelen zur Lautentwickelung）做证据。这种一致性如果是直接而明显的，我们就不需要借语音定律来证明自己的判断，但我们恰恰就是从这些具有高度相似的词里总结出了语音定律，还将其运用到了一些由于某种原因而出现疑议的例子中。尤其是对于我们意识中出现了直接类属感（Gefühl von Zusammengehörigkeit）之例，根本无需求助于语音定律。例如丹麦语中，与[reçtinɔk] rigtignok（正确）并肩存在的还有[renɔg]这个形式，我们根本就无法证明其为类推之例；与之类似，我们也完全没有理由怀疑[kan’, kan, kən, kn, ka, kə, k]全都是书写成kan（能够）的同一个词的不同形式。但是，如果疑议尚存，则可能主要存在于关系较远或年代较远的语言中的词，比如用古北欧语的词跟古印欧语的词做比较，或是用当今罗曼语族某种活跃方言的词跟拉丁语的词做比较。因此，只有证明出同一组音在相关各语言的其他词里得到了完全相同的处理，疑义才会消除；换言之，只有用无例外的语音定律来处理，疑议才会消除。如果语义方面出现难题，我们必须用同样的方式把类推演变作为基础。不过，语义领域不像语音领域那样，有相对确切明了的现象，有极易受忽视的演变潜势；语义领域的现象不那么确切、不容易把握，现象之间的相互影响是无限的。假设我们在关系很远的两种欧洲语言中找到两个词，二者在语音方面极其相似，但其中一个表示“沙滩，尤其是海滨沙滩”，另一个表示“罢工”，那么我们就很难说这是同一个词。如此之大的语义差别似乎使之不具可能。但在法语中，的确有同一个词grève，兼具上述两个意义。我们得说：从词源的角度看，这二者就是同一个词。这个事实让我们有理由认为，可以另行使用一种语言之外的（außersprachlich）历史方法为这两个词构建起联系；我们可以指出，塞纳河畔一些多卵石、多沙子的河滩，常被称为la Grève（河滩），那里形成了一种劳务市场，找工作的工人们去那里兜售自己的劳动力以求薪酬更高的工作，被称为faire grève（搞河滩），une grève这个词由此分离出一个意义：强行要求更

[65] 不过，更严格而科学的提法是，这里存在两条语音法则：一条是原始日耳曼语t = 丹麦语t，另一条是原始日耳曼语t = 现代高地德语z。——原注

[66] 这部分当然不能用作整个语言学的方法论原则，因为后者包含词源因素以外的东西，可作为对一般语言现象的历史阐释。语言生理学和语言心理学著作当然必须视为语言学著作，但是历史阐释在这类著作中的角色太小，甚至根本没有。——原注

高工资的劳动立场，简言之，就是罢工。因此，这两个词虽然在语义上存在很大跳跃，但我们将其联系在一起却是合理的，这类似于[reçtinɔk]和[renɔg]，虽然在语音上存在很大跳跃，但上文中我们却将其联系在了一起。

大家会看到，依照本文所阐述的语音定律观来看，语音定律只不过是语音一致性的公式，由此充当准绳，告诉我们探究词源可至多深，让我们不至于闯入不安全的地界——从这一观点来看，不应该像人们有时设想的那样，把语音定律跟自然定律（如重力定律、下落速度定律等）混同起来。因此，对语言学来说，最可取的或许是别再使用“语音定律”这个词，而改用“语言公式”（Lautformeln）。可是，“语音定律”这个词却已约定俗成，今后也依然会普遍使用：于是，这些公式有时会继续被当成司法意义上的“法”。[67] 我们读语言学著作的书评时，就经常遇到这样的曲解：这个那个与语音定律相冲突；语音定律不允许有这样的词源；这本书不好，因为作者轻率地违背了语音定律，或是没有注意语音定律，等等。这岂不是明显在拿语音定律跟刑法条款相提并论？“你构建的词源中，如果不严格遵守语音对应关系，比如，希腊语k本来对应日耳曼语h，你却胆敢说希腊语kaléō = 丹麦语kalde = 英语call，就会有人把科学领域最严厉的处罚颁授给你：你的词源是错的，你丢了学者共和国的公民身份。”

但是，我们所论述的问题，其方法论意义在于语音公式中涵盖着的并且要传递给研究者的指令。从这一意义来讲，我们并未违背“新语法学派方法”，虽然我们并不觉得对语言生命条件的进一步研究会强化新语法学派的语音演变学说。这既来自我们对语言的本质与运作的抽象思考，也来自我们对自己的语言的分析，此外还有些与我们想法特别接近的同行也这样认为，如埃利斯所说的“听着（语言学的）草生长”。[68]

除了方法论层面之外，这个问题还有一个历史层面，请大家允许我最后做个比较，这样我的观点就更加清晰了。上文提到的那条语音定律：印欧语k = 希腊语k = 日耳曼语h，我想把它跟一句斯宾塞-达尔文主义的话做个比较：古哺乳动物的前足，在人和猴子这里进化成了手，在鲸那里却进化成了鳍。事实上，这两种话语之间相似性不止一点点。我们如果给大量鲸鱼鳍取一系列“即时平均值”（Momentandurchschnitten），很难从中发现什么能跟前足的无例外进化定律联系得起来的东西，正如我们通过语言学的即时平均值也无法寻获语音定律一样。通过显微镜式研究，当然也通过我们裸眼的细致观察，我们在两个领域都发现了无数的小差异；没有哪两个

[67] “语音定律”在德语原文中是Lautgesetz，而Gesetz一词既指科学领域的“定律、法则”，又指“法律”。相对应的丹麦语术语sproglov中的lov、英语术语sound law中的law，也都是如此，因此才会使人产生这样的印象。——译者注

[68] “听着草生长”（hear the grass grow）原为英语成语，比喻听觉敏锐。19世纪英国语文学家、皇家学会会士亚历山大·埃利斯（Alexander Ellis，1814—1890）在其所著五卷本《论早期英语发音——特别参照乔叟和莎士比亚》（*On Early English Pronunciation, with special reference to Shakespeare and Chaucer*，1869—1889）中论述其语音演变观时表示，对英语语音的观察和研究，有助于人们了解每一时期的真实语音状况。对于不断发展变化的真实语音状况，他认为语音学家的任务是“要了解受过教育的人当中出现的那些变化，听着（语言学的）草生长。”（第4卷前言第xvii页）——译者注

鳍是完全相同的。我们无法证明这些差异的原因何在，然而这一事实却并未让我们盲信一切都是自然发生的，并未让我们盲信前因后果（Kausalität）普遍而无例外地存在着，亦并未磨蚀我们对科学的信念。因为正如赫伯特·斯宾塞所说，科学是整合的知识（unified knowledge），这就表明，科学的真正目标，就是对诸多个别事例进行归纳总结。因此，透过某一瞬时某一具体的鲸鱼鳍，我们找不到科学的演化定律；反之，若能对当今大量的鳍加以比较，把所有典型的鳍区分出来，跟今日鲸类的祖先的前足之典型并置，或者若是找得到的话，跟其当代近亲的前足并置，就能成功发现此类定律了。这一切亦适用于语音定律：我们只需将其在语言领域构建起来，以便能够做显微镜式的研究，继而再去研究年代更久远、空间更遥远的语言领域；而对于望远镜式的观察来说，不存在琐碎的细小事物；我们眼里只有巨大而规则的一系列事物，而巨大的洪流，正是方向各异的无数细流汇聚之结果。

（责任编辑：亓晨）

书评

《自闭症谱系障碍的社会互动研究实用指南》评介

《心智是平的：心理深度错觉和即兴心智》述评

《自闭症谱系障碍的社会互动研究实用指南》评介

江西农业大学　陈泽源
江西农业大学　曾小荣
浙江大学　马博森*

Michelle O'Reilly, Jessica N. Lester &Tom Muskett (eds), 2017. *A Practical Guide to Social Interaction Research in Autism Spectrum Disorders*. London: Palgrave Macmillan. xxi + 362pp.

❶ 引言

随着发病率的不断上升，自闭症谱系障碍（Autism Spectrum Disorders, ASD）已成为全球性重大公共卫生问题之一。据美国精神疾病诊断标准（Diagnostic and Statistical Manual of Mental Disorders V, 2013）中的定义，ASD人群具有两大核心障碍：交际障碍与刻板的行为和兴趣。其中，有关交际障碍的研究主要采用基于心理语言学的实验范式，如Baron-Cohen 等（1994）、Spek 等（2011）。近十年来，除基于实验的主流研究范式外，越来越多的研究者从社会建构主义（Social Constructionism, SC）的视角来认识ASD人群的交际问题。在这一背景下，由Michelle O'Reilly, Jessica N. Lester和Tom Muskett三位学者联合编撰，并由Palgrave Macmillan于2017年出版的《自闭症谱系障碍的社会互动研究实用指南》应运而生。该书所收录的论文系统地介绍了如何从社会建构主义视角开展ASD话语研究。

* 作者简介：陈泽源，江西农业大学外国语学院副教授、博士，研究方向：话语分析、自闭症儿童话语研究。Email:chenzy2007@163.com。通信地址：330045江西农业大学外国语学院。
曾小荣，江西农业大学外国语学院副教授、博士，研究方向：话语分析、自闭症儿童话语研究。Email: zengflake@163.com。通信地址：330045江西农业大学外国语学院。
马博森，浙江大学外国语言文化与国际交流学院教授，博士生导师。研究方向：话语分析、自闭症儿童话语研究。Email:mabosen@126.com。通信地址：310058浙江大学外国语言文化与国际交流学院。

* 本文系国家社会科学基金重点项目"汉语自闭症儿童和正常儿童的多模态指称策略对比研究"（批准号17AYY009）的阶段性成果。

❷ 主要内容概述

全书分为引言、第一部分和第二部分。在引言部分，作者介绍了ASD的定义、分类与研究视角。作者认为，现有关于ASD人群的语言、交际与社会互动这些主题的研究大多基于精神病学或医学视角；使用话语分析（Discourse Analysis, DA）或会话分析（Conversation Analysis, CA）的研究方法来“考察ASD的交际和互动有助于发掘或理解精神病学或医学等传统研究视角所忽视的现象，促进对现有理论的反思”（p.2）。

除引言外，第二至八章为第一部分，主要介绍运用DA/CA方法研究ASD人群社会互动的价值及具体方法。第二章指出，运用DA/CA来考察ASD个体与家庭成员、同伴之间的社交互动具有非常重要的价值。针对ASD人群的核心障碍，研究者常以正常人群为参照点来进行分析和研究。因此，无论是要质疑还是要提供新依据来证实现有研究的论断，都需要从ASD个体自身的视角来理解及深入分析这类人群的交际情况。

第三至第八章具体展示了如何从社会建构主义视角开展ASD人群的交际话语研究，涉及研究路径、研究语料、研究步骤、具体应用等方面。如第三章主要回答了如何从SC视角考察ASD人群的交际话语等问题，并以ASD儿童与父母和临床医师互动、语言如何建构常态与病态的概念、父母如何看待ASD“问题”、媒体如何报道ASD以及ASD个体的自述为主题，分别从话语心理（Discursive Psychology, DP）、话语社会建构主义（Discursive Social Constructionist）、福柯派话语分析（Foucauldian Discourse Analysis）及批评话语分析（Critical Discourse Analysis, CDA）四条具体的路径对DA[①] 方法在ASD研究中的价值和实际应用做了举例说明。第四章主要关注语料问题。该章作者认为，使用自然语料虽会遇到技术难题与道德困境，但同时也具有排除或减少研究者干扰、反映真实的互动等优势。第五章介绍了运用CA研究方法的六个操作步骤：（1）认真思考要研究的现象；（2）选好场景和会话对象；（3）对互动中的研究对象及其他参与者进行录像；（4）观看录像并辨识研究现象；（5）结合上下文语境，简要转写出典型实例；（6）基于每位发话者同时也是受话者的原则逐个话轮分析所提取的语料。基于这六步，作者结合一个实例展示了如何运用CA方

---

① SC不是一个统一的研究框架，而是指具有相似的研究方法、理论基础和影响的一系列研究立场的共同取向。需要注意的是，这里的DA也是一个广义的概念，泛指一系列以话语为视角的研究方法，而这些研究方法具有不同的侧重点，如DP重点关注参与者在互动中并通过社交互动如何产生、处理和关联记忆或认知等心理化结构，而CDA的焦点问题是语言如何协助产生、维持不平等的权势，并使之合法化。一般认为，话语视角的研究方法均视语言具有功能性、建构性和语境约束性。（pp. 64-69）

此外，从发展起源来看，CA深受SC认识论的影响，认为人际互动是社会建构的基本形式，社会现实是互动话语的一种主动建构，而非一种被动反映。因此，CA可以揭示互动会话(talk-in-interaction)的序列、方法和基本结构及其与社会规范、社会制度和社会结构之间的共建关系和过程（范宏雅，2012:21-31）。

SC关注语言的意义建构特性，认为语言的意义是通过个人与他人互动的社会行为以及人与人之间的协商而建构出来的，使用语言的过程就是对语言做出选择、进行建构的过程，但这种建构过程是社会互动的结果。由此可知，DA和CA等话语视角的不同研究方法都归属于SC视角。

法来评估一位同时患有中度学习障碍的ASD男孩的“特异性和/或重复性语言”。在心理学视角的ASD研究和实践中，这种语言表明发话人存在表征或语义系统的潜在障碍，CA则将其置于会话序列中来考察。研究发现，尽管该男孩在交际中使用了不同程度的特异性话语，但作为会话对方的成年人并不认为男孩的互动存在问题进而影响会话进程。第六章至第八章展示了基于CDA，CA以及CA-DP混合视角这三种研究路径的具体实例。其中，第六章采用迭代分析法（iterative analysis），并借鉴Fairclough（1992）提出的“描述—说明—阐释”三个步骤来考察临床会诊中ASD儿童的交际。作者将CDA视角的ASD研究过程概括如下：（1）仔细听或观看整个视频片段；（2）逐字转写视频文本；（3）回听或回看视频片段，并对文本做必要的修改以确保其准确性；（4）通读文本，并标明感兴趣的部分；（5）考察这些部分是否存在交叉，是否需放到更大的语篇中考察；（6）回看语料，确保所选语例与所考察主题相一致；（7）将分析往更深一层推进；（8）再次回看语料，确保所选语例能证明所陈述的一切；（9）对分析结果做出合理的阐释。第七章采取CA的研究方法，着眼于言语内容匮乏或言语能力受损的ASD儿童的互动情况，并侧重讨论了语料采集和分析过程中需要注意的问题。如除了遵循第五章所论及的操作要点，语料采集还需考虑到伦理道德问题；在分析语料时，除了对交际中话语序列特征的考察，还应关注韵律、身动、注视及手势等模态的交际意义。换言之，CA视角下的ASD研究应该综合考察“视觉语料”及“序列结构与参与者表现，包括互动详情、互动序列及言语内容匮乏的语料”（p.176）。作者认为，只有这样才能获取更多重要的互动信息，挖掘出语料的真正价值。第八章则以导师与研究生之间的指导与被指导关系为主线，采用反思性方法详实地报告了师生双方如何从CA和DP混合的视角考察ASD的研究体验，因为反思指导与被指导关系中的人际交往过程对于开展ASD话语研究尤其重要。CA-DP混合视角是指研究者把CA当作具体的分析手段，而把DP用作宏观的研究方法。

第二部分包括第九至十三章，主要采用社会建构主义理论框架下的CA视角，聚焦于ASD社会互动研究的实证案例，包括拘禁状态下康复风险管理的话语分析、临床评估中的会话与具身行为（embodied behaviors）分析、跨文化视角下的个案研究、日常交际中的延迟话语分析以及叙述活动中的自我与他者体验分析等。第九章从CA视角分析了四位临床医师与一位伴有学习障碍的ASD成人之间的话语互动。作者将话语语境和副语言特征纳入分析过程，发现该男子凭借重复话语来缓解焦虑。第十章运用CA与互动语言学（Interactional Linguistics）的交叉视角来观察一个专门治疗发育性障碍的诊疗所中7名年龄为6至17岁的高功能ASD孩子。在一对一的交际中，这些研究对象通常用“我不知道”（*I don't know*）这类短句来回应评估问题。对此，研究者考察了话轮构成（turn composition）与序列位置（sequential placement），同时也分析临床医师如何应对“我不知道”这样的回答，侧重关注参与者的眼神、其他身体行为及韵律变化。分析发现，“我不知道”这类短句所在的语境可概括为四种不同的互动型式（patterns）：展示认知立场、抵制提问、提出“what/how about”式问题、提出“咱们（inclusive we）”式问题（pp.250-267）。总体来看，高功能ASD孩子的话语能力超出了临床诊断的预测范围。在第十一章中，针对一位操马来语的ASD儿童与母亲对话时频繁说出的apa tu（对应于英语的*what's that?*）这个程式语，作者运用CA考察了该重复性话轮的使用情况。该研究表明，CA立足于会话对方的实时回应来分析这个程式语的交际功能，并采用“主位视角”（emic perspective）（p. 280）来解释会话者的参与行为及其社会意义，能有效地减少对目标行为意义的主观性判断。第十二章主要探讨了CA如何有助于加深从业者对亚斯伯格症（Asperger's Syndrome, AS）的理解。作者指出，CA积极看待互动，将分析焦点放在互动能力而非互动障碍上。该章作者进而分析了在三种不同的语境中，一位AS儿童如何运用暂停或沉默来打断会话的进程。第十三章讨论了结构化的小组叙事活动中的观点采择（perspective taking）能力及ASD儿童对他人及自己的理解，侧重分析了ASD儿童如何通过创设一个虚拟情节图板来体验自我与他人。

❸ 简评

3.1 本书的理论意义和实践价值

社交互动是当前ASD研究领域的高频词，受到包括特殊教育、语言学及社会学等在内的众多研究领域的关注。本书聚焦于ASD群体的社会互动问题，具有以下三个方面的理论意义和实践价值。

第一，本书聚焦于社会建构主义视角的ASD社会互动研究，有助于审视这类人群的社交障碍。SC视角下ASD人群的社会互动研究强调结合具体语境和言语互动来重新认识和思考该人群的交际障碍和刻板行为。不同于传统的心理实验研究范式，SC研究范式在正视ASD人群交际障碍和刻板行为的同时，也积极看待他们在真实语境中的社会互动和语言交流能力，从而帮助人们重新审视ASD的本质或归类等问题（参见Lester et al., 2015; O'Reilly et al., 2015）。目前，ASD通常被描述为一种神经发育性障碍或精神障碍。但从话语视角来看，ASD交际障碍或刻板行为被视作社会互动中的参与者构建的现象，是ASD个体在具体语境中通过语言实现交际意图所存在的困难，或通过非标准手段所实现的一种具有差异性的表意行为，它体现的既是一种障碍，也是一种差异。在精神健康领域，“诊断、治疗与服务提供等专业实践并非只是基于科学操作程序的客观执行，同时也是一种情境建构，受到不同的机构性、社交性及现实性因素的影响”（Georgaca, 2012: 3）。基于这一认识，无论在临床语言学还是言语–语言病理学领域，社会建构主义视角的ASD人群的交际话语研究受到越来越多研究者和临床医生的关注（如Dindar, 2017; O'Reilly & Lester, 2015, 2017等）。

第二，本书比较系统、全面地介绍了SC视角的ASD社会互动研究方法（如DA/CA,DP和CDA），包括其理论基础、技术手段以及翔实的案例分析。话语研究视角关注的是人们实际做了什么和说了什么，而非据报道的他们所做和所说（McCabe,

2006）。因此，从SC视角出发，我们可加深对ASD人群语言表达和社交技能的认识。同时，SC视角的研究重视语境，有助于我们充分认识ASD人群交际互动的优势和劣势，并通过在词汇语法（如第5章）、语义（如第7章）、会话话轮（如第10、11章）和语类（如第12章）等方面展开多层次的分析，能够从整体上把握他们的话语特点，达到完整评估其语言和交际互动能力的目的，从而为康复治疗提供重要的依据或借鉴。

第三，本书注重跨学科性，尤其强调实际操作性。一方面，书中21位研究者的专业背景涵盖了社会学、（法医）精神病学、（社会）心理学、临床心理学、计算机科学、教育学、语言学及应用语言学等众多学科，他们从社会建构主义视角对ASD人群的语言运用等社会互动问题进行细致地考察，不仅能推动ASD的交际研究与心理学、教育学、语言学及计算机科学等学科的交叉融合，同时也能为中国ASD人群的话语交际研究提供思路和启示；另一方面，就ASD儿童的交际障碍研究而言，心理语言学范式基于实验诱发语料，偏爱与正常发展儿童及其他类型特殊儿童的量化对比研究，而社会建构主义的研究范式则基于真实的社会互动语料，通过会话分析或话语分析的研究方法考察互动过程中如何构建意义和达成相互理解。与同一时期基于社会建构主义视角的类似研究成果相比较，如O'Reilly和Lester（2015, 2017）等，后二者所涉主题更为广泛，即论及含ASD在内的精神健康领域的众多主题，且理论层面的探讨所占篇幅更多，本书则以ASD社会互动的实证分析为主，呈现出更丰富的ASD专题研究案例及更明晰的分析步骤，这为话语视角的ASD社交互动研究提供了实用的操作指南。

3.2 本书的不足之处

本书也存在一些不足之处。首先，本书中的实例分析仍主要依赖和关注根据录像语料所转写的文本内容，对ASD所使用的非言语特征（如语调、手势、注视等）着墨不多，也鲜有论及言语模态与非言语模态之间的互动情况。

其次，就考察对象而言，本书中的绝大多数研究仅限于ASD儿童，很少涉及ASD成人；考察分析往往聚焦于ASD个体，仅有个别研究扩大了样本量。此外，本书并未收集针对某一或某些ASD个体所开展的跟踪研究，也尚未对ASD这一谱系障碍内部的不同亚类进行比较分析。如果今后的相关研究将以上方面都纳入考察范围的话，我们不仅能够更好地挖掘该群体的交际能力，也可以从发展的视角更全面地认识和了解ASD人群。

参考文献

- American Psychiatric Association (eds.), 2013. *Diagnostic and Statistical Manual of Mental Disorders* (5th edition). Washington DC: American Psychiatric Association.

❏ Baron-Cohen, H., Ring, J., Moriarity, P., Shmitz, D., & Costa, P. E. 1994. Recognition of mental states terms: A clinical study of autism and a functional neuroimaging study of normal adults. *British Journal of Psychiatry* 165: 640–649.

❏ Dindar, K. 2017. *Researching Social Interaction in Autism: Shifting the Focus from 'within Individuals' to 'in Interaction'*. Joensuu: University of Eastern Finland.

❏ Fairclough, N. 1992. *Discourse and Social Change*. Cambridge: Polity Press.

❏ Georgaca, E. 2012. Discourse analytic research on mental distress: A critical overview. *Journal of Mental Health* 23(2): 55–61.

❏ Lester, J., Karim, K., & O'Reilly, M. 2015. 'Autism itself actually isn't a disability': The ideological dilemmas of negotiating a 'normal' versus 'abnormal' autistic identity. *Communication and Medicine*11(2): 139–152.

❏ McCabe, R. 2006. Conversation analysis. In M. Slade & S. Priebe (eds.), *Choosing Methods in Mental Health Research: Mental Health Research from Theory to Practice*. Hove: Routledge. 24–46.

❏ O'Reilly, M., Karim, K., & Lester, J. 2015. Should autism be classified as a mental illness/disability? Evidence from empirical work. In M. O'Reilly & J. Lester (eds.), *The Palgrave Handbook of Child Mental Health: Discourse and Conversation Studies*. Basingstoke: Palgrave Macmillan. 252–271.

❏ O'Reilly, M., & Lester, J. 2015. *The Palgrave Handbook of Child Mental Health: Discourse and Conversation Studies*. London: Palgrave Macmillan.

❏ O'Reilly, M., & Lester, J. 2017. *Examining Mental Health through Social Constructionism: The Language of Mental Health*. Basingstoke: Palgrave Macmillan.

❏ Spek, A. A., Scholte, E. M., & Van Berckelaer-Onnes, I. A. 2011. Local information processing in adults with high functioning autism and Asperger syndrome: The usefulness of neuropsychological tests and self-reports. *Journal of Autism and Developmental Disorders* 41(7): 859–869.

❏ 范宏雅，2012，《话语的社会建构：常人方法论谈话分析的理论和方法研究》。南开大学博士论文。

（责任编辑：苏祺）

《心智是平的：心理深度错觉和即兴心智》述评

复旦大学 杨 旭*

1 引言

《心智是平的：心理深度错觉和即兴心智》（*The Mind is Flat: The Illusion of Mental Depth and the Improvised Mind*）是艾伦·莱恩出版社（Allen Lane）于2018年推出的一本认知心理学专著。该书虽非语言学著作，但其作者Nick Chater尤为关注语言，曾和Morten H. Christiansen合作过《创造语言：进化、习得与和理的整合》（*Creating Language: Integrating Evolution, Acquisition, and Processing*）一书及多篇论文，在这本新著中也多处提及或论及语言或语言学问题，很值得语言学界参考。下面我们将分章（包括序言和后记）简述其内容，尤其关注有关语言或语言学的论述（楷体标记），最后对该书进行简评。

2 内容简介

该书共有两个部分共十二章，外加序言和后记。序言题为“文学深渊和心理浅滩”，基于安娜·卡列尼娜自杀的小说情节引入了关于心智的两种对立观点：心智具有深度和心智是平的。前一种观点影响广泛，包括心理学、人工智能、认知科学、发展和临床心理学以及语言学等学科，都采纳或默认了心智具有深度的观点，并以此作为研究的出发点或中心思想（p.13）。作者则认同第二种观点：心理深度是个错觉，所谓内心世界及其包含的信念、动机和恐惧等都是想象的产物；心智是平的，人类行为及其解释（如信念、欲望）是心智即兴创造出来的。

第一部分包括六章，以破解错觉为目标，可谓“解构”。

* 作者简介：杨旭，复旦大学中文系在读博士生。研究方向：认知语言学。Email：yangxu1216@hotmail.com。通信地址：200433上海市杨浦区邯郸路220号复旦大学中文系。
本研究受到复旦大学研究生院“卓越博士生科研促进计划”和甘肃省哲学社会科学规划项目“外向型汉英学习词典兼类词表征策略研究”（项目编号：19YB022）的资助。

第一章“创造的力量”破解了“解释深度错觉”（the illusion of explanatory depth）：我们擅长解释甚至狡辩，这些解释或狡辩表面上看来头头是道，实际上漏洞百出、自相矛盾。语言学理论本质上也是一种解释，不过更为系统和精密。例如，分析哲学认为可以通过直觉和反省得出一个有关意义的连贯理论；生成语法则试图把语言的结构系统化，把合乎语法的句子组织成一个数学严格的理论。可惜这类解释都遭遇到了挫折，原因在于“语言中的结构模式如同意义一样，充满了矛盾的规则/次规则和明显的例外。”（pp.31–32）

第二章“对现实的感觉”破解了“全局错觉”（grand illusion）：我们自以为能一下看到全局，包括其全部的细节和色彩，但实际上一次只能看到一个碎片，全局错觉是大脑对视觉信息碎片进行整合的结果。作者基于来自知觉实验的证据，揭示了思维的运作原则：我们只能看到有意义的组织；一次只能看到一个；组织之外的感觉信息会被忽略；大脑一直在寻找解读新的对象（pp.50–51）。与语言相关的结论是：阅读时一次只能看到一个词。这得到了基于“注视跟随”眼动追踪技术实验的支持（pp.44–45）。

第三章“解密骗局”回答了错觉如何形成的问题。我们观察世界时要通过一个狭窄的观察孔，孔之内是明亮的，充满了丰富的色彩和细节，孔之外却是模糊的；如果我们对孔之外的世界感到好奇，可以立马转动眼睛去注视它；这种转动如此之快速，以至让我们误以为可以一下看到全局。以颜色为例，我们一次只能看到一种颜色，但由于可以在多种颜色间快速切换，造成了可以同时看到两种或多种颜色的错觉。作者把知觉的这种特征称之为“步步为营”（step-by-step nature）。

第四章“想象永不停歇”关注想象的问题。想象或心理成像也存在自相矛盾和细节缺失的问题。我们可以想象一只老虎的形象，自我感觉细节饱满、活灵活现，但当被问到条纹的有无（如前腿没有条纹）、形状（如头部复杂）和方向（身体是纵纹，但后腿是横纹）时，我们发现自己一知半解乃至茫然无解。原因在于想象和视觉体验一样，是通过“狭窄而明亮的观察孔”即兴创造的，而不是从什么内心世界里下载下来的；想象一次只能抓住一个要素，只能一块一块和一步一步地构建。

第五章“创造情感”关注情感的问题。来自身体的知觉信号（如心跳加速、肾上腺素飙升和呼吸急促等）粗略而贫乏，大脑必须结合更大的语境才能做出解读，这导致生理状态具有高度歧义性，同样的生理状态可能因语境不同而被解读为不同的情绪。所谓“解读”其实就是赋予意义，为此作者专门探讨了“意义来自哪里”的问题，对语言学家颇有启发。他说：“……意义迂回地来自关系模式。比如‘狗’从我们的使用中得到了意义，包括它在语言中的角色、在我们生活中的角色，以及与世界相联系的角色（即自然中真实存在的狗），此外还包括我们的知觉系统如何为这个世界分类，等等。从词本身寻找意义只能是缘木求鱼。”（p.107）①

① 语言学家亦有类似论述，如美国语言学家Charles C. Fries在《布龙菲尔德“学派”》一文中说道：“‘意义’并不是在言语形式的本身，而是由言语形式的三种关系的类型组成。”（具体参赵世开译，《国外语言学》1962第Z1期）

第六章“操纵选择”关注选择的问题。我们在解释自己的行动或选择时，通常要借助于信念、欲望、希望和恐惧等概念，好像它们就潜藏于内心深处，而且是它们决定了我们的选择。但作者基于很多实验证据指出：心理深度是个错觉，这些概念是左脑即兴创造出来的；我们之所以会有上述错觉，是因为事后的解释非常迅速和流畅；左脑就像律师一样，乐意为任何立场提供辩护。

第二部分也是六章，系统论述了“心智是平的”的观点，可谓“建构”。

第七章“思维循环”（the cycle of thought）阐述了“思维循环”这个核心概念：大脑的计算方式不同于计算机，是一种基于由大量神经元构成的神经网络的合作式计算；这些网络呈高度联结状态，大约有一百万亿个联结；该网络一次只能走一步，以每秒几个“拍子”的不规则脉冲运行，这一步就是“思维循环”。人类的意识位于皮层下结构（包括丘脑和上丘），它是皮层和知觉及运动系统之间的中继站，负责从知觉输入、记忆和运动输出中寻找和创造模式。正是通过这个中继站，大脑能集中理解直接经验和产生连续动作，其中就包括语言。最后作者总结了思维循环的四大原则：（1）注意是一个解读的过程；（2）我们的意识体验乃是对感觉信息的解读；（3）所有的有意识思维都是对感觉信息的有意义解读；（4）意识流无非就是思维的连续、体验的不规则循环，是对感觉输入不同部分依序梳理的结果（pp.140–142）。

第八章题为“狭窄的意识通道”。思维循环只提供一个狭窄通道，我们只能通过它一步一步地理解世界，这就是意识的序列性（sequential nature）。思维循环的运作步骤为：观察和分析给定信息；锁定相关信息，放弃无关信息；集中释读锁定信息。大脑一次只能锁定和解读一套信息，对这套信息之外的其他信息我们会“视而不见，听而不闻”。支持该观点的实验很多，但作者在注释中提及的一则实验更广为人知，这就是著名的“看不见的大猩猩”实验。

第九章“无意识思维的神话”揭穿了无意识思维的骗局。“灵光一现”的故事在文献中屡见不鲜，它被认为是无意识思维的功劳。但作者指出：解决问题的过程并非步步逼近答案，而是思维循环一直在转动，试探各种可能性，在经历无数次失败之后，忽然一下子解决了问题。这样看来，“无意识思维在后台运作”的观点只能是天方夜谭。我们之所以会有“灵光一现”的感觉，是因为之前钻牛角尖陷入了“死胡同”（mental cul-de-sacs），只有经过一段时间的休息，大脑“轻车简从”地重新投入到问题当中，才有可能找到解决问题的新方案。

第十章题为“意识的界限”。作者把“思维循环”分为两步：无法意识到的大脑神经运作过程和能够意识到的解释结果。也就是说，我们只能意识到“输出”，意识不到“输入”和“过程”。这不是有意识和无意识两种思维，而是同一种思维的两个不同方面，也就宣告了思维“冰山”隐喻的破产。在第10章“从尖刺球体到生活的意义”一节中，作者回答了“意义是什么”的问题：“从广义上来说，意义就是整合为一、找到模式和协调一致……寻找意义是每个思维循环的使命，而意义则是对想法、行为、故事、游戏、运动和艺术作品进行组织排列、从中创造模式并做出理解。”（pp.190–191）

第十一章题为“惯例而非原则”。在思维循环中，记忆痕迹（memory trace）是过去对知觉输入解读之后残存的碎片，扮演着重要的角色——作者称之为“惯例”（precedent）。思维循环通过改写或重塑记忆痕迹来理解当前信息，其解释结果又会成为未来思维的原材料，因此大脑的运作是基于惯例而非原则。从这个视角出发，作者主张把语言视为惯例而非原则，正视其矛盾性、灵活性和开放性（p.203）。在替代路径方面，作者比较推崇构式语法，因为该理论放弃了构建语法理论的做法，诚恳地正视并接纳语言的零碎性（piecemeal nature）（第1章注释8）。

第十二章题为“智能的秘密”。思维循环在利用惯例上充满了想象力，最能说明这一点的是隐喻：语言和思维中充满了隐喻，失去它我们几乎无法说话或思考。作者专辟一节讨论了该问题：“隐喻”的定义是“借助对他物的理解，赋予意义于此物。”用“记忆”的术语就是“对某事的记忆流畅而自然地与其他事物的记忆连接在一起”；隐喻有三个特征：需要隐晦性和横向思维，即把两个明显无关的领域联系起来；需要把过去体验改造为当下体验；隐喻固然可以传递信息，但同时具有误导性（pp.208–211）。总之，想象力而非逻辑能力，才是人类智能的秘密，也是目前人工智能难以媲美人类的地方。

后记题为“重塑我们自己”。在完成了“解构”（第一部分）和“建构”（第二部分）之后，作者重新定义了“自我”：我们是创意十足的临时推理者和隐喻机器，乐此不疲地把混乱信息组织为一个临时统一体，我们可以一点一滴、一步一步、一代一代地改变惯例，能够讲出更好的“故事”，创造出更美好的未来。

❸ 简评

该书具有以下特色：

首先，视角新颖，洞见深刻。该书的观点虽能从行为主义、“无我”（no-self）等理论中找到踪迹（Ananthaswamy，2018；Poole，2018），但依然属于特别小众的观点，因为它不仅违背了普通人的直觉，而且不符合心理学和神经科学界的主流观点。[②]尽管如此，它基于科学实验证据破解了诸多错觉，系统地建构了“心智是平的”理论，为解码心智秘密提供了另一种可能性。对于语言，我们能从上文看出，作者把语言视为一种文化传承现象，反对像乔姆斯基那样把语言视为自然实体或自然产物。如果语言是一种惯例而非原则，那么语法或语言模式就不是先验存在的，而是从语言使用或行为中涌现出来的——这实际上是一种语言的“涌现观”（Hopper，1987）。

其次，注重整合，有应用价值。该书涉及的学科特别广泛，包括文学、哲学、经济学、语言学、神经科学和人工智能等等，而且很多话题与现实生活密切相关，具有很大的应用价值。例如，对于否认无意识思维带来的影响，蔡特在一篇访谈中

② 心理学界的主流观点是双重过程（dual process）理论，如著名心理学家丹尼尔·卡尼曼（Daniel Kahneman）在其著作《思考，快与慢》中区分了快速的无意识和缓慢的有意识两种系统（Kahneman，2011）。

提到，它有利于精神治疗把其目标定位到引导人们构建新的思想和行为模式上，而不是揭露和纠正无意识动机和信念（Berger，2018）。这种研究取向对语言学家亦有启发。语言学曾被誉为“一门领先的科学”，可是如今却似乎陷入了某种分裂局面；其应用价值也遭到质疑，在自然语言处理界流传着“每当我们解雇一名语言学家，我们的系统都会变得更准确”的说法（Moore，2005）。蔡特也曾撰文提出批评，并对新的基于语言文化演变视角、关注我们是如何习得和使用语言的综合性研究方法作了展望（Christiansen & Chater，2017）。我们认为，语言研究也应该有整合思维，采用一种跨学科、综合化的研究方法。

最后，通俗易懂，可读性强。题目如作者所言是个隐喻，让我们想起了题为“世界是平的”的一本书（*The World is Flat*），凑巧也暗合了“扁平化设计”（flat design）的潮流。作者为了论证自己的观点，除引用相关专业的经典和前沿研究外，还借助了文学形象和流行文化等。这种深入浅出、妙趣横生的行文风格，在保持专业性的前提下，也极大地提高了可读性。这一点也值得语言学家学习。如今市场上与语言相关的科普书籍渐渐增多，但相对某些专业仍然略显不足。笔者认为，语言学家在专业研究之余，也应该投身于通俗书籍的写作，充分利用网络、电视和广播等现代媒体普及语言学知识。这应该是语言学家者的社会担当，对语言学专业本身也是有好处的。

当然该书也有若干缺憾。首先，过于强调心智想象力的一面，几乎未涉及人类的自然或生物属性。人类的很多行为其实已由先天基因编码好了，如某种心理疾病的先天体质或倾向，这种影响恐怕是想象力无法改变的。当然作者曾在其他文章中指出，我们的大脑并非白板，我们的思想行为是会受到生物学影响，但不是完全由生物学决定的（Chater，2018），可惜本书几乎没有提及这一点。其次，过于关注个体认知，较少关注社会认知。像隐喻、语言和宗教等文化现象，并非个体行为，而是无数个体通过遗传、演化和文化环境获得的。就拿语言来说，它作为一个复杂适应系统具有非线性和涌现性，是无数个体历经数万年集体创造的结晶，单靠个体认知恐怕很难还原其真相。③

总之，该书系统而详尽地论证了“心智是平的”观点，为诸多领域提供了一个新的视角，对认知视角的语言研究有重要的参考和应用价值。这种联结主义的认知观符合复杂科学，相信语言学界在阅读之后会有耳目一新、大受裨益之感。

③ 对于语言的这一特点，Keller（1994）有精到分析。他把自然语言视为“第三种现象”（phenomenon of the third kind），既非自然现象，也不是人工产物，而是“非处于人类计划而加以完成，但确是人类行为结果的产物”；作者为此引入的“无形之手的解释”，正是超越个人认知的一种解释。

参考文献

- Ananthaswamy, A. 2018.Your mind is not an iceberg. *New Scientist* 238: 44–45.
- Berger, K. 2018. This man says the mind has no depths: Nick Chater argues our brain is a storyteller, not a reporter from an inner world.
- Chater, N. 2018. A revolution in our sense of self.
- Christiansen, M. H. & N.Chater. 2017. Towards an integrated science of language. *Nature Human Behaviour* 1.
- Hopper, P. 1987. Emergent Grammar. *Berkeley Linguistic Society* 13: 139–157.
- Kahneman, D. 2011. *Thinking, Fast and Slow.* London: Penguin.
- Keller, R. 1994.*On Language Change: The Invisible Hand in Language*. London: Routledge.
- Moore,R.K. 2005. Results from a survey of attendees at ASRU 1997 and 2003. *Ninth European Conference on Speech Communication and Technology*, Lisbon, Portugal, September, 2005. Data Base Systems and Logic Programming, 2005.
- Poole, S. 2018. *The Mind Is Flat* by Nick Chater review — We have no hidden depths.

（责任编辑：郝赟）

语言学沙龙

北京大学外国语学院语言学沙龙活动情况（2018 年秋至 2019 年春）

北京大学外国语学院语言学沙龙活动情况（2018年秋至2019年春）

期别	日期	主讲人	题目
563	2018年 9月18日	Professor Ian Roberts （University of Cambridge剑桥大学）	Issues in the Theory of Universal Grammar （普遍语法：经典与前沿）
564	2018年 9月20日	Professor Ian Roberts （University of Cambridge剑桥大学）	Current Approaches to Comparative Syntax （比较语法研究诸理论）
565	2018年 9月28日	陶衍博士 （北京外国语大学）	Learning Recursive Rules: What We Know (Not) （递归性原则的学习：我们（不）了解什么）
566	2018年 10月12日	Professor Arie Verhagen（Leiden University莱顿大学） Professor Stefan Th. Gries（University of California, Santa Barbara加州大学-圣塔芭芭拉分校）（第十八届中国认知语言学国际论坛（CIFCL）第十讲）	Towards an Integrated Science of Language, Cognition, Behavior, and Society （走向整合的科学：语言、认知、行为和社会） Corpus-Linguistic Applications in Cognitive/Usage-Based Explorations of Learner Language （语料库语言学在认知或基于用法的学习者语言中的应用）
567	2018年 11月2日	刘晓峦博士 （上海纽约大学）	Relations Between Music and Speech from the Perspectives of Dynamics and Timbre （动态和音色视角下音乐和言语的关系）
568	2018年 11月14日	Professor Diana Slade（Australian National University澳大利亚国立大学）	Communication and Patient Safety in Hong Kong Emergency Departments: Potential Risk Points in Doctor-Patient Consultations （香港急诊科的沟通与患者安全：医疗咨询中的潜在风险点）

（续表）

期别	日期	主讲人	题目
569	2018年11月17日	于国栋教授 （山西大学）	Discourse Analysis in China: Past, Present and Future （会话分析在中国：过去、现状和未来）
570	2018年11月23日	杨炳钧教授 （上海交通大学）	Full Realization Principle for the Identification of Ideational Grammatical Metaphor （关于概念语法隐喻的完全体现原则：以名词化为例）
571	2018年12月18日	冯硕博士 （University of Wisconsin-Madison威斯康星大学麦迪逊分校）	Second Language Acquisition at the Semantics-Pragmatics Interface （二语习得中的语义—语用接口界面）
572	2019年4月19日	蔡维天教授 （台湾清华大学）	On Head Movement in Flip-Flop Sentences （论汉语乾坤句中的中心语位移）
573	2019年5月17日	Professor John Macalister（Victoria University of Wellington惠灵顿维多利亚大学）	English in New Zealand and New Zealand English （英语在新西兰与新西兰英语） Linguistic Landscapes （语言景观）

（郝赟整理校对）

《语言学研究》征稿启事

《语言学研究》由北京大学外国语学院外国语言学及应用语言学研究所编辑、高等教育出版社出版发行。本刊创刊于2002年，2011年起改为半年刊，每年两辑，已被连续收录为中文社会科学索引（CSSCI）来源集刊（2014-2015，2017-2018）。

《语言学研究》旨在为广大语言学研究者提供发表见解，探讨各种学术问题的场所。来稿可对现有语言学研究进行梳理、评述，对学科发展提出设想，或者以理论为指导对某个文本/话语片断进行描述，展开实证研究等。我们特别希望投稿者能就各种学术问题展开争鸣，提出新的观点、新的理论模式，以进一步推动语言学科的健康发展。

本刊现有栏目包括语言学理论研究、具体语言研究、语言对比研究、语言应用研究、书评等，欢迎广大语言研究者踊跃投稿。

本刊的审稿期为三个月。请登录以下网址投稿：

http://yuya.cbpt.cnki.net/WKE/WebPublication/index.aspx?mid=yuya

本刊拒绝一稿多投。如有发现一稿多投的情况，将不再接受投稿人的任何稿件，并通告有关期刊。本刊工作邮箱是：ling_research@126.com。

附：《语言学研究》体例

1. 首页：中、英文题目,作者姓名、单位、学历、职称、研究方向、通信地址、电话、电邮。

2. 次页仍以中、英文题目开始，下接“提要”（中文200字左右，英文100词左右）；“关键词”（3—5个），以分号隔开。

3. “关键词”后开始“正文”（论文一般不超过10000字；书评5000字）

   a. 正文章节标题或小标题独占一行，且一律用阿拉伯数字（从1开始）表示，形式为：1 1.1 1.2 …… 2 2.1 2.2 ……

   b. 正文一律采用脚注；

   c. 正文行文中非汉语姓氏一律使用外文原文；

   d. 例句编号用[1]的形式；

   e. 重要术语如果首次在国内语言学期刊上出现，请随后附上外文原文。

   f. 文内夹注的文献放在括号内，如（Chomsky, 1965: 12）。

4. 参考文献：只列引用文献，先外文后中文，按作者姓氏（中文姓氏按其拼音）字母序排。文献依次为作者姓名、出版年、文献题名、书/刊名、版次、出版地、出版者、（或期数）及起止页码。外文书/刊名以斜体书写，实词首字母大写；外文论文篇名以正体书写，仅篇名首字母大写。例：

Halliday, M. A. K. & Hasan, R. 1985. *Language, Context, and Text: Aspects of Language in a Social-Semiotic Perspective.* Victoria: Deakin University Press.

Harris, Zellig. S. 1952. Discourse analysis: A sample text. *Language* 28: 474–494.

Coupland, N. 2014. Social context, style, and identity in sociolinguistics. In J. Holmes and K. Hazen (eds.), *Research Methods in Sociolinguistics: A Practical Guide.* West Sussex: Wiley Blackwell. 290–303.

克里斯特尔（David Crystal）（编），沈家煊（译），2004，《现代语言学词典》。北京：商务印书馆。

朱瑞熙，1990，宋元的时文——八股文的雏形。《历史研究》（3）。2001年收录于《瞭城集》：1–22。上海：华东师范大学出版社。

5. 文中图表或插图请附清晰（tif.或eps.格式）的原图文件。